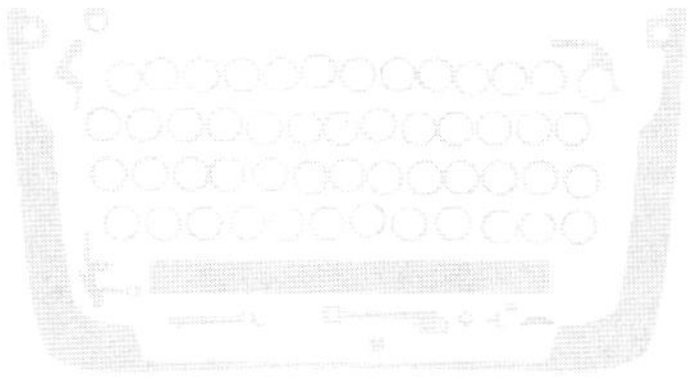

广播电视新闻专业“十二五”规划教材

电视新闻学（第二版）

曾祥敏　周　逵　著

中国传媒大学出版社

·北京·

目 录

第一章　电视新闻理念探寻

本章重点

1. 电视新闻的表现优势
2. 电视新闻的价值要素
3. 美国电视新闻的创新发展
4. 中国电视新闻的创新发展

电视新闻是什么？

按照英语中“news”的原初形态，新闻是“东（east）、西（west）、南（south）、北（north）”四面八方的信息集合。有人说，今日的新闻就是明天的历史；也有人说，新闻是正在发生的历史；还有人说，新闻是历史的第一次草稿，是历史的注脚。那么，电视新闻是什么？在回答这个问题之前，我们先来看两个案例：

美国东部时间2001年9月11日7时开始，就像平日每一个早晨那样，美国全国广播公司（NBC）《今日》（Today）主持人凯蒂·库瑞克（Katie Couric）照常在节目中继续她轻松而开心的话题，这是她坐镇《今日》节目以来驾轻就熟的工作状态，也是《今日》节目占尽美国电视早间节目风头的保证。“曼哈顿秋天的早晨真美”，库瑞克调动着她具有感染力的温情语言，镜头切换到室外欢呼的观众，这仿佛又是一个例常的美丽秋日。然而，8点55分，美国广播公司（ABC）、哥伦比亚广播公司（CBS）、美国有线电视新闻网（CNN）等各大电视媒体纷纷中断原来正常播出的节目，电视画面中开始出现纽约世贸中心大楼（World Trade Center）北塔（North Tower）冒出滚滚浓烟的场面——一架飞机撞上了北塔。而《今日》节目也不例外，在进完广告后，节目突然出现世贸中心起火燃烧的画面，这个画面及记者的现场直播成为接下来好几个小时各大电视媒体的主要镜头。这一历史性的电视直播瞬间把全球带入纽约及弗吉尼亚五角大楼的现场氛围中。不同的视角、不同的细节不断呈现出令人震惊的一幕幕场景：另一架飞机撞上南楼、高楼上求救的人、不时坠楼的人、破损的五角大楼、齑粉一样破碎倒塌的大楼,所有观众的惊恐、震惊、悲痛都与电视画面同步相随,电视新闻留存下这一直观的历史场景。

让我们再回到18年前的一个案例:

1996年7月2日下午,北京市东城交通支队的徐建民和同事一起来到刚建成开通的京通快速路进行采访报道。因为在这仅18.6公里的路段上,快速路两侧的护网被人破坏出了200多个洞,给国家财产造成了损失。这两位有心的报道者从报纸中得到了这一线索,于是寻思,除了国家财产损失之外,有人破坏护网,就一定有人横穿马路,而且有可能发生严重的交通事故。从1995年年底起,徐建民就和局里其他两位同志负责北京交通管理局与北京电视台合办的交通节目《交通新闻》的采编播及与电视台沟通协调等工作。当日下午4点左右,他们来到京通快速路出京方向6公里处的梆子井村,随即拍到这样一幕:"在飞驰的车流中,第一个跳进主路的人慢慢地向前走,而第二个进来的人没走两步就开始跑了起来,在超过第一个人后,就大步飞奔,成功穿越了两条车道。可就在这时,最内侧车道里,由西向东正常行驶的一辆桑塔纳小客车仿佛突然出现在他面前,车的左前部将小伙子挑飞了起来,他在空中做了个直体后空翻两周半后,重重地摔到了汽车左后方的路上。小伙子的一只鞋被撞飞到与过街天桥一般高,我的镜头跟着鞋向上摇了一下。此刻我忘记自己距离他们有400多米远,机器向上摇一点,镜头里的画面就立即上了天,我马上摇下,又对准汽车,看到汽车后面立即出现了一层白烟。行人被撞飞这一幕,就这样被永久地定格在了录像带上。"[①]这就是当年中国电视界最高奖"中国广播电视新闻奖"消息类一等奖作品——《一行人横穿快速路被撞身亡》。7月3日,中央电视台《新闻联播》、北京电视台《北京新闻》先后播出此条新闻。播出当日,京通快速路上的护网全部修补完成,也没有人再穿越马路,其警示作用可见一斑。随后,"清华大学汽车系碰撞试验室,利用此新闻画面对汽车碰撞行人进行了研究,填补了科研空白。"[②]

往事如烟,却又历历在目,在笔者编写这本书稿的时候,这些电视新闻的画面时常在脑海中闪现,它们成为最直观的历史。再来想想电视新闻是什么?**电视新闻用视觉和听觉词汇来组织信息,呈现真实,它是形象的真实、交流的真实、动态的真实、过程的真实、同步的真实。**上下五千年,新闻作为大众传播的信息载体不过上百年,而电视新闻的历史还不到一百年。在传播科技飞速发展与传媒变局的今天,我们该怎样审视电视新闻的内涵、外延与发展?它的不变在哪里?它的变又将朝向何方?

---

① 许建民:《摄录惊魂20秒》,http://www.bjjtgl.gov.cn/zhuanti/09bylsdhh/zw022.html。

② 许建民:《摄录惊魂20秒》,http://www.bjjtgl.gov.cn/zhuanti/09bylsdhh/zw022.html。

电视实务界有一个“金科玉律”，凡是形式上追求创新的节目，其生命周期衰败得极快，反而是那种形式稳定的节目能长久不衰。从近十年中国电视的发展来看，最典型的莫过于湖南卫视《超级女声》这类选秀娱乐节目，其形式必须不断求变，才能满足观众日益提高的胃口。从湖南卫视的《超级女声》，发展到浙江卫视的《我爱记歌词》，进而到江苏卫视的《非诚勿扰》，再到东方卫视的《中国达人秀》、浙江卫视的《中国好声音》、湖南卫视的《我是歌手》以及《爸爸去哪儿》等等，这些在中国电视传媒发展不同阶段具有影响力的娱乐节目，无不是各领风骚三五年。它们寻求形式的不断创新与突破，不断创造视觉奇观和审美风潮。当然，除形式之外，这些娱乐节目的精神内涵也契合了中国社会不同阶段价值观的变迁。

而类似于新闻、纪录片这样依靠内容取胜的节目，其形态相对固定和纯粹。以美国为例，其长盛不衰的节目——如美国全国广播公司的时政谈话节目《与新闻媒介见面》(Meeting the Press)，1947 年创办，至今仍然是全美重要的星期天公共谈话节目。美国哥伦比亚广播公司第一个新闻杂志节目《60 分钟》(60 Minutes)，1968 年创办，收视长盛不衰，虽然近几年因创作人员老化而收视有所下降，但仍然在深度调查报道方面卓有影响力；美国全国广播公司的《晚间新闻》(Nightly News)，1970 年起沿用此名，现在高居全美晚间新闻排名第一；美国有线电视新闻网的《拉里·金访谈》(Larry King Live)，1985 年创办(2010 年因拉里·金退休而停办)，为美国有线电视新闻网带来了极强的影响力。数十年来，这些节目的形态基本保持不变，着重的是新闻价值与新闻内涵的挖掘，在媒体公信力与品质塑造方面锤炼内功。它们让我们思考的是：一个有影响力的新闻栏目并不是单纯在花哨的形式和噱头上下功夫，而是在新闻的社会舆论影响与引导、社会责任意识、价值判断等核心理念上做足功夫。

在这本书编写期间，2011 年 6 月 6 日，美国哥伦比亚广播公司的《晚间新闻》(Evening News)以《60 分钟》记者斯科特·派利(Scott Pelley)替代现有主持人凯蒂·库瑞克(Katie Couric)，其重归专业性的方式不啻是对这一理念的诠释。库瑞克原是美国全国广播公司早间杂志节目《今日》的主持人，她擅长轻松格调的访谈，像家庭主妇一样为美国人带来早间的愉悦与温暖。2005 年，哥伦比亚广播公司以千万身价将她挖到《晚间新闻》，使其成为全美第一个《晚间新闻》女主播，目的是以她的影响力和个性化的访谈风格带动公司《晚间新闻》的收视率，但是五年的尝试以失败告终。随后，哥伦比亚广播公司又以其权威的调查性栏目《60 分钟》记者斯科特替代库瑞克，目的是利用斯科特在《60 分钟》的调查性权威和可信度来增强《晚间新闻》的权威和影响力。这种重回传统的做法效果怎么样，还只能拭目以待，但它的确促使我们思考当代电视新闻节目的竞争力和要素在哪里。我们认为，电视新闻的发展，传播科技是基础，专业性是手段，观众兴趣是诉求点，社会责任是内涵，立场是隐性推手，它们共同推动了电视新闻的发展。

第一节　电视新闻理论溯源

一、电视新闻的界定

1.电视新闻的内涵与外延

电视新闻是以传播技术媒介为基础的信息传播形式。按照1994年《电视新闻分类与界定》中的描述:"电视新闻是以现代电子技术为传播手段,以声音、画面为传播符号,对新近或正在发生、发现的事实的报道。"①据此,我们认为,**电视新闻是电视媒介传播者以现代电子技术为传播手段,以声音、画面为传播符号,以大众传播信息为目的,对新近或正在发生、发现的事实的报道。**在原有电视新闻界定的基础上,本书增加了传播者和传播目的两项内容,凸显了电视新闻作为大众信息传播的功能与意义。

从传播学的角度而言,电视新闻的这一定义至少可以从三个层面去理解:

第一,电视新闻的信息内容表现、信息传播手段和信息传播载体要以现代电子技术为基础,以画面、声音等诉诸视觉与听觉的形象语言为信息表现形式和信息传播符号。这一层面的界定,使电视新闻区别于传统的报纸、杂志、广播等新闻信息,报纸、杂志新闻以诉诸视觉的文字符号为表现和传播载体,广播新闻以诉诸听觉的声音形象符号为载体,而电视新闻则以声音与画面等视听形象语言为载体,立体、综合地传播信息。从符号学的观点来分析,画面和声音是电视新闻的能指——"具有物质性质和物质形式的用以承载符号内容的'中介物',是承载符号内容的表达层面"②,画面和声音所表达的内容是电视新闻的所指。

第二,电视新闻是新近发生或正在发生、发现的事实的报道。换言之,电视新闻是建立在非虚构基础之上的信息报道和传播,从而与电视文艺、电视剧等虚构类的节目体裁类型区分开来。电视新闻是见之于事实基础上的。从哲学认识论来分析,事实是电视新闻的基础,没有事实,无以为电视新闻。电视新闻是利用电子技术传播手段对事实的反映,是主观见之于客观事物基础之上的表现形式。电视新闻需要想象力,但是想象力是见之于事实基础之上的。努力接近事实真相是电视新闻报道的目的,对事实进行深入的研究、分析、报道,从而让观众无限接近事实真相。真实是电视新闻的生命,电视新闻既要保证事实的真实、细节的真实,同时也要透过现象看本质,达到本质的真实。

---

① 杨伟光:《电视新闻分类与界定》,中国广播电视出版社1994年版,第3页。

② 隋岩:《符号传播的诡计》,《电视学》(第二辑),中国传媒大学出版社2008年版,第8页。

第三，电视新闻是信息的大众传播，是通过电视媒介来传播信息，其信息的把关和控制具有“中心化”的特点。电视新闻区别于一般的信息交流、交换、交易，是对信息的大众传播，社会责任和主流价值蕴含其中。

2. 电视新闻节目的分类

根据信息的集合形式与整体表现形态，电视新闻可以分为不同的类型。

狭义的电视新闻是指以资讯信息为主的简短的动态报道，也就是我们通常所说的消息类电视新闻；广义的电视新闻是所有依赖于电视媒介传播的见之于事实信息基础之上的信息表达形式。在《电视新闻分类与界定》中，电视新闻节目被分为消息类新闻节目、专题类新闻节目、评论类新闻节目（见图 1—1）[①]。这样的分类实际上是按照信息容量与信息所呈现出的主客观程度这两个维度来区分的，是参照传统新闻学分类法特别是报纸新闻的消息、通讯、评论三大类体裁而形成的。消息类电视新闻强调简短、

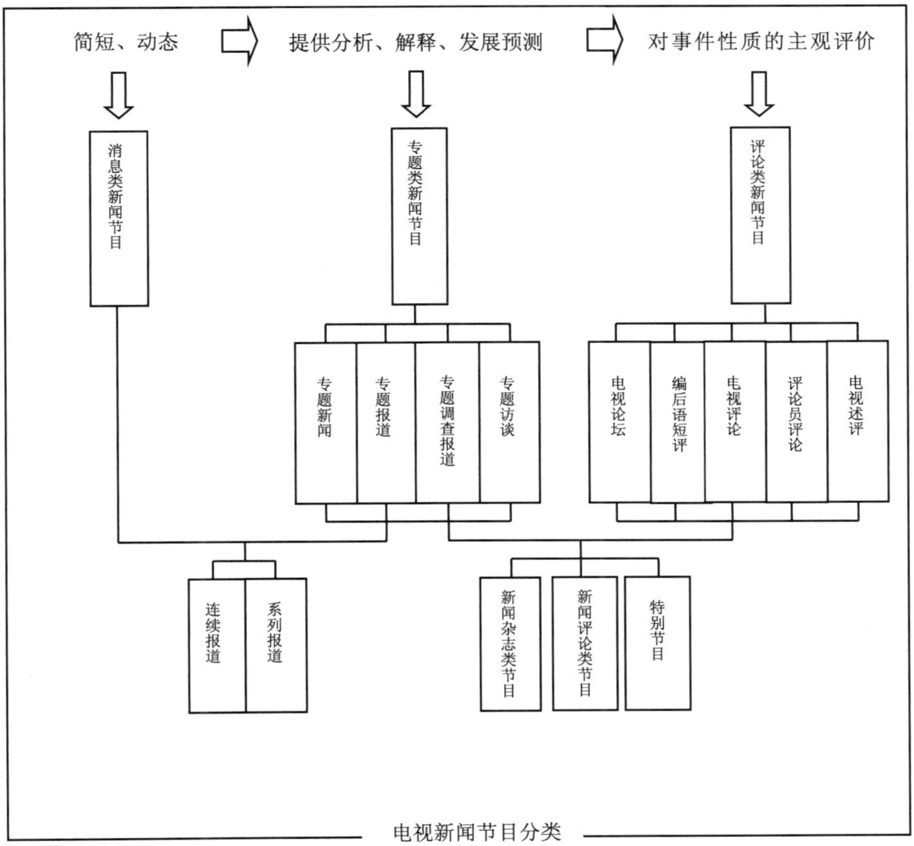

图 1—1　电视新闻节目分类

① 叶子:《电视新闻:与事件同步》,北京师范大学出版社 2007 年版,第 4 页。

动态;专题类电视新闻强调在消息基础上的深度扩展,不仅有动态报道,还要提供进一步的背景资料、分析与解释;评论类新闻节目则强调在客观呈现与传播信息基础上加入传播者的主观分析、评论与解释。

《中国电视节目分类体系》一书以"形态"为主要分类维度,把中国电视新闻节目分为六大类,即综合新闻消息节目、分类新闻消息节目、新闻专题类节目、新闻谈话节目、国际新闻节目和大型新闻节目。[①] 实际上,在这个分类中,不仅涉及"形态"维度,同时也有内容题材之分,比如新闻消息节目和国际新闻节目这两类就是以题材为维度与其他类别相区分的。

对比西方电视新闻界,西方电视媒体对电视新闻的分类没有"新闻专题"一说,主要是按照消息(news)、新闻杂志(news magazine)、新闻访谈(interview,包括讨论 discussion、辩论 debate、谈话 talk show)、深度报道(in-depth report/analysis)、新闻纪录片(news documentary)等几大类。我们认为,这实际上是按照对事实信息的报道深入程度进行划分的。

为了把复杂的问题简单化,实际上,按照对事件信息的深入程度,我们大致可以梳理出电视新闻节目的一个整体分类脉络。本书将按照形态与体裁的维度,参考西方电视新闻界以及中国国情把电视新闻主要分**为消息类新闻报道、深度报道(包括组合报道、连续报道、系列报道、电视新闻专题、调查性报道)、电视新闻访谈、电视新闻评论等几大体裁并进行分析**。随着现代电视媒体的发展,电视新闻节目的形态日趋多样化,比如电视新闻杂志节目和电视读报节目的出现与发展。我们认为,电视新闻杂志节目更多的是一种内容的编排方式,是在电视媒体栏目化后的板块结构模式;而读报节目则趋向于电视评论节目,以多视角的观点和新闻资源的二次加工与整合形成对事件与问题的解读。

3. 电视新闻的信息元素

(1)画面信息与声音信息

电视媒介依靠画面和声音元素双通道传播信息:画面信息可以分为现场信息、虚拟信息(包括动画、图表、文字)等信息;声音信息包括语言、音响、音乐三类信息,在这三类信息载体中,我们可以按照主客观的分类,把声音信息分为客观声音信息——采访同期声、同期音响、有源音乐和主观声音信息——解说词、音乐、音响等(见图 1—2)。

---

① 张海潮:《中国电视节目分类体系》,中国传媒大学出版社 2007 年版。

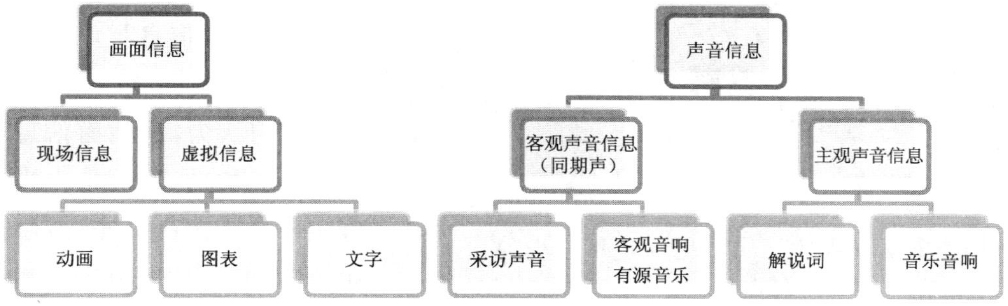

图 1—2　电视新闻信息元素结构

从电视新闻发展的趋势来看，随着技术的进步，电视画面虚拟信息在近年来得到了很快的发展，尤其是有线电视新闻频道的发展，给电视新闻画面信息的开拓和呈现创造了更多的方式。比如美国有线电视新闻网的电视画面创造了画面下方的实时滚动字幕信息以及虚拟大屏信息，文字、图表、动画等元素进一步拓展了画面的信息量（见图 1—3）。当然，也有专家指出，根据格式塔心理理论，由于人的知觉简化的原则，观众在接受画面信息的时候，总是按照自己的原则去简化吸取画面信息，不可能兼顾画面所有的信息，因此这样多层次、复杂呈现信息的方式是否有效，也是个问题。①

图 1—3　美国有线电视新闻网"马航失联事件报道"画面

此外，作为对现场信息的弥补和深化，动画新闻也成为世界电视媒体的新趋势，尤其是我国台湾地区电视媒体在这方面的拓展。中国大陆电视媒体在这方面尽管有所发展，但明显不足。近年来，动画新闻作为一种虚拟信息的视觉化呈现手段，是在画面现场信息不足的情况下，为了让观众更直观地理解信息而使用的手段。同时，它也可以成为把一些抽象信息，如数据，转变为具象信息的一种方式。但是，动画信息绝对不能代替电视新闻的现场信息，也不能成为电视新闻信息呈现的主体，更不能成为记者不去现场的借口。动画信息只能是在现场信息不足或者不能充分说明事件性质的情

---

① Al Tompkins, *Write for the Ear*, *Shoot for the Eye*, *Aim for the Heart—A guide for TV Producers and Reporters*, Bonus Books, 2002, p. 89.

图 1—4 美国全国广播公司《晚间新闻》击毙本·拉登报道中的动画信息

况下才能使用的手段。

(2)画面信息与声音信息的关系

我们认为,从画面信息和声音信息的关系来看,电视新闻主要分为声画同步、声画分离、声画复合这三种。声画同步,即现场画面和现场声音同步,声音由画面中的人或物体产生,声音和画面共同传达现场信息,也就是通常所说的纪实画面;声画分离,节目的声音与画面各自按照自己的逻辑展开,声音与画面的关系是各自独立,互相补充的。即如现场画面或虚拟信息后期配上解说声音、音乐、音响等;声画复合即在现场画面与同期声的基础上配上后期解说声音、音乐、音响等。

电视新闻信息元素的这三种关系分别代表了不同的表意特征:

现场画面和声音同步的模式,也就是我们通常所说的纪实画面或纪实镜头,是对现场信息的还原和复制,信息具有现场感,画面具有很强的指向性、客观性与实证性,这种信息呈现方式通常用作电视新闻"用事实说话、用证据证明"的重要传播手段。需要说明的是,在运用这种方式的时候,特别要注意现场信息的有效性,要给观众提供有效的信息量。

现场画面和声音分离的模式,也就是我们通常所指的画面配解说或音乐、音响的方式,这种方式除了可以在单位时间内以精练的方式交代现场事件信息背景、人物关系、基本要素外,还可以成为表达创作者观点、渲染情绪的基本方式。在这种方式中,声音信息与画面信息存在相关性,但并不那么密切,解说词的含义未必完全指向画面。另外,解说词和音乐可以是在画面信息基础上的情绪升华以及意义象征的提升。但是,由于解说词和音乐是创作者强行附加的信息元素,因此具有创作者的主观性,往往在使用上要求有"度"的把握,如果这种外加的强制性信息不符合现场或者与观众的审美有差距,就会有越俎代庖或生拉硬拽之感,往往让观众反感。

声画复合的模式,是在现场信息相对稀疏的情况下加入解说词或音乐音响,由于保留了现场的同期声,因此现场的情绪和氛围也得以保留,同时又能交代基本背景、渲染情绪。

作为电视记者,最基本的能力是如何用视听语言还原事件信息,如何运用现场画面信息和同期声清楚、明晰地呈现事实,也就是如何通过视听语言用事实说话。在此基础上，才考虑用解说词或音乐、音响交代背景、提升情感和象征意义。但是，在实际创作中，很多记者恰恰反其道而行之，往往用解说词代替对新闻事件的还原和陈述，在尚未清晰明确地陈述事实之前，就妄加情绪性的音乐。正如前文所言，没有事实的基础，何来情绪的渲染和意义的提升。这种实际工作中的操作误区往往是由于创作者没有在现场捕捉到生动的、有特点的信息造成的，也是许多创作者妄求毕其功于一役的偷懒做法。这种操作方式最终造成的结果是：外加的解说词和音乐干扰了事实的呈现，电视新闻的现场画面信息成了解说文字的依附品，而新闻的理性、说服力和公信力却由此丧失。就这一方面而言，日本 2011 年的"3·11 大地震"报道的许多报道原则都值得中国电视媒体借鉴，而其中"日本媒体一般不会在新闻里使用音乐，不希望音乐影响新闻本身，而受灾民众的悲伤与希望也不必用音乐来渲染"[①]，即反映了电视新闻用事实说话，追求客观、理性的操作方式。

二、电视新闻的特点与优势

在实际采访报道中，电视记者的头脑中应该始终琢磨电视新闻的优势和特点在哪里，进而扬长避短，把电视媒介的长处发挥出来。

1. 声画一体的形象信息形态

如果把电视新闻放在人类传播的历史坐标上看，我们会清楚地发现，人类传播的终极目标，是如何实现远距离的最大还原与信息传播。在信息传播方面，与历史上的报纸新闻、杂志新闻、广播新闻等相比，电视新闻的特点在于利用形象的画面和声音还原物质现实。从媒介传播的轨迹来看，这是顺理成章的发展逻辑。人类的早期传播是口口相传、面授耳听。随着纸质媒介的出现，信息传播的距离被延展，按照麦克卢汉的理论，媒介成了人的延伸。但是，纸质媒介虽然扩展了信息传播的距离，却损失了所传播的信息的含量，报纸作为纸质媒介的大众传播工具，大大损耗了信息的还原与传播。广播的诞生则部分还原了声音信息，使事件现场以声音的传播轨迹得到传播延展。电视媒介则通过画面和声音双通道信息还原现场，并实现了远距离传播。随着互联网的发展，信息传播的广度和深度得到进一步拓展。电视新闻视频在网络上与其他信息形态形成融合，共同传播信息。

海德格尔曾说："世界被构想和把握成图像。"电视媒体正是用视听语言传递信息、构造出人们对世界的印象的。电视媒介声画一体的技术特性，决定了电视可以采用形

---

① 任金州等：《灾难报道中的媒体行为及其思考——以日本 NHK 地震报道为例》，《现代传播》2011 年第 6 期，第 49—52 页。

象的活动画面,这里指的画面是声画一体的画面。声画一体的电视画面是信息传播的载体,也是电视新闻传播的基础,电视记者主要是通过画面来报道事实,而不是单靠文字叙述来描写新闻事态。这是电视媒介传播的特点,也是电视采访的特点。尼尔·波兹曼认为:"电视最大的长处是它让具体的形象进入我们的心里,而不是让抽象的概念留在我们脑中。"[①]随着传播媒介的发展,电视新闻的传播路径或终端发生了变化,但无论称之为电视新闻还是视频新闻,其形象叙事的特征并没有发生根本的变化。[②]

作为电视记者,应该懂得用声画视听形象清楚、明晰地传达有效信息,懂得用画面和声音叙事。比如《白宫遭遇冷枪》[③]这条消息,记者用切实、明确的画面信息展示了白宫被两颗子弹击中的方位、位置,同时通过自己的现场出镜报道和动画信息有效地还原了枪手开枪时所在的位置及子弹路线,整条消息简洁、形象、生动地报道了这一突发性事件。

2. 感性的信息符号形式

电视新闻的画面和声音信息是感性的符号形式,具有具体与直观的特点,而不诉诸抽象性和概括性。尽管电视可以依靠文字、图表等抽象符号传达信息,但我们认为,电视的长处在于表现感性的存在而不是抽象的东西,否则,便与文字媒介无异。因此,电视新闻的一个要点是,如何用感性的画面和声音语言向观众传达信息、表达情感和升华意义。此类案例比比皆是,上文提及的《一行人横穿快速路被撞身亡》、"9·11事件"报道,其中的影像冲击是极具震撼力的;而《北京市二环路改造工程竣工》的两位老人采访叙述、《汶川地震记者偶遇受灾老人》的白描式段落、《驻伊士兵回国父子团聚》的鲜活语言都给观众留下了深刻的印象。

> 哈哈,特别的痛快!
>
> ——《北京市二环路改造工程竣工》中二环路附近居民的欣喜
>
> 谢谢你们,让你们操心了!
>
> ——《汶川地震记者偶遇受灾老人》中受灾老人从容而宽厚的回答
>
> 谁说了,我马上收拾谁!
>
> ——《透视渗灌工程》中乡长对村民的威胁
>
> 约翰(John):爸爸,我想念你

---

① 〔美〕尼尔·波兹曼:《娱乐至死》,章艳译,广西师范大学出版社2004年版,第159页。

② 关于电视新闻信息的呈现和采访特征,参见曾祥敏:《电视采访》(第2版)第一章,中国传媒大学出版社2010年版。

③ 美国全国广播公司《晚间新闻》2011年11月16日播出。

比尔（Bill）：我也想念你

……

约翰（John）：我爱你，爸爸

比尔（Bill）：我也爱你

——《驻伊士兵回国父子团聚》中比尔给儿子约翰带来的惊喜

这些言语之所以深刻地印在观众头脑中，不是因为抽象的数字和叙述，而是因为它们融合在极具个性化的交流之中，能促使我们的情感蒸腾、思索良久。下面，我们再看看美国全国广播公司《今日》播出的一条灾害性事故新闻报道《邻居的噩梦——飞机撞上民宅后的英雄拯救》（Neighborhood Nightmare－Hero to the Rescue after Plane Hits House）。一架双引擎飞机坠落撞上民宅，这本是一个灾害性事故，但是记者的选取角度却放在了事故之后的一位英雄拯救的故事上——"一个非凡的形象和一个非凡的故事"（A remarkable story to go along with a remarkable image）。事件主角有一句话："这是我的时间，但是我必须救他们。"（It's my time，but I have to rescue the people.）试想，每天都有事故发生，那么这个事件的新意在哪里？记者并没有局限于简单的事件陈述，而是选取了一个独特的切入角度，在对事件进行新闻"5W"的陈述后，把着眼点放在了一个具有人情味的主题上。当然，并不是所有的信息传达都需要这样的操作方式，《今日》栏目强调轻松地传达信息，所以才有这样的诉求点。但是，它却给我们如何处理日常性报道提供了一个思路，即怎么能把信息通过感性形象传达给观众。因此，电视记者需要思考的是，如何把一个抽象的信息变成具有感性情绪的信息？这使我们想到了美国媒体策划人阿尔·托普金斯（Al Tompkins）那本针对电视节目现场报道的书——《为耳而写，为眼所拍，直击人心：电视制作人与记者指南》（*Write for the Ear，Shoot for the Eye，Aim for the Heart－A Guide for TV Producers and Reporters*）。想想，你的新闻作品能够直击心灵吗？

3. 动态性与过程感

纸质媒介以空间为基础排列信息，而广播和电视则以时间顺序来呈现信息，因此广播和电视都有历时性的特点。就电视而言，电视运用连续的画面呈现现场信息，在展现现场的动态方面最具优势。这种动态既包括现场人物运动、场景转换、色彩变幻等内部运动，也包括摄像机镜头的外部运动，同时，也涵盖镜头与镜头之间的编辑与切换。

由于电视新闻是对现场信息的还原，同步摄取现场信息的方式使电视新闻呈现出鲜明的过程感，每一个动态过程以及事件发展的过程都能通过电视媒介呈现出来。因此，电视新闻在呈现信息的时候，要着重考虑如何把静态的信息转换为动态的信息，如何用连续的画面栩栩如生地呈现现场的动态信息,如何把点上的信息变为具有过程感的信息①。

北京电视台播出的《档案》栏目即生动地诠释了电视媒介的这一特点。在节目中,编导和主持人把珍贵的历史片段,通过录放机、投影、沙盘、资料展示等不同媒介手段,结合主持人的叙述,形成了一个多角度的、立体的信息场。试想,单凭仅有的一些影像和文字资料,如何撑起一档半个多小时的节目?如何把一个静止的、点上的信息,通过主持人在演播室空间的游走、叙述以及不同介质信息的展示,形成一个流动的、极具过程感的影像历史?在这一点上,可以说《档案》的创作人员做了很有益的开拓。尤其值得探讨的是,传统的电视新闻及纪录片的做法是,如果历史影像资料不足,很多节目便会用大量的万能画面进行填补,只要时代感符合就能说得过去。但这种方式毕竟给人一种隔靴搔痒的感觉。而《档案》通过它独特的信息整合方式,使所有的画面信息都具有很强的指向性,不管是沙盘的演示,还是文字资料的展示,都不仅把信息落实到了动态的影像上,而且每一个信息的呈现不是一个可有可无的万能空画面,而是体现出栏目对历史解读的当下视角与形式。

4.现场感

电视媒介的信息是“物质现实的复原”,电视具有再现性的本质特征,电视摄像机所摄取的画面、声音是客观的存在物。因此,纪实性的电视画面和声音被视为现实的真实还原,能唤起观众的现实感和现场感,观众仿佛被记者和摄像机带入现场,去感受现场中的事件与人物。因此,依靠现场的画面、声音、细节、动态、过程等形象性元素说话,将会极大地发挥电视媒介的特点,并使之成为电视新闻的优势,这也是电视新闻“用事实说话”的基础。从这方面而言,电视新闻最大限度地还原了事件现场的信息,无论是现场出镜记者还是摄像镜头,都应尽量让观众清楚、明白地理解现场。这就要求记者在采访中不仅要尽量接近和深入现场,同时还要选取最能反映现场的拍摄角度,抓取最能体现现场的细节,组织最能展现现场的场信息和氛围等等。下面,以2010年度全国城市电视新闻评选会中长消息一等奖节目《东方红制漆厂突发大火》②为例,分析其结构现场感的方式与技巧。

> 导语:今天下午3点50分,位于郝庄兴业路的山西东方红制漆厂内突然着起了大火。由于二甲苯是极度易燃物品,属于有毒物质,情况十分危急!(导语简明扼要,突出新闻要素,突出事件的紧迫性,新闻的社会监测功能在

① 关于动态的采访,参见曾祥敏:《电视采访》(第2版)第五章,中国传媒大学出版社2010年版。

② 山西太原电视台《新闻快车》2010年7月16日播出。

事件类新闻中最为凸显）

正文：

【警笛同期声：5 秒】（发挥电视新闻的优势，突出现场氛围和事态）

现场出镜记者：我现在就是在东方红制漆厂的起火库房旁边，现在大家可以顺着我手指的方向看一下，现在整个起火的库房已经发生了坍塌，并且浓烟不断地往上冒。与此同时，明火还是不断地燃烧着，现在消防官兵正在用泡沫灭火器对明火进行紧急的扑救。（出镜记者把观众迅速带入现场，并通过出镜记者的信息梳理给观众以现场的引导，让观众迅速抓住主要矛盾）

【灭火同期声】撤回来，撤回来，撤回来……（现场典型的同期声，突出现场因素和氛围）

现场画面、同期声、解说词：据现场人员介绍，厂房内有三个储存液态二甲苯的大罐，罐体已经被坍塌的厂房覆盖，燃烧的二甲苯为有毒物质，火场周边弥漫着刺鼻的气味，现在消防官兵以泡沫移动炮为主战武器，从火场北侧、东侧和南侧三向合击。现在大家可以从镜头中看到，突然大量液体从厂房内流出。（解说词叙述背景，并补充观众可能从镜头中无法感受到的信息，突出重点信息，现场发展的事态随时跟进）

【现场镜头、同期声】来灭火器！灭火器！爬起来，灭灭，快，打一下往地下，往地下（现场感很强的画面，同时，典型画面与同期声使叙事形态不断变化，形成很强的节奏感）

解说词：随后，消防官兵集中力量用大量泡沫覆盖明火，并用沙袋堵住流出的水。15 分钟后，外围流出的明火得到有效控制。（解说词交代事件发展，省略事件流程，这也是解说词的功能之一）

【第一次爆炸同期声】

现场出镜记者：现在大家可以看到，火场内突然有一个不明物体发生爆炸，而且火势更加猛烈。（记者仍然深入现场，在现场抓事件转折点或奇峰突起的关键点，体现了报道中的过程感与关键环节）

解说词：在爆炸后，消防官兵制订新的作战计划，在泡沫的掩护下，消防队员冒着生命危险，设法接近失火的罐体以便能够关闭阀门。然而就在消防官兵关掉一个阀门后，罐体附件再度发生爆炸。（解说词介绍背景，同时和前面的出镜报道形成信息形态上的变化）

【消防队员灭火的镜头，第二次爆炸同期声】出来，出来，出来，往出走，往出走，往外走，快！

现场出镜记者：在经过刚才的两次爆炸后，大家可以顺着我手指方向看一下。现在整个火势更加猛烈,因为现在现场的整个温度非常高,虽然我们现在距离着火点大概有 20 米的距离,但是我们现在能感觉到温度在 40 度以上。面对这样的大火,现在消防官兵只能往远处后退,来制定新的救援方案。**(记者在现场出镜报道谈感受,深化观众无法从镜头中得到的信息,事件的曲折反复增强了观众的关注度)**

【救援同期声】现在特二,在这个阵地,这是谁家?十六(中队)在这个阵地,出两支(泡沫)水枪。**(展示现场的事态)**

现场出镜记者:经过 5 分钟的紧急安排和部署后,现在消防官兵正在出动 4 支水枪,其中 1 支水枪是专门用泡沫灭火器对明火进行紧急的扑救,还有 3 支水枪是专门用来对明火进行冷却和隔离。与此同时,经过几次爆炸之后,现在整个现场的气味非常刺鼻。我们也不得不带上这样的一个口罩,但即便是这样,我们现场空气中仍然能够闻到特别刺鼻的气味。但是消防官兵即便是遇到这样大的困难,他们依然奋战在扑救火源的第一线。**(记者在现场通过自身的行为,动态有效地解释现场事态,没有简单重复画面信息,而是谈自己的感受,谈观众无法从画面之中得到的信息,比如从现场"闻到"的感受)**

【救援同期声】

解说词:与此同时,在起火厂房的北侧仍然堆放着大量油桶。为了防止发生复燃,现在厂里的工人在消防水枪的掩护下,紧急把油桶搬离现场。经过消防战士 3 个小时的全力扑救,下午 6 点 45 分,明火被全部扑灭。所幸的是,此次火灾没有造成人员伤亡。目前,有关部门已成立调查组对起火原因展开全面调查。

记者深入突发事件现场,不仅现场的环境交代清楚了,关键细节和环节也得到了充分展示。现场信息通过展现现场的纪实镜头、记者出镜报道和解说词等多种信息形态的复合传达,形成了比较好的节奏感。尤其是在本片中,当第二次爆炸发生后,消防队员在后面的"撤退"指令下,仍然在全力灭火,摄像机在消防队员身后几米远处也一直在抓拍。这样的细节抓取和现场同期声往往能给观众留下深刻印象。也许,在信息爆炸的时代,一个电视新闻节目,你记得不是那么全面,但是当你关上电视后,有这么一两个镜头还在头脑中

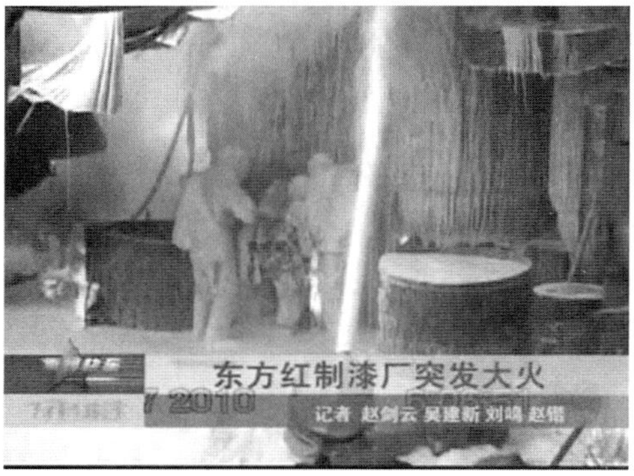

图 1—5 山西太原电视台《东方红制漆厂突发大火》画面

萦绕，这就足够了，不是吗？

然而，在电视新闻制作的实际操作中，很多本来具有现场感的信息被记者做得没有了现场感。在实际创作中，电视新闻要么缺失现场信息，细节、环境、关系交代不清，要么缺失现场的氛围。比如，电视消息《我国首次在青藏高原冻土带成功钻获“可燃冰”》[①]，完全是解说词和画面毫无逻辑的拼贴，缺失现场同期声和氛围，与电视版的报纸无异。

5. 共时性与多空间

时间与空间是辩证的统一，马克思曾说，时间是发展的空间。“第一时间的现场报道”是对以技术优势为基础的电视媒介的要求，是第一时间报道不同空间的事件及其发展。有人说，未来电视新闻的竞争之一是电视直播的竞争。电子传播手段使信息的发生、发展与传播以及观众的收看同步，信息的还原与收视呈现出共时性的特点。从西方电视媒介来看，它们对于事件类新闻的电视直播已经成为常态化。美国电视有线新闻网、英国广播公司、半岛电视台（AL Jazeera）等24小时新闻频道都强调对突发事件的第一时间现场直播报道。近年来，中国中央电视台新闻频道也在逐渐加强新闻的现场直播。在对突发事件类新闻的现场直播中，其事件本身具有的悬念感、动态感、过程感等与电视媒介的自身优势形成契合。电视新闻直播不仅仅是演播室直播，更重要的是指现场直播报道，这也催生了主持人与现场记者连线的直播报道。近两年的央视新闻直播中，令人印象深刻的是《菲律宾人质事件》与《泰国红衫军与政府军队武装冲突》的电视新闻现场直播。在《菲律宾人质事件》中，11个小时的对峙以及解救人质时的电视现场直播，使观众的感受随直播的进程跌宕起伏；而在《泰国红衫军与政府军队武装冲突》报道中，央视记者张萌的现场报道令人印象深刻。这两次电视新闻直播充分诠释了电视媒介在时间与空间的信息传达上的特点与优势。

图1—6　中央电视台《泰国红衫军与政府军队武装冲突》记者现场报道

从西方电视媒体的发展来看，有线电视新闻频道的新闻现场直播已经趋于常态，并延伸出不同形态的直播连线报道：

---

① 此消息荣获2010年中国新闻奖电视消息类一等奖。

- 演播室＋新闻事件现场
- 演播室＋记者现场连线报道
- 演播室＋不同新闻事件现场连线报道
- 异地演播室之间的连线主持(主持人接力棒的形式)＋报道

毋庸置疑,共时性与多空间的特点是电视新闻发展中的一大优势,是电视媒介区别于其他大众媒介的特点,这就对电视媒体的资源整合提出了新的要求和挑战。

图 1—7 美国广播公司《世界新闻》(World News)现场连线报道

图 1—8 美国全国广播公司《晚间新闻》异地记者连线报道

图 1—9 美国有线电视新闻网《AC360》异地主持人连线报道

三、理解电视新闻节目的三个层面

前面我们探讨了电视新闻的媒介特点与优势，可以说是从外在形式的角度去分析它所承载的电视新闻内容。但好的电视新闻节目远不止于此。如果再进一步挖掘，从节目内涵的角度去判断一个电视新闻节目的优劣，除了要看它能否发挥了电视的特点之外，还要从信息、情感与思辨等内涵去考量。

1. *信息层面*。一个节目是否准确、明晰地运用视听语言传达了有效信息，也就是从电视媒介是否发挥了社会监测功能去评判。

2. *情感层面*。节目传达信息的过程中，即是否能从现场的人物、叙述传达出情感，或者从现场信息升华到直击人心的情感高度。需要说明的是，这样的情感高度，首先是以信息传达为基础的，是在信息的基础上自然牵带出情感，而不是无源之水的空洞情感，是首先有事实而后有情感的自然抒发。

3. *思辨层面*。节目从一个信息的传达延伸到思想的深入，以及对问题的分析与思辨、对事件中人性的探讨。即一个节目是否有多面的事实和观点呈现，是否形成碰撞、冲突、交流和交锋，并以呈现多面观点和事实为基础，给观众一个开放式的思考空间。

下面我们以湖北荆州电视台的《一堆木头与一连串车祸》[1]为例，看看上述的这三个层面：

表 1—1 《一堆木头与一连串车祸》分析

序列号	画面	声音	解读
1		演播室导语：今天下午 4 点多钟，在荆州荆监一级公路江北段，一辆满载木头的货车突然冲出公路，一头栽进路边的树林。木头散落在公路上，天色渐暗，这些木头成为一个个路障，非常危险。	突发事件，记者第一时间赶到现场报道事件，体现了电视媒体的社会监测与信息传达功能。
2	车祸现场画面：肇事车辆全景；散落木头全景；车轮、血迹特写；马路全景；记者打电话近景；警示标志全景。	画面解说词：记者赶到事发现场看到，来往车辆只能从一条夹缝中驶过。那辆运送木头的肇事货车挡风玻璃破碎，前轮也被撞掉，草丛里还留有血迹。受伤的肇事司机已被送往医院救治。记者意识到这些散落在路上的木头就是危险的路障，如不及时清理，很容易发生二次事故，赶紧拨打了 110 报警。接警的 110 值班民警说出事地在郊外，让记者找辖区派出所。但记者联系当地的窑湾派出所，却被告知：道路故障必须找交警处理。记者随即拨打 122 报警，没料想值班交警还是要记者找辖区派出所，无奈之下，记者只好在离木头 50 米处设立警示标志，打开采访车的警示灯提醒司机减速缓行。可就在这时候，事故还是发生了。	交代现场最新事态。按照时间顺序式交代事件的发展过程。记者适当介入。 不足之处：场面交代比较零散，现场各元素的整体交代不充分。

① 湖北荆州电视台 2010 年 10 月 26 日播出，获第 21 届中国新闻奖电视消息类一等奖。

续表

序列号	画面	声音	解读
3	货车司机近景	同期声： 事故货车司机：吓死了、吓死了。 记者：没看到木头是吧？ 事故货车司机：哪里看得到？下雨，哪里看得见？眼睛看到了来不及刹车。这边(又)有车。	通过现场司机叙述，突出现场氛围，让观众感受现场气氛。声音的转换也加速了节目的节奏。
4	货车现场	解说词：货车挡板被撞坏，油箱受损，幸好人没受伤。在接到记者报警1个小时后，窑湾派出所民警来到现场，他们一边联系交警来清障，一边和记者一起，将散落在路中间的木头抬到路边。不料想，又一起车祸发生了。	跟踪事态，形成动态过程性报道。
5	面包车司机	同期声： 事故面包车司机：没看到，走到眼前才看得到。看到时已经来不及了。	司机现场叙述，从司机的语言、语气中传达更多现场信息。
6	面包车特写	解说词：面包车车门被撞凹了进去，车上一名乘客的眼角被玻璃碎片划伤，鲜血直流。	抓取现场细节
7		同期声： 记者：坚持一下，您坚持一下。	让观众感受现场紧张氛围，诉诸感性信息传递。
8		解说词：这边事故还在处理，那边又有车祸发生，一辆摩托车撞到木头上，司机直接飞出了好几米，当即不省人事。	
9		同期声： 医生：这里压着了，脚、脚、脚，往前推，往前推。帮忙把血止一下。家属，家属！赶紧上来！	让观众感受现场紧张氛围，诉诸感性信息传递。
10		解说词：在现场先后发生了4起车祸后，交警终于赶到了现场。由于漆黑一片，木头散落范围较大，交警随即又调来2辆警车挡在公路两头，着手清理木头。由于夜暗，视线太差，从黑暗中冲来的又一辆摩托车，接连撞上了好几根木头，车上3人当即倒地。	事件动态发展。
11		同期声： 伤者：哪个知道这里有树呢？	当事人叙述，传达出情感。
12		解说词：为了避免更多的车祸发生，交警喊来了工人搬运木头。直到晚上9点钟，现场的木头才被完全清除，道路通行得以恢复。这起连环撞车共计5辆车受损，6人受伤。	

续表

序列号	画面	声音	解读
13		演播室解说词：发生在眼前的一连串车祸，让我们现场采访的记者心惊胆战，同时也有些自责和纠结。他们说也许多设几个醒目的警示标志，也许不先忙于拍摄采访，而是将精力放在对来往车辆进行提醒上，这5起事故说不定能减少一些。在这起连环交通事故中，110、辖区派出所、交警值班民警相互推诿、反应迟缓，让人恼火！要说，像这样的工作作风和服务态度在许多职能部门都存在着，我们平常已见怪不怪了。只是，平常这样的不作为、慢作为带来的最多只是办事效率低下，惹办事的人一肚子气而已。可是人命关天的事故就这样发生在漫不经心的拖沓和推诿中，相关部门看了作何感想？还可以无动于衷吗？真希望这血淋淋的镜头能唤起他们的警醒，让类似一堆木头引发一连串车祸，让人民群众生命财产遭受重大损失的事情不要再发生了！	对事件的理性思辨与总结，分析问题所在。体现出舆论监督的落脚点。

当然，在一个节目中，这三个层面并不是平均分布的，有时是随着作品的内容深入、体量扩展而逐渐向上递增的，有时甚至在短小、精悍的作品中也能得到充分展现。从这一点来说，《一堆木头与一连串车祸》以短小、精悍的体量呈现了较为丰富的内涵。它虽然是地市级电视台的一条长消息，但面临突发事件，媒体反应迅速，作品现场感和动态性强。它及时关注了该地区的事态发展与变化，迅速传达信息，并分析问题所在。

如果说，消息类电视新闻给观众带来的主要是信息的传达，那么电视新闻专题和电视调查类报道等大体量的深度报道则要给观众一个情感升华的空间、一个思想交流和碰撞的余地，以引导人们在信息的接受中去蒸腾情感、思考问题。所谓“云在青天水在瓶”[①]，天上的云与瓶中的水是什么关系？这就是境界，一个东方思维中圆润贯通的境界。一个高远，一个浅近，从事实信息到情感、到思辨，由近及远，由远及近，可远可近，使电视新闻作品在夯实信息根基的基础上升华到一定的境界。

第二节　电视新闻价值要素构成

一、新闻价值的界定

“新闻价值”这一概念的产生，最早始于19世纪30年代西方报业的“大众报刊时期”。在大众报刊市场竞争中，报刊只有多刊登有吸引力的新闻，才能扩大读者面，提高市场占有率，招揽到更多的广告，从而给报刊提供可靠的财源。因此，报刊要确立一

① 南怀瑾：《金刚经说什么》，复旦大学出版社2001年版，第4页。

定的标准,用以衡量哪些新闻事实更能吸引读者,给自己带来更大的利润。这个衡量标准,被称为"新闻价值"。本书认为:

> 所谓新闻价值,是指事实本身所具有的足以构成新闻的特殊素质的总和,其包含的特殊素质越多,新闻价值也就越大。

通俗来说,新闻价值就像一把标尺,以它的刻度来衡量对象,如果它符合设定的标准,则被认为具有一定的新闻价值。对于不同的国家与媒体而言,这个标尺的设定标准是不同的,需要针对不同国家新闻行业的具体要求进行探讨。但就新闻的本质来说,一些基本的新闻价值标准是普适的。

当今社会,信息被认为是最有价值的资源。而在日常生活中,人们也需要获取信息、沟通交流。因此,新闻事实在传播过程中能否满足人们的知晓需要,便成为衡量事实是否具有新闻价值的首要标准。

除此之外,新闻事实是否能帮助人们认识新事物、获取新知识、愉悦身心或获得一定的情感和审美享受等,则是记者衡量新闻事实和受众评判新闻价值的其他标准。

二、电视新闻价值的界定

方汉奇、李矗先生主编的《中国新闻学之最》认为,中国最早论述电视新闻的著作是胡道静撰写的《新闻史上的新时代》。按照这本书的说法,自1946年起,电视新闻这个概念便已经出现在了专业视野当中。

学界对新闻价值的研究是伴随着新中国新闻事业的发展而同步发展的,相比之下,中国电视事业诞生五十多年以来,虽然出现了大批以电视媒体为研究对象的著作,但迄今为止,对电视新闻价值的界定仍未有统一的定论。本书认为:

> 电视新闻价值,顾名思义,就是以电视为传播中介的事实本身所具有的、足以构成新闻的特殊素质的总和。同样,其包含的特殊素质越多,其电视新闻的价值也就越大。

与前面提到的新闻价值相比,电视新闻价值似乎只是多了"电视"两个字,其实不然。在大众传播媒介中,媒介的不同性质和地位决定了传播内容和传播方式的不同。

从横向来比较,以大众传播的主要媒介为例,报纸的平面性和便携性、广播的听觉特性、电视的画面感和技术性,还有网络的丰富性和非线性选择等等,不同的媒体具有强烈的自我特征,在内容选择和传播方式上有着较强的针对性。因此我们在衡量某个事实能否成为新闻时,必须要考虑传播载体,也就是媒介的不同特性,这样才能有效地利用媒体进行信息传播。

从纵向发展来看，我国的电视媒体行业实行“三级办电视”的制度，国家级电视台、省级电视台、地市级电视台，层层分治。大到如中央电视台，其信号可以覆盖全国；小到地市级台，只辐射当地。因此，对于地位不同的电视台而言，电视新闻的选择要根据电视台的自我定位、目标受众、社会影响力等各方面来判定，即对电视新闻的价值要素判断要有所不同。比如说，中央电视台所选择的新闻大多是影响力覆盖全国的时政要闻、国际新闻等，而地方电视台则一般更注重选取一些民生新闻题材，以迎合本地观众的喜好。简而言之，就是收视对象不同，电视新闻的价值考量也不同。

三、传统新闻价值要素

西方新闻学术界一致认定：新闻价值的构成要素有五个，即及时性、接近性、显著性、重要性和人情味；读者兴趣要素有八个，即个人关注、同情、反常、进步、斗争、悬宕、两性关系与年纪、动物。

我国新闻学术界关于新闻价值的构成要素进行过很长时间的研究，认为新闻价值包括时新性、接近性、显著性、重要性和趣味性五个要素。

时新性：指新闻事实的新近程度和新闻报道的及时程度。事件发生与报道的时差越小，新闻价值越大。

接近性：指新闻事实、新闻报道与受众的接近程度，包括地理、利益和心理等方面的距离远近。距离越近，新闻价值越大。

显著性：指新闻事件参与者及其业绩的知名程度。地位和业绩越显赫，新闻价值就越大。

重要性：指新闻事实和新闻报道的分量及重要程度。内容越重要，新闻价值越大。

趣味性：指新闻事实和新闻报道引发受众兴趣的程度，其实质是新闻事实和新闻报道对受众精神与情感的满足。

我们把新闻价值要素归纳成一个相对客观而稳定的价值要素，但是，这种抽象而简洁的标准只是一个参考，具体问题仍需要具体分析，而在实践操作中，不同的媒体对新闻价值的判断与理解是千差万别的。下面我们就选择美国全国广播公司的《晚间新闻》与哥伦比亚广播公司的《晚间新闻》同一天的报道进行对比，对新闻价值的判断做一简要分析。

2011 年 6 月 6 日，美国哥伦比亚广播公司的《晚间新闻》以《60 分钟》记者斯科特·派利替代了现有主持人凯蒂·库瑞克。现在我们就来对当天哥伦比亚广播公司《晚间新闻》换将以后的新闻操作与美国全国广播公司《晚间新闻》做一对比分析。

表 1—2　2011 年 6 月 6 日新闻编排对比分析表

哥伦比亚广播公司《晚间新闻》	美国全国广播公司《晚间新闻》
第一时段	第一时段
1. 美军扫荡阿富汗巴基斯坦边界(3:13) 连线访谈 短片＋演播室访谈 (新闻提要)	1. 众议院议员在 Twitter 上发不雅照片 正式道歉(3:00) (新闻提要)
2. 驻伊美军 5 人亡(3:00) (新闻提要)	2. 亚利桑那山火(2:37) (新闻提要)
3. 癌症新药(3:36) (新闻提要)	3. 密苏里河洪水威胁 7 个州(2:50) (新闻提要)
第二时段	4. 驻伊美军死 5 人——美军走向 短片＋演播室访谈(2:46)
4. 众议院议员在 Twitter 上发不雅照片， 正式道歉(2:35)，记者连线 (第一段末预告)	5. 宾州前参议员宣布竞选总统(0:20)
5. 卡恩出庭(0:26)	6. 共和党参议员佩林参选意向(0:50)
第三时段	第二时段
6. 宾州前参议员宣布竞选总统(0:20)	7. 癌症新药(2:13) (新闻提要，第一时段末预告)
7. 房市低迷(2:35) (第二段末预告)	第三时段
8. 苹果推出云存储(0:20)	8. 苹果推出云存储(0:31) (第二段末预告)
9. 亚利桑那山火(0:27)	9. 火山闪电(0:23)
第四时段	10. D-Day 诺曼底登陆纪念日(0:51)
10. D-Day 诺曼底登陆纪念日(3:56) (新闻提要，第三段末预告)	第四时段
	11. 主题报道，改变世界，连锁咖啡店的慈善行为 (新闻提要，第二时段末预告)

从这一天美国全国广播公司与哥伦比亚广播公司《晚间新闻》的对比中可以看出，他们在新闻编排的顺序上表现出了较大的差异。美国全国广播公司根本没有提到驻阿边境的美军行动，把驻伊美军的伤亡事件放在新闻中段，也没有在新闻提要中提出，这反映了美国全国广播公司已经不再将驻外美军的情况放在重点报道之列。美国全国广播公司把众议院议员的糗事放在头条，成为其《晚间新闻》连续几天跟踪报道的重头戏，是具有噱头的政治新闻。另外，美国全国广播公司把国内自然灾害新闻放在醒

目位置，并在新闻提要中提到，这符合美国晚间新闻把灾害性新闻放在开头的传统。可以看出，美国全国广播公司更注重国内新闻事件，而且略偏于软性与轰动效应。这样做，是不是因为更受商业市场的左右？需要说明的是，美国全国广播公司的大量自然灾害新闻，跟其与美国天气频道的联姻有关。早在几年前，其公司上属集团就收购了美国天气频道，形成了新闻资源的合力。而哥伦比亚广播公司《晚间新闻》把驻阿、驻伊美军动向放在显著位置，把自然灾害放在后面，则反映了其新闻价值的判断区别，众议院议员的糗事之所以作为准头条安排在第二时段的第一条，是因为美国电视网晚间新闻的编辑往往是在对全天将播出的所有新闻进行全面考虑后，排出头条和几条“准头条新闻”（新闻价值略低于头条新闻的一条或几条新闻），制造出高潮低谷相间的“新闻段落（segment/block）”。“头条新闻开始第一个新闻段，新闻性最强的头条新闻满足了观众求新、求快的心理要求。第一个新闻段之后各新闻段的第一条新闻，往往安排新闻价值较强的准头条新闻，重新调动观众的兴趣和情绪，形成新的兴奋点，使节目回到高峰状态。如此循环往复。”①

另外，美国全国广播公司的节目编排呈现出较为圆滑的一面，它把中段的癌症新药（准头条新闻）与末尾的系列主题性报道（准头条新闻）都放在新闻提要里，使其节目在中段与末端都让观众对节目形成期待。

四、电视新闻的价值要素

基于对传统新闻价值要素的理解，我们大致可以归纳出一些电视新闻的独特基本价值要素：

1. 可视性

近年来，基于图像的电视新闻已经呈现出新闻叙事的强势。电视新闻以画面为中心，将不同景别、不同角度、连续活动者的图像画面组合在一起，用来叙述新闻、反映现实，这就是电视新闻的叙事手法。画面是电视媒体的基本要素，也是电视媒介相较于其他媒介的最大特性。生动立体的画面和逼真的现场声音，还有通过镜头的不同组接而产生的隐喻或联想，使电视媒体在表达事实时可以超越事物表象，多层次地展现事实真相、丰富报道内容，同时吸引观众的眼球。一言以蔽之，即“新闻要好看”。

（1）动态感、过程性

过去我们对新闻的要求是向社会大众展示事实真相，重点在于结果。而在多媒体越来越显现出自身的优势时，新闻已经不再仅仅是为了展示结果，事实发生的起因、背

---

① 王玮：《镜头里的“第四势力”——美国电视新闻节目》，北京广播学院出版社1996年版。

景、发展、结果都成为新闻工作者需要逐一展现的内容,而新闻工作者本身对于这一事件的调查和报道,也自然而然地成为新闻报道的一部分,电视新闻尤其如此。

连续结构的声画一体的信息形态是电视媒体与生俱来的优势,物质现实的复原与纪实再现是电视新闻的特点,因此,对于事件过程的追求便成了电视新闻自然和必然要发生的改变。我们所说的过程性包含两个方面:首先是新闻工作者负责向受众展示整个新闻事件的起因、发展、结果,以及相关的背景资料等等,这对于一般新闻媒体而言是定律;其次是电视新闻工作者的特殊之处,记者本身对于事件的调查,会有一个从未知到求知到知晓的过程。事件发展的过程性和记者调查的过程性为电视新闻,尤其是一些深度调查类新闻报道,提供了画面素材和吸引观众的细节,使新闻具有了动态感和过程性。

因此,在判断电视新闻价值要素时,要考虑该事件是否适合用电视画面来展现,过程的展示是否具有亮点、细节或者小高潮等等。事件发展和调查过程中看似极为平常的一些事实,如果电视新闻无法发挥出其基本特性予以展示,其新闻价值就表现不出来。

(2)现场感、同步性

电视画面展示了新闻发生和调查的全过程,同时也将观众带到了现场,让观众同步地去感受新闻现场。现场感的营造一般靠两点:一是画面记录事件发生的全过程,用镜头让观众的内心参与进来;二是展现记者调查采访的全过程,此时记者不再单纯是新闻工作者的角色,而更像是事实的见证者,他带着普通观众的视角,提出、质疑或解答新闻事件的真相。画面给观众带来现场感,记者角色设置带着观众同步接触事实发展,这才构成了电视新闻给普通观众带来的现场感和同步性。

因此,对于事实的选择,还要考虑该事件是否适合用现场展现,尤其是过程、细节。能不能调动起观众的积极性,使普通观众产生参与感,是电视新闻选材的重要因素。随着电视直播的日益普及,同步性越来越成为电视媒体的优势。对于新闻而言,直播无疑最大限度地提高了其时效性,使得我们能密切关注新闻的最新变化。对于这一类新闻选题,其价值判断更倾向于重大突发性事件,因为题材本身重大,影响力广泛,并且往往透露出继续发展的趋势,值得电视新闻进行持续性报道,同步关注事情的最新进展。例如,几次对大地震的报道,汶川、玉树,还有重大的奥运会直播报道等等。这些内容及报道方式都能让观众同步见证新闻事实的发展变化。

最能凸显同步性和现场感特点的新闻事件就是新闻现场报道。例如,2011 年 8 月 19 日下午 3 点 20 分,从西安开往昆明的 K165 次列车两节车厢在四川广汉市坠江,经过营救,车上乘客全部被安全转移。下午 6 点,央视新闻频道的《共同关注》连线了在新闻现场的记者,通过采访和观察,镜头带着我们看到了垮塌的河堤、断裂的火车，还有被大水冲出的两节车厢，还原了当时列车坠江的周边环境及人员营救的全过程，将观众引入现场，与乘客和营救人员一同经历了这场惊心动魄的救援。

2. 参与性

所谓的参与性，并不是指参与到具体的电视新闻的制作或播出中，而是寻求一种大众心理的参与。人人或多或少都有表达的欲望，缺少的只是表达的渠道，正因如此，网络出现后不久即迅速蹿红。这不仅是因为它有海量的信息，还因为它能使每个人都成为传播者，从而给一些人提供了抒发和解压的手段。可以说，网络作为一种大众传播媒介，在受众参与上已经发展得较为完善，为受者和传者提供了一个很好的平台，可以将大家的意见、看法汇集起来，形成强大的网络舆论力量。

我们不能忽视这种参与的力量，对于媒体而言，能够抓住受众的眼球、反映受众的想法，无疑就抓住了受众的心理，培养了节目的忠实观众。电视媒体可能不如网络参与性强，但是也已经开始在一些节目里逐步重视这一部分的运用。现在，选取能够融入多媒体信息或观众参与的题材，已成为电视新闻新的价值要素标准。它虽然是基本要素的附加值，但却会给电视新闻带来新的价值。

电视媒体参与的对象分为两种：一是媒体，二是观众。

（1）多媒体介入

在媒体竞争如此激烈的环境下，谁能为观众提供最丰富的信息和最大的便利，谁就掌握了制胜的法宝。电视新闻对其他媒体新闻内容和形式的运用，无疑是有利于电视媒体长足发展的。因此，在新的媒介生态环境下，电视新闻价值的判断标准中不得不加入多媒体手段运用这个因素。

现在在电视新闻里利用其他媒介方式已经比较常见。例如凤凰台卫视的《有报天天读》用电视表现手法来解读报纸新闻，将两者有机地融合起来，既深入解读了报纸新闻，又运用电视手段向观众传播了简单易懂的信息。再比如，新闻直播间里也经常引用互联网上的信息，利用其快捷及时的优势，给电视新闻注入鲜活的资讯。

（2）观众参与

其实，电视新闻很早就开始了嘉宾参与的实践，只是那时候介入更多的是专家、学者、名人等所谓专业人士，而普通观众融入节目的很少。然而，往往普通观众的看法和意见才能代表最大众化的心理需求。

观众参与的方式也有许多种。比较常见的是观众在演播室里直接参与节目，观看节目的同时表达自己的观点；另外就是电视台发起的观众意见征集活动，或以问卷调查、随机访问的形式等；还有就是观众自发地在各个网络论坛上发表自己的看法。天涯、猫扑这样的网络论坛之所以发展得如此迅速，就是因为受众之前没有足够的渠道表达自己的意见,而且网络又具有即时、互动等优点,因此它们为大众提供了宣泄和表达自己的平台,也成了一定时期集中反映主流舆论的阵地。

第三节　美国电视新闻的创新发展

他山之石,可以攻玉。西方电视新闻节目发展稳定成熟,在技巧与理念层面有一定的借鉴意义。以下仅以美国为主要参照范本进行分析。美国电视新闻节目经历了近 80 年的发展,已经形成类型多样、品牌固定的新闻栏目和新闻节目。

一、美国电视新闻节目的主要类型

美国电视新闻节目经过几十年的发展,形成了从传统三大电视网到有线电视新闻频道的发展,节目类型也从消息、深度报道向大时段新闻杂志节目、新闻现场直播发展。

1. 经典与纯粹——三大电视网晚间新闻

以传统三大电视网晚间新闻为代表的电视新闻节目主要以消息类电视新闻节目集纳为主,长期占据美国电视新闻的重头位置。近年来,受有线电视新闻网的冲击,三大电视网的影响力已经有所下降。据 2009 年的数据,三大电视网晚间新闻的收视人数已经降到 2550 万左右,收视观众从原来的 60%下降到 40%。三大电视网晚间新闻中,美国全国广播公司的《晚间新闻》位居第一,收视人数约为 1000 万左右;美国广播公司的《世界新闻》位居第二,收视人数约为 800 万左右;哥伦比亚广播公司的《晚间新闻》位居第三,收视人数约为 600 万左右。

2. 杂糅——新闻杂志类节目

顾名思义,这类电视节目就如一本杂志,资讯、服务信息、流行文化集合在一起,比较有代表性的是长期占据收视第一位的美国全国广播公司早间新闻杂志节目《今日》,以及位列第二的美国广播公司《早安美国》(Good Morning America)。[①]

3. 全媒体概念——有线电视新闻杂志节目

有线电视新闻杂志节目更注重信息的立体整合,突出演播室对大量信息资讯的多形式展示,比较有代表性的有美国有线电视新闻网的《AC360》以及《形势分析室》(Situation Room)。

---

① 2014 年以来《早安美国》的收视率已有超过《今日》之势。

4. 评论与观点——时事访谈类节目

这类节目着重突出观点与评论，深度解读时事。比较有代表性的是福克斯新闻频道的《奥莱利因素》(O'reilly Factor)、美国有线电视新闻网的《拉里·金访谈》以及美国全国广播公司的《与媒体见面》(Meet the Press)。

5. 独家深度——深度报道

这类节目包括热点、难点问题的深度报道、访谈以及新闻纪录片，比较有代表性的是哥伦比亚广播公司的《60分钟》、美国广播公司的《20/20》、《夜线》(Nightline)、美国全国广播公司的《日界线》(Dateline)、美国有线电视新闻网的《未告知的故事》(Untold Story)、美国公共广播公司的《现在》(Now)、《前线》(Frontline)。在这类节目中既有传统三大电视网的王牌节目，也有公共电视台的优质纪录片，还有有线电视新闻网的深度报道。

6. 评论、插科打诨——深夜脱口秀

严格意义上说，这类节目不能归于电视新闻节目，因为它主要发挥主持人个性化的评论和表演才能。但由于谈论话题主要是以社会时事为主，也体现了解读与针砭时弊的功能，因而这类节目也是三大电视网的传统节目，主要有美国广播公司的《考博特报告》(Colbert Report)、美国全国广播公司的《吉米·法伦深夜秀》(Late Night with Jammy Fallon)等。

二、美国电视新闻节目理念与创作方法的演进

1. 主持人中心制和明星制传统的延续

新闻节目主持人主要有三类：一类是新闻资讯类节目主持人(anchor)。"anchor"的原意是"锚"，暗指主持人是固定不变的核心，是接力赛中的最后一棒，所有信息都通过他向观众呈现出来；第二类是杂志性或综艺节目主持人(host)，"host"的原意是"主人"，即主持人要像主人一样邀请嘉宾访谈，主持现场；最后一类是新闻播报员(newsreader)，主持人只播报新闻，往往是资讯类新闻节目中的一个接力棒，或者是杂志类节目中某个资讯环节的播报员而已。因此，严格地说，美国新闻节目主持人主要指前两类，他们与第三类主持人的作用不可同日而语。主持人往往能够集记者、编辑和制片人的角色于一身，具有很高的影响力和话语权，他们与栏目同声共气。在某种程度上，品牌主持人往往决定着节目的兴衰，上文列举的哥伦比亚广播公司《晚间新闻》主持人的更替对栏目的影响即是最好的说明。因此，很多新闻节目一定要在栏目后面加上"谁主持"，比如上文提到的几档新闻节目就用了 *Nightly News with Brian*

Williams(美国全国广播公司)、*World News with Diane Sawyer*(美国广播公司)、*Evening News with Scott Pelley*(哥伦比亚广播公司)都带有极强的主持人的烙印。而近几年新入场的节目索性直接以主持人的名字命名,如美国有线电视新闻网的《AC360》、福克斯新闻频道的《奥莱利因素》等。这些新闻节目主持人必须具有极高的专业素质,哥伦比亚广播公司原新闻部经理威廉·伦纳德是这样描述新闻节目主持人的遴选标准的[①]:

- 具备在电视上传播消息的能力,必须有写作、播报能力并且能让观众看起来顺眼;
- 在屏幕后,应有记者的才干,比如具有新闻价值判断力,一定的记者业务水平,能领导一个编辑部;
- 在危急关头,在不利的情况下,有能力对总统选举、议会、航天飞机发射等做现场报道,比如,在毫无准备的情况下,突然遭遇到总统遇刺事件,在这种特别时刻能沉着冷静地报道新闻;
- 主持人要有良好的个人品德,因为他(她)代表电视媒体形象。

主持人的品牌制和明星制是美国电视的传统。那么在新的发展时期,主持人本身以及主持人的主持方式会有哪些变化呢? 这是值得我们思考的问题。观察美国典型新闻节目案例,我们发现主要有以下几点:

(1)主持人年轻化

传统三大电视网主持人的黄金年龄是43岁,这个年龄成熟、稳重,具有权威性和可信度,应该说这种模式没有发生根本的改变。但是在美国,电视新闻节目也遇到了如何吸引年轻观众的问题。因此,在有线电视新闻网的发展中,启用年轻主持人也成为吸引年轻观众的手段之一。美国有线电视新闻网和福克斯新闻频道尤其注重启用年轻新锐的主持人,最有代表性的是美国有线电视新闻网《AC360》的主持人安德森·库珀(Anderson Cooper),他年轻、新锐,其节目的一个成功之处就在于吸引了10%18岁至34岁的年轻观众,这在当前年轻观众开始远离电视新闻的媒体环境下,不啻是一针强心剂。

(2)主持人个性化

在这个潮流中,主持人的个性化也越来越突出,已经逐渐从全知的高高在上的权威变身成为观众能够亲近的个性化人物,正如主持人安德森·库珀所言:"对于传统的全知全能的主持人而言,观众已经不买账了;你(主持人)就是你自己,你必须真实,并

---

① 吴乐珺、唐泽:《解构深度——中外电视调查性报道研究》,湖南人民出版社2007年版,第131页。

承认你所知有限，知之为知之，不知为不知。我努力使我的被访人呈现出他们个性化的一面。”①

2. 演播室空间调度更为复杂

在传播技术飞速发展的今天，有线电视新闻网极为注重科技革命所带来的变化。在此期间，全媒体演播室概念应运而生。②（见图 1—10）

技术是为信息的有效呈现服务的，在全媒体概念的演播室中，主要有这样一些特点：

图 1—10　全媒体演播室

- 最大限度地分割演播室空间，强调多个空间的分割与流动，设置主背景和副背景；
- 注重动态、变化的画面要素；
- 单画面强调背景运动变化；
- 大量使用 LED 屏、魔术墙(Magic Wall)③、虚拟大屏，不同信息从不同屏幕展现出来；呈现出一种即时闪现、多样态的视觉效果。

演播室技术的发展不是一种噱头，而应该思考怎么将它与人联系起来。它极大地解决了信息的视觉化的问题，实现了人与技术的互动，也释放了主持人解读信息的能力，但与此同时，它也对主持人提出了新的挑战：

- 注重主持人的空间调度与背景变化，主持人从坐着说逐渐变为站着说、运动中说，从而构成了一个演播室的全景式报道；
- 主持人从单纯的屏幕展示向对演播室各类信息“场”的控制的转变，信息的

---

① David S. Hirschman, *So What Do You Do, Anderson Cooper*? http://www.mediabistro.com/articles/cache/a1582.asp.

② 全媒体演播室是“集 3G、网络视频、短信、电话、实时交通地理信息、视频会议等众多手段，无论运用哪种传输手段，影音素材都可便利地传进演播厅，而当播出的时候，演播厅将可以向有线电视、无线电视、手机电视、车载电视、网络视频、IPTV 等所有终端发送信号”的一种全新演播室。参见《南京广播电视台 12 日启用全媒体高清演播厅》，新浪传媒，http://www.sina.com.cn，2011 年 10 月 8 日。

③ Magic Wall 是一种触摸屏技术，本是美国军方技术，后被用于美国有线电视新闻网直播 2008 年美国总统选举中，参见维基百科，http://en.wikipedia.org/wiki/Multi—Touch_Collaboration_Wall。

视觉化更直观、更多元,但这对主持人的反应能力和整体把握能力提出了新的要求;

- 主持人通过各种屏幕,与新闻播报员和记者形成更加直观的接力棒传递形式。

图 1—11 美国有线电视新闻网《形势分析室》画面

图 1—12 英国广播公司(World News)演播室画面

正如麦克卢汉所言,媒介是人的延伸。技术是基础,传播科技最终要落实到人文内涵上,技术只是为人类的传播提供了便利,提供了电视媒体与信息和观众进行更加人性化的交流的基础。同时,这种信息运动和呈现的方式也是电视媒体如何适应网络媒体竞争背景下的一种创新。那么,我们可以思考一下,它是一种什么诉求呢? 冲浪电视,我们可以看到,美国有线电视新闻网“跳、闪”的信息呈现方式实际上就是在接近互联网页面的呈现方式,它不仅是一种表现形式的改变,也是一种媒介思维方式的革命。正如美国有线电视新闻网的一位负责人所言,“理解未来电视的关键,是不再把电视当电视看待”。

3.规范化、标准化的操作方式

美国电视新闻节目体现出较强的工业化、标准化的操作方式与呈现模式,这是现代工业理念在电视节目中的体现。它是统一节目质量并在观众中形成约会意识的基础。

(1)标准化的节目版式

美国三大网的晚间新闻都有标准化的版式,基本构成是:主播播新闻提要、主题音乐、栏目呼号、新闻主体内容、结尾音乐和外景。三大电视网的节目视觉版式设计都非常精良,三者中,美国全国广播公司的《晚间新闻》视觉设计更胜一筹,色彩鲜明、画面干净。

(2)规范化、标准化的出镜报道、镜头样式

事件类新闻注重连线报道。直击现场使用常态化,注重记者的专业性,一人一报,基本上分为经济、华盛顿时政、五角大楼军事、健康、环境、驻外战地等几大类。这种模式可以总结为“SVS”模式:现场记者连线＋短片＋现场记者连线 ,还有人更形象地称之为“三明治”(sandwich)模式,即两片面包加一片菜叶和肉,体现出“现场＋直播＋专业”的核心诉求。这是传统三大电视网在应对有线电视新闻网时采取的策略。

对于善于表现运动的电视媒介而言,如果想给予动态性不强的非事件类新闻以动态化和形象化的处理,可以通过记者的出镜行为动态来实现。当然,这种动态化处理最好能够提升报道的新闻价值。

新闻节目的镜头稳、准、到位,极少有毫无根据的推、拉、摇、移等镜头运动,强调信息传达清楚、细致、到位。

(3)同期声表现力

声音元素是电视媒介非常重要的形象元素,但是中国电视新闻界对声音的理解还非常肤浅,在笔者参与的电视新闻评奖活动中,作品的很大问题往往就是声音问题。有的作品加入了过多的主观解说词和音乐,使新闻报道失去了应有的客观与理性,造成对事件过多地渲染与拔高;有的作品同期声的使用不到位,现场感、节奏感不强。在西方电视新闻中,同期声往往是电视新闻中传达客观信息、体现节目节奏的重要手段。具体而言,有这样一些特点:

- 同期声精挑细选,选择典型、扼要、生动的同期声;
- 分割同期声,一个同期声通常 2－5 秒,通常只表达一个观点;
- 同期声转场,创造节奏;
- 同期声成系统,层层递进。

当然这是西方审美的一个特点,即强调快节奏,在中国未必完全适用,但是它可以成为我们借鉴的标准。这样的特点带给我们中国电视新闻的启示是,要对同期声的标准统一,避免任意发挥。归纳如下:

- 控制同期声用“量”,既不忽略同期声,也不滥用;
- 注重所选同期声的代表性和“典型性”,从众多的同期声中选取最生动、最有个性的同期声;
- 运用多段同期声时注意整体的“系统性”与“递进性”,因为同期声不是简单的重复,而是信息的逐步推进与发展;
- 注意同期声与主播解说、记者解说、画面的匹配关系。

另外,从中外电视传媒的整体发展来看,电视"声音"元素的作用空前提高,"说"得到凸显,它改变了我们过去对画面"本体论"的理解。说新闻、新闻评论、谈话等节目形式得到张扬,主持人的语速也越来越快,这也从一个侧面反映了现代社会生活节奏的加快和信息呈现节奏的加快。

4. 大时段节目编排趋向

大时段节目编排旨在通过大体量的整体编排带动带状收视率的整体推进。比如美国第一个早间杂志类节目,也是现今排名第一的早间节目——美国全国广播公司的《今日》,在1952年1月14日开办之初,周一至周五每天播出两个小时,1987年开始在周日播出(现时周日版节目时长为一小时),1992年起又开设了周六版。2000年起,平日版播出时长延长至3小时,2007年又开播第四小时的节目。而美国有线电视新闻网2003年9月8日开办的《夜新闻》(News Night),2005年11月7日更名为《AC360》,在美国有线电视新闻网晚间10点联播两个小时,除突发新闻外,第二个小时是对第一个小时节目的重播。

5. 对新闻价值规律的重视

注重新闻价值规律就是提炼新闻价值点,对重头新闻进行多角度、多形式的解读,注重信息报道的平衡处理与编排规律,注意重要性、影响力与观众兴趣的平衡。比如美国全国广播公司《晚间新闻》的一条新闻报道"奥巴马会见第十山地师 兜售阿富汗撤军计划",新闻报道只是把奥巴马与第十山地师的见面作为新闻由头,然后话锋一转开始分析其背景,尤其报道了对奥巴马的计划提出质疑的美军参谋长联席会议主席以及阿富汗前线指挥官的观点。该报道没有在会见规模、议程上做更多的文章,而是精辟地分析与读解,并呈现正反两方面的观点,体现出记者的理性与客观色彩。正应了前文的观点:电视新闻为观众收集事实、整合信息和解读事件。

6. 与新媒体的联动

美国电视媒体如何应对新媒体的发展?除了上文所说的形式创新以外,在信息采集方式、操作模式上也都有新的策略。

(1)电视媒体点到为止、网络媒体充分展示

为了抢占网络媒体的阵地,电视媒体开始着重加强网站建设,如美国全国广播公司与微软(Microsoft)建立"MSNBC"网站。此外,美国全国广播公司的电视新闻节目还通过苹果iTunes等向观众推广订阅活动。

由于网站资源扩展,传统电视媒体与网络媒体形成了内容上的互补与联动。电视新闻栏目时间有限,其重头的访谈内容以往只能选择精华,而现在有了网络,更充分的

内容便可以在网络媒体中呈现。比如美国有线电视新闻网、美国全国广播公司便把时事访谈的全部内容放在网站中，其电视新闻节目只取其重点，主持人会向观众指明收看全部内容的途径。

(2)扩展消息和内容源

即把传统电视媒体的新闻来源扩展到“公民新闻”(citizen journalism)、“参与性新闻”(participatory journalism)和“社区新闻”(community journalism)，其中最著名的是美国有线电视新闻网的 iReport，它采用整合电视媒体与“网络用户聚集媒体(UGC)”的模式。iReport 创办之初，2007 年 4 月 16 日发生在弗吉尼亚科技大学的枪案通过在校学生贾玛尔·阿尔巴胡狄(Jamal Albarghouti)上传的手机视频，第一时间报道了现场情形，极大地提升了栏目的影响力。至 2011 年，iReport 的注册用户已经达到 80 万，大大扩展了节目的信息源与内容。此后，许多电视媒体纷纷跟进，如美国全国广播公司创办了 iCaught，福克斯新闻频道创办了 uReport，半岛电视台创办了 Your Media 等。

在梳理了美国电视新闻的发展态势后，我们不得不思考，面对传媒发展的新竞争环境，面对社会发展中的诸多矛盾和问题，担负着社会监测、信息传达和舆论引导功能的中国电视传媒，尤其是中国电视新闻，该以怎样的姿态应对？以怎样的理念获得创新与发展？

第四节 中国电视新闻的创新发展

中国电视新闻发展基本上经历了政治叙事、新闻本质回归、平民视角凸显以及民生新闻的发展过程。

一、中国电视新闻的转型轨迹

20 世纪 90 年代，中央电视台《东方时空》倡导“贴近实际、贴近生活、贴近群众”的观念，开始将镜头对准老百姓的普通生活，此后这种理念逐渐渗透到其他节目中。在这个过程中，中国电视新闻从过去的时政新闻为主要内容、政治叙事为主要形态逐渐转变为新闻内容题材的回归和中国特有的“民生新闻”概念的提出。这样的发展也使过去以中央电视台垄断竞争的格局逐渐转变为各省市级电视台多元发展的格局。曾有学者认为，近二十年中，中国电视经历了“三次革命”：第一次以 1993 年中央电视台《东方时空》创办为开端，第二次以湖南卫视的《幸运 3721》以及《快乐大本营》为标志，第三次发轫于江苏南京的《南京零距离》。第一次革命的根本意义在于“让百姓说话，让百姓上电视”,后两次的意义则在于“探求地方电视的生存之路”和“新闻价值观的改变和大众性、平民性的浮出水面”。

1993年,中央电视台的新闻改革使电视新闻的语态发生改变,电视新闻的理性、平实、平视、客观等基本价值元素得到弘扬。

2002年,江苏卫视的《南京零距离》一改过去高高在上的报道姿态,把新闻报道的视角转向普通百姓和本地事件,从过去主要关注政治事件转向关注普通老百姓的民生问题。而同地域的南京电视台的《直播南京》《绝对现场》等新闻栏目的出现,则带动了中国电视新闻的整体转型与创新发展。后来有学者把地方台转型的电视新闻概括为“民生新闻”。

二、中国电视民生新闻的创新与发展

作为21世纪开始的中国电视新闻发展的着重点,十年来,民生新闻对中国电视新闻的发展与格局起到了巨大的推动作用,是中国电视新闻改革的重要一环。对于中国电视新闻的总体发展,已有许多论著提及,因此,我们将把分析的笔触聚焦于萌动已久仍颇具活力的中国电视民生新闻的发展。

在经过一个阶段的冲刺以后,中国电视民生新闻的发展在2006年遇到了瓶颈,电视媒体业界的一个普遍共识是遭遇到了“拐点”,触到了“天花板”。从社会发展的总体规律看,这是事物发展的必经阶段,从21世纪初开始的“民生新闻”成为许多地方电视媒体新闻改革的重要途径,经过多年的发展,民生新闻已到了一个转型升级的时期。当民生新闻成为“跑冒滴漏、凶杀暴力”的代名词的时候,当同质化竞争已趋白热化的时候,民生新闻的转型升级也就成了电视媒体期待获得新突破的诉求。从2006年至今,一些具有影响力的地方电视媒体一直在积极提升民生新闻。这次转型升级是电视媒体一次自省自觉的发展,对中国电视新闻界也不啻是一次理念、理论的螺旋式提升。这次转型至少给理论界与实务界提供了这样一些值得思考的问题,并成为当前以及未来中国电视新闻发展要面临的问题:

- 民生新闻是对传统中国电视新闻以宣传为主旨、以时政为主要内容的一次拨乱反正,使中国电视新闻回归到新闻本位、回归到以人为本。它从内容、语态、形式等方面促进了中国电视新闻的全面发展。在未来的发展中,它如何融入中国电视新闻的整体发展中,而不仅仅只是一个特定的概念,从而获得新的发展思路?
- 民生新闻的发展很大程度上是在媒体市场竞争日趋激烈的环境下发展起来的。中国电视民生新闻的早期发展实际上类似于西方报纸的“黄色新闻”阶段、中国都市报纸的“市民新闻”阶段，在做俗、做低、做浅的导引下，也出现了同质化与低俗化竞争。在此过程中，中国电视民生新闻不仅在摸索实现自发式的转变，也同样受着西方电视新闻理念的影响。西方虽然没有民生新闻的概念，但其电视新闻的转变也是从过去以硬新闻为主，历经了美国哥伦比亚广播公司原主持人丹·拉瑟所称的“后院篱笆原则”阶段，再到现在加强故事性、戏剧性、放大细节等凸显电视新闻表现特点的这一过程。中国电视民生新闻正是在这两股潮流的融汇中发展起来的。因此，中国电视民生新闻的提出和发展既有本土特色，也有国际背景，是有源之水。如何继续循着这样的规律，提升民生新闻的品质，让它既符合电视新闻发展的整体规律，继续担当媒体社会责任的角色，又适应市场竞争，也是当前电视新闻发展需要面对的重要问题。

- 在新媒体技术的变革下，电视新闻的发展将不可避免地融合新媒体技术的传播方式与理念，在新闻线索的获得、新闻报道、编辑以及传播等方面出现整体转型。因此，民生新闻也不可避免地要应对传播科技的发展。而如何在新闻时效、新闻现场以及节目形态等方面出现变革，以获得媒体影响力，则是媒介融合背景下民生新闻未来出路的重点。

这些问题的提出，为中国电视民生新闻的发展提出了新的挑战，同时也提供了新的发展思路和途径。正是在这样的背景下，中国电视民生新闻在全国各省级、地市级电视台出现了转型升级的态势，各电视媒体机构根据自身的资源特点，侧重于不同的发展目标和特色，出现了多元化发展的趋势：

- 有观点主张民生新闻应向“公共新闻”发展，能够而且应该改进民众讨论、促成社区问题的解决。
- 有观点认为民生新闻应淡化概念，与主流新闻融合，民生新闻将成为历史概念。
- 有观点认为中国电视新闻进入了“后民生时代”，应从“小民生”向“大民生”转变，积极引导舆论。

这些观点的碰撞和交汇是在中国社会和媒体发展的大背景下形成的，对民生新闻的发展具有积极的意义。循着这些观点的轨迹，反观各地方电视媒体的现实基础，虽然各有千秋，但仍然可以清晰地总结、梳理出民生新闻当前的发展势头和未来的发展趋向。

1. 回归民生理念，提升专业品质

当我们重新审视民生新闻的概念缘起和发展的时候，我们发现，民生新闻是在政治宣传和市场商业逻辑的夹压之下提出的概念,是用"民生内容和民本趋向"的理念使中国电视新闻回归到平民本位,从而重新获得市场影响力。

但是在具体的操作与发展中,这种民生理念却逐渐出现了扭曲与误解。许多内容背离了民生的理念。有专家指出,"对南京、成都、广州、沈阳等地的民生新闻节目内容分析表明,负面社会新闻占70%以上,事关民生的实用资讯只占极少数"[①]。民生新闻固然改变了中国电视新闻的语态,降低了姿态,使之更贴近大众;但民生理念在实践中也遭遇到误区。因此,民生新闻的转型和升级,首先在理念上应当重新回归"民生、民本"的本质。而这个过程也是新闻媒体社会公器的功能得到高度发挥的过程。民生新闻的社会责任感应得到进一步彰显。

同民生理念的再认识相反,民生新闻的概念在逐渐淡化。从当前省级地方电视媒体的新闻发展来看,民生新闻经过近十年的发展,省级、地方电视媒体将不再单纯地以一个民生概念来主打新闻的标志,而是修炼内功,注重新闻品质、新闻专业性与公信力、新闻贴近性和影响力。当然,在这个过程中,同样也会面临社会公器与迎合市场的矛盾,民生新闻也在这个矛盾中逐渐成长。

2.扩展民生新闻的边界

当前的趋势是把民生新闻的操作理念和操作方式向时政类新闻扩展。同民生新闻理念的强化相反,作为一个时期的概念,民生新闻是一种新闻视角和生存策略的转变,而随着其后来的演进,民生新闻逐渐出现多元化发展,在这个发展过程中,民生新闻的概念将会逐渐淡化,其内容、形态和边界将越来越模糊。随着民生新闻的同质化竞争越来越严重,如何形成自身独特的核心竞争力,越来越成为民生新闻栏目期待突破的要点。

当前民生新闻扩展的趋势有以下几个:

(1)省级都市频道民生新闻突破地域限制,整合新闻资源,从地方向全国乃至国际拓展

所谓"全球视野、立足本地"(thinking globally,acting locally),接近性是民生新闻发轫之初的制胜之道,但是接近性并非限制和束缚。西方地方电视媒体提倡的新闻理念中的国际视野、本地视角,全国新闻、本地切入即是这样的诉求。民生新闻的地域突破也是地方电视媒体资源配置与重组的自觉行为,对今后中国电视媒体整体格局的发展与推进具有一定的意义。

以江苏电视台城市频道民生新闻品牌栏目《南京零距离》为代表,2009年5月10

---

① 丁玲华:《电视民生新闻将成历史概念》,《现代传播》2010年第6期,第149—150页。

日，江苏电视台城市频道在北京举行研讨会，同时宣布其民生新闻栏目《南京零距离》从5月1日起升级为《零距离》，升级后的《零距离》将走出省域，在全国范围采制新闻或组织活动，并且充分利用网络新媒体技术，加强与知名网站、论坛等新兴网络媒体的合作，进一步扩大栏目的影响力。

(2)时政新闻民生趋向和民生新闻主流趋向

所谓“国计民生”，这二者是相辅相成的。当前，强调从“小民生”向“大民生”的转型，“不仅反映了普通人的生存状态，同时也反映了公众的关注焦点以及代表全社会价值取向的信息解读”①。实际上，这也是针对过去民生概念误区的一个扭转，使媒体不仅做社会的“减压阀”，也做社会的“稳定器”。民生新闻成为电视媒体的主流新闻，而民生新闻与主流新闻或时政新闻相互汇流，共同构成电视媒体可以操作和持续发展的新闻主体。从这一点来说，这是中国电视新闻发展的必然趋势。

例如，天津电视台的《都市热播一小时》以“汇集民生百态，聚焦天下精彩”为理念，内容涵盖了国际、国内新闻，并在冰雪灾害、汶川地震、奥运报道、新中国成立六十周年等突发及重大事件中加强联动报道、异地直播、记者连线等来丰富节目的内容和形式。另外，记者在一些可预见性事件报道中加强先期策划，如春运、省级台春节晚会以及各传统节日、各地庆典等活动，提前召集都市新闻协作体各成员台共同策划、集思广益，联动推出一系列专题报道。从《都市热播一小时》涵盖的内容来看，它实际上已经大大超越了我们过去对民生新闻的理解，将政治活动和会议、重大工程、就业保障、利益分配、公共事业都纳入了自己的报道范围，而成为一个涵盖各种新闻内容与形式的主流新闻栏目。

3.民生新闻栏目特点突出，功能诉求细分化

市场竞争的法则是，当进入者增多，竞争加剧，差异化的竞争策略便将凸显，而民生新闻的发展转型将使专业细分更加深入。中国电视媒体的民生新闻发展将进入差异化竞争阶段，泛泛的民生新闻栏目将被特点突出、功能深入细分的民生新闻栏目所替代。以下案例即是代表：

> 2006年，四川文化旅游频道《非常新闻》开播，提出“民生新闻就是维权新闻”的栏目运作理念。作为四川省唯一一档以广义维权为主的民生新闻节目，它立足于维权打假、关注市民生活、追踪质量报道、展示法制动态、体现人文关怀。节目中的“天天3·15”部分，把维权的范围从单一的打假防伪拓展到百姓生活中遇到的每一类问题。

① 潘瑞凯、刘爱莲、郑大俊：《民生新闻：如何从“小民生”向“大民生”转变》，《传媒观察》2009年第1期，第19页。

北京电视台在讲述百姓家长里短的《七日七频道》之后又开办了探究柴、米、油、盐价格的生活资讯栏目《生活面对面》,并将两个栏目捆绑播出,收视率也得到了提高。

以上案例都是当前民生新闻特色发展、功能细分的尝试。从发展的具体情况而论,民生新闻具有以下特点:

(1)拓展与深化服务性功能

从呈现问题到帮忙解决问题,“新闻记者不应该仅仅是报道新闻,新闻记者的工作还应该包含这样的一些内容:致力于提高社会公众在获得新闻信息上的行为能力,关注公众之间对话和交流的质量,帮助人们积极地寻找解决问题的途径,告诉社会公众如何去应付社会问题,而不仅仅是让他们去阅读或观看这些问题”①。

图1—13 浙江电视台钱江都市频道《范大姐帮忙》

在接近性理念的引导下,正如《南京零距离》早期提出的“实用资讯、生活投诉和社会新闻”等操作理念和方式,民生新闻将坚持新闻对市民的服务性功能,不断拓展与深化其具体功能,以求在服务广度与深度上获得新的拓展。例如,浙江电视台钱江都市频道《范大姐帮忙》、浙江电视台教育科技频道的《小强热线》、上海文广新闻传媒集团电视新闻中心的《新闻坊》、山东齐鲁电视台的《每日新闻》等栏目,它们或以帮忙为卖点,或设立专门的帮忙板块。

民生新闻服务性功能的拓展主要表现在以下几个方面:

第一,服务意识的强化。

新闻栏目的社会服务功能作为一个特别的诉求点得到凸显和强化。比如,2007年1月1日,陕西电视台都市青春频道《都市快报》进行大改版,在“记者跑街”板块中加入“周姐帮忙”环节。主持人“周姐”以邻家大姐的形象替代了记者身份,帮助形形色色的人解决各种各样的困难。

在民生新闻节目中确立专门的新闻服务性栏目,比如浙江电视如钱江都市频道的《范大姐帮忙》、浙江电视台教育科技频道的《小强热线》、山东电视台生活频道的大型

① 宋钰菡:《民生新闻的困境与发展策略》,《新闻世界》2010年第5期,第12页。

民生公益服务节目《生活帮》等。这些栏目对准百姓生活中的盲点、疑点和难点，力求为民解难、解闷、解气。这些专门服务性栏目的确立，使服务不仅成为栏目着力诉求的理念和宗旨，而且还以媒体的专门资源保证了服务的质量、广度与深度。

第二，服务对象的拓展。

民生新闻的功能不仅仅是帮助市民，也要做好市民与政府的桥梁，在为市民排忧解难的过程中理顺政府与市民沟通的通道；同时，从民众和政府的视角分析问题，做到“监督不添乱，解决不包办，到位不越位”①，发挥良好的舆论引导作用。

另外，随着民生新闻的扩展，服务对象的区域性也得到拓展，以本地视角为立足点，切入地区或全国的更广的范围。

第三，服务层次的细分。

服务层次正被逐渐细分化，呈现出多元化发展趋势，服务的广度和深度也得到了拓展。不同的栏目会诉诸不同的服务类型和特点。从信息咨询、听取投诉等服务拓展到深度帮忙服务；从被动地听取市民投诉，到主动地策划介入；从单纯的报道式服务到深度的参与式服务。当前民生新闻的一个趋势是不仅要表现问题，更要促进问题的解决，而媒体的积极介入与参与，还通过报道、活动等真正扩大影响力。下面，我们就浙江电视台钱江都市频道《范大姐帮忙》及“云南旱区转移就业 1＋1 特别行动”做以下分析：

《范大姐帮忙》是浙江电视台钱江都市频道晚间 6 点档的新闻服务类栏目，是浙江广电集团十大品牌节目之一，栏目宗旨是“替百姓排忧解难，做政府沟通桥梁”。栏目突出资讯服务、生活服务和帮忙服务的功能。主持人“范大姐”是一位具有亲和力的中年女性。除此之外，栏目还有一批“帮忙姐妹团”帮助市民投诉、表达意见和解决实际困难。

图 1—14　浙江电视台钱江都市频道《范大姐帮忙》采访拍摄现场

2010 年，当中国西南地区遭遇旱灾，《范大姐帮忙》栏目为了帮助云南劳务人员转移就业的有序进行和浙江用工企业的顺利对接，联合浙江省就业管理服务局、云南省楚雄州、云南都市频道，共同推出了“云南旱区转移就业 1＋1 特别行动”。在这次活动中，栏目以服务帮忙角度展开诉求：

---

① 刘萍：《电视民生新闻栏目的可持续发展——〈新闻夜航〉的理念与实践》，《中国广播电视学刊》2010 年第 4 期，第 616 页。

- 与当地媒体互派记者进行深入采访;
- 邀请旱区一线人员和职能部门领导走进直播间与观众交流;
- 开通 24 小时帮忙热线和网络平台,发出公益行动倡议;
- 向社会各方发布用工和招聘信息,共收集用工岗位信息 4 万余条,并和劳动部门联手,在最短时间内促成首场浙江企业专项招聘会;
- 在云南、浙江两地进行跨省现场直播,介绍浙江企业用工现状,打消云南劳务人员的顾虑,让用工招聘双方实现跨地域无缝对接。

当然,无论是早期的民生栏目还是发展到现在的民生栏目,服务都是一个贯穿始终的理念,但是在媒体实际操作中却出现了偏差,这就源于媒体的话语空间与商业市场逻辑的掣肘。投诉与监督需要话语空间,而服务的质量、广度和深度的保证都需要媒体大量投入资源。投入过多,风险过大,对省市级等地方媒体来说意味着过高的成本和风险。在这个优胜劣汰的市场趋势下,一些具有品牌效应的民生新闻栏目将会在这种服务理念的支配下继续前行,并在媒体公信力与商业利益的平衡下进行务实操作。

(2)情感类元素突出

即以民生新闻的贴近性特点去突出和放大事件中的情感元素,运用电视的细节、故事性表现手段去增强节目中的情感碰撞与纠葛。情感开始成为许多民生新闻栏目的主打诉求点以及提升民生新闻的途径(见表 1—3)。

表 1—3 部分地方电视媒体民生新闻情感类栏目

电视媒体	栏目名称
江苏卫视	1860 新闻眼“情感援助”
广西文体频道	情感传奇
湖南长沙电视台政法频道	情动八点
海口电视台	热带播报

(3)观点、评论优势凸显

当前的电视新闻报道正在从报道事件向报道事件所产生的原因和影响进一步发展,这是电视新闻媒体逐渐成熟的一个标志。同报纸演进为“观点报”的过程相类似,电视民生新闻也是向观点、评论发展。如何获得独特的核心竞争力和专业优势,评论是媒体机构竞争优势可以发挥的空间。当发现独家新闻、捕捉独特新闻点越来越成为竞争中的难点时,独家观点、独家评论、独家解释也就成了新闻的独特卖点之一。因此,评论是许多电视媒体求得民生新闻转型升级、获得影响力的一条途径。

①新闻资源的多次开发

评论是对新闻资源的多次开发，是电视媒体工业化操作时代的必然产物。如何最大限度地发挥新闻资源的影响力，是当前电视媒体新闻操作中必须面对的一个重要问题。多次开发本是工业生产中产品柔性化开发的一个操作，移植到电视中，即指电视媒体评论节目结合新闻报道视频，为新闻报道提供更深入的解读，从而形成多层开发。这是精神产品借鉴物质产品工业化操作模式的一条思路。

②观点凸显，评论加强

"观点制胜"是电视媒体发展逐渐成熟的体现。省级台都市频道也着手开辟专门的评论性节目，为时事、公共话题和突发事件提供解释、评论和剖析。现在，许多电视媒体已经意识到，新闻的竞争不仅仅是第一时间新闻报道的竞争，同时也是第一时间解读、第一时间评论的竞争。新闻时效性的内涵由此得到进一步的拓展。

例如，2009 年 5 月 25 日，天津电视台都市频道开播日播电视新闻评论栏目《观点强中强》。栏目围绕"时事政策、公共话题、突发事件"三大类选题进行言论的探讨与话题的剖析，并配以短片、电话连线等形式，力求观点明晰、言论有理、论证有力。《观点强中强》的开播及其明确的"观点影响生活"的节目诉求，弥补了天津电视台当时纯观点新闻评论栏目的空缺。

③评论、观点个性化

从藏着掖着到大胆体现个性观点，这是当前社会进步发展的具体体现，媒体也是如此。观点要体现主持人和编辑对问题的独特思考，并渗入主持人或评论员的个性色彩，以独特的角度看待问题。

随着社会经济的发展，民主的推进以及网络媒体的推波助澜，中国社会的话语空间逐步开放，反映在电视媒体尤其是民生新闻领域，即主持人、嘉宾观点和评论逐渐个性化，而观点独到、力透纸背同样也能形成媒体的核心竞争力。评论的独特也是媒体竞争优势的一个分水岭，这是新闻多元化发展的一个结果。美国福克斯新闻频道的最初发展，即切合了当时美国新保守主义观点的发展，该频道大量增加谈话栏目，凸显主持人和嘉宾个性、多元观点，形成舆论攻势，其谈话类时事评论节目一度成为该频道节约成本、形成影响力的惠而不费的手段和途径。尽管其评论与其频道所标榜的"公正与平衡"大相径庭，但是其观点和评论的凸显的确为其带来了相当大的影响力。中国电视民生新闻评论的发展也正是在应对电视媒体技术发展、人际交流规律的过程中逐渐显现出来的。

例如，浙江电视台钱江都市频道周日至周五晚 21:20 播出的《九点半》栏目中，有一"新闻马后炮"板块，以评论为主要诉求点。主持人钟山每天选择一条市民热议的新闻进行解读、评论，穿插 Flash 动画、视频新闻短片，主持人突出评论和语言风格，语言表现力和感染力强、言辞犀利、解读风趣幽默,在当地具有较强的影响力。

④评论语言风格凸显

由于评论的主观化和个性化趋势,评论的语言表述和表现力也在朝着多元化方向发展。各省级电视台结合自身所处地域的语言特点,着力突出评论的语言风格,使评论除表现出内容和观点外,还在形式上有了风格各异的特征。

⑤多元观点碰撞

通过演播室现场嘉宾、多视窗连线对话,评论节目呈献给观众的是多元观点的碰撞和冲突,“真理越辩越明”、“不同的声音”共同构成了评论性节目的卖点。在这一方面,北京电视台生活频道的《超级出租车》较为独特:《超级出租车》由主持人充当司机,随机邀请准备打车的路人,只要愿意接受访问,这位路人就可以免费乘车到达目的地;在行车过程中,主持人就当天的特定话题和上车的乘客边走边聊,分享观点和故事;乘客到达目的地则访问结束,主持人继续邀请下一位乘客。除此之外,车载蓝牙设备还把专家、热点事件当事人、车外热心观众连接起来,构成多元观点的碰撞。《超级出租车》在“拉活”过程中所遭遇的意外状况、娱乐感十足的街头发现等也同样是节目重要的辅助内容。

⑥话语空间开放

观点、评论的独特与犀利离不开话语评论空间的开放。在一项民生新闻课题调研过程中我们发现,在经济发达和媒体强势地区,话语空间相对开放,其评论节目观点较为独特、有力度、影响力较大;而经济欠发达地区的话语空间则限制较大,评论节目的力度和投入较小,影响力也较小。

(4)新闻内涵拓展

民生新闻的转型之一还在于其新闻内涵的开拓,这也是民生新闻向主流新闻迈进的一个诉求点。前一阶段民生新闻的同质化主要停留在对事件本身的肤浅报道上,没有对事件的原因和影响做进一步的深入解读,除了感官刺激外,没有释疑解惑或提升情感、提升思想的操作,所谓的说其“猎奇”“浅薄”“鸡零狗碎”等对电视民生新闻的诟病即在于此。

深度报道不是目的,深度报道只是给观众提供理解社会问题和社会现象的可行路径,是对事件来龙去脉、前因后果深入剖析的必然形式和手段。独家新闻的理解已经从过去的新和奇,转换到现在的准和深,调查越准越深,就越能挖到事件的本质,越能体现出独特性。在这里,独特意味着本质,也意味着准和深。在准和深的理念诉求下,媒体的核心竞争力就得以彰显。

历史的轨迹总是呈现出相似性,报纸在发展到成熟阶段时,曾经靠深度报道、解释性报道对抗新兴的电视媒体的侵袭。而现在,逐渐走向成熟的电视媒体,在新兴网络媒体的夹攻下，也开始把深度报道作为其开拓赢利点、扩大影响力的重要手段。民生新闻也概莫能外，而这种民生新闻的深度操作依赖的是电视媒体的专业品质和记者的专业性。

历史也呈现出螺旋式上升发展的规律，我们曾经把专业性理解为个人化、贵族化，而在转型期，我们却又无视专业性的存在而简单地跟风。在当下，专业性的含义显然是媒体与观众激烈碰撞后新的思考。"专业性"并不能简单地理解为专业术语、专业理论，也并不深奥与狭窄，不是"沙漠中的布道者"，而是要以"专业眼光体现大众需求"。换言之，"专业性"是要求对社会中纷繁芜杂的信息用媒体专业的眼光、专业的操作去加以体现，从而满足大众的需求。专业性与大众化并不矛盾，专业性在于精准而深入地发现和解读社会发展过程中的种种问题和现象，并以电视媒体的可行方式、以深入浅出的解读向观众传递信息，这也是媒体"社会守望"基本责任的体现。

例如，2008 年 1 月 16 日，山东卫视公共新闻频道开播了由董姝、大波、智浩三人主持的民生深度报道类栏目《民生三人行》，该节目虽然开办时间不长，但"全面深度关注社会各阶层生存状况，提供全面深度的民生媒体服务"的理念已经深入人心，并且能加大追踪报道的力度，提供对新闻的多元立场的解读，下功夫在"述"的平台上做"评"的延展功。

①矩阵式新闻

矩阵式新闻是对同一个事件采用多向度、多形式的新闻报道和解读。尤其是在杂志型新闻节目中，对一个事件通过多条新闻不同角度的报道、主持人嘉宾评点以及多元视觉元素的运用，对事件信息形成矩阵式解读，从而形成报道合力。在各省级民生新闻栏目中，我们看到集纳式、杂志型新闻栏目居多，这种新闻栏目形式灵活、形态多样，在对重大事件的解读上往往将报道事实和解释评述结合起来，形成了丰富的解读视角和形态。浙江电视台钱江都市频道的《九点半》，江西电视台都市频道的《都市 60 分》《都市现场》，山东卫视公共频道的《民生三人行》，黑龙江电视台都市频道的《天下夜航》等民生新闻栏目都呈现出这样的趋势。

例如，2008 年 1 月，韩国一冷库发生爆炸，三名中国同胞遇难。黑龙江电视台都市频道的《新闻夜航》当天便用大篇幅报道了此事[①]，五条新闻分别是《韩国冷库发生爆炸事件》《遇难者身份已查明 三人均为（黑龙江）五常市人》《死者家属今日赴韩》《我国出国务工人员意外事件频发》《想要国外打工 夜航给您提醒》，20 分钟的板块围绕一个主题，以事件、背景、评论、访谈等不同形式从不同视角形成立体、综合的报道。

---

① 刘萍：《电视民生新闻栏目的可持续发展——〈新闻夜航〉的理念与实践》，《中国广播电视学刊》2010 年第 4 期。

②精确设置议程

新闻的深度与民意密切相关,媒体的议程设置功能是否能得到凸显,是媒体影响力的基础。而议程设置不是空中楼阁,是媒体记者在对社会发展、民意趋向精准把握和判断的基础上形成的。在这一点上,西方新闻界曾经出现过的精确新闻在中国电视民生新闻发展中有所体现。

新闻如何体现民意、引导舆论,要求媒体记者具备明察秋毫地发现舆论与观点的能力,有审时度势的意见调查。通过媒体与民众的互动、沟通,把时政、经济、生活等与民众切身利益相关的社会问题纳入议题,论民众不仅仅停留在旁观者的位置,而是从参与社会公共事务的角度去与媒体互动;同时,通过这种沟通与调查,为民众与政府的对话搭建平台、建立途径,引导公众积极参与和监督公共事务,形成舆论声势,引起政府相关部门的重视,最终促成问题的解决。

在这方面,上文提到的北京电视台生活频道《超级出租车》、江西电视台都市频道《都市民调》不啻为这一发展趋势的典型。江西电视台都市频道的《都市民调》是其民生新闻栏目《都市现场》里一个不定期播出的特别策划节目。江西电视台都市频道与当地高校科研机构合作,利用高校科研机构的调研能力,对民众关心的社会、经济等重大事件、关系民众利益的重大问题进行问卷调查,了解民意,确定民众在一个给定时期重点关注的问题,然后予以策划、报道,从而形成具有一定舆论亲和力、舆论影响力的新闻报道。媒体议程设置是在民意调查基础上确立的,具有较强的民意精准性。

③深度与操作成本

民生新闻深度报道是与媒体可行资源相结合的,尽管有的媒体已经意识到深度报道在民生新闻转型升级过程中的重要性,但囿于自身资源、投入成本与产出效益的关系,并未全面展开深度报道。前面提及的江西电视台都市频道负责人也坦言,《都市现场》之所以采用不定期播出或特别策划形式,也是考虑了成本因素。这就需要媒体衡量其成本与资源,衡量影响力和可操作资源之间的关系,形成符合自身特点的诉求和操作模式。

4.新技术的利用

(1)突出直播概念与直播元素

直播是电视媒体新闻发展的整体趋势,是电视新闻核心竞争力的一个体现,这早已在中外电视媒体中得到印证。比如,美国地方电视媒体在下午 4 点、5 点、6 点和晚间 11 点档的新闻节目中强调直播因素,尤其是记者现场直播,报道新闻最新进展,这也是其新闻竞争的重点。[①] "动作新闻"、"目击新闻"曾经是许多媒体顾问为美国地方电视媒体支的招，而"直播、本地、最新突发"则成为许多地方电视媒体的口号，中国电视民生新闻的发展似乎也无法避免这一趋势。山东齐鲁电视台的"直播常态化"模式，东方卫视的时段化直播向频道化直播转向等，也都呈现出这一趋势，而《直播北京》《直播南京》《直播西安》《直播海南》成为许多地方电视媒体民生新闻直播的主打栏目。

①演播室直播

许多省级电视媒体在自设的民生新闻栏目中强调利用演播室直播元素，整合相关新闻资源，形成电视媒体及时、多方位的报道（表1－4），这是电视媒体在现有资源特点下可操作的趋势。

表1－4　部分省级电视媒体民生栏目直播名称

媒体名称	栏目名称
安徽电视台	第一时间
黑龙江电视台	第一现场
江苏电视台	零距离
贵州电视台	百姓故事、百姓社区
湖北电视台	经视直播
陕西电视台	都市热线
山东齐鲁电视台	拉呱
浙江电视台科教频道	小强热线

②现场直播

媒体充分利用SNG(Satellite News Gathering，卫星新闻采集)以及3G技术加强现场直播报道，确立媒体对事件的第一时间权威性报道和权威性解读。突发事件现场直播也是美国地方电视媒体竞争的主要焦点。我国台湾东森电视台新闻部经理林天琼说："在台湾电视激烈竞争的情况下，有SNG收视率不一定高(因为你有人家也有，你快不一定比人家更快)，但是没有SNG一定输，把电视机打开看不到即时性的新闻是不行的。"[②]比如，江苏广播电视总台城市频道于2003年7月7日正式开播的全新栏目《绝对现场》即为大量采用SNG形式的日播类新闻节目。经过近两年半的运作，其SNG报道组已逐渐脱离栏目，成为从属于频道、直接为《绝对现场》和《零距离》两个栏目服务的独立报道组，承担了频道每晚16：00－20：00突发事件的报道。2005年，全国SNG协作体在山东成

① Leonard Downie Jr. and Robert G. Kaiser, *The News About News－The American Journalism in Peril*, Alfred A. Knopf, 2002, p. 186.

② 闵大洪：《地方电视台对SNG的运用》，人民网，http://media.people.com.cn/GB/4062813918989.html，2005年12月7日。

立,给各地方电视媒体的SNG直播协作、资源协调奠定了基础。

由于SNG技术成本相对较高,因而目前许多省级台地面频道结合3G数字技术和微波转播车实现新闻现场直播。比如浙江电视台钱江都市频道就充分利用3G技术的灵活性优势,侧重突发事件的现场直播,而陕西电视台都市青春频道的《都市热线》栏目则利用移动通讯技术形成手机记者连线报道:记者手持百万像素可拍照手机在现场拍照,通过移动网络,利用彩信技术将现场图片迅速传回直播间,由电脑编辑切出图像;与此同时,主持人与记者通过手机进行联系,由记者对现场正在发生的事件进行实时播报。①

在民生新闻现场直播常态化的发展中,也出现了直播中冗余信息过多、直播状态浅层、粗糙等问题。在今后的发展中,如何使直播与深度背景有效地搭配,如何提升直播中的有效信息,如何避免直播中的重复等问题,是民生新闻要探讨的重要问题。

(2)沟通民意

电视媒体采制技术、传播技术的发展为专业媒体与普通民众的互动、沟通交流构成了重要基础。

①拓展新闻生产主体

"人人都是记者",当前DV技术等新闻采制设备的普及、网络传播的便利,使民众有机会成为新闻生产的主体。当今媒体发展已经进入媒体定规则、平民献智慧的时代了,新闻也从专业媒体的"新闻"延展至"公民新闻"、"参与性新闻"、"社区新闻"。新闻媒体的平民化、新闻媒体与民众的互动、新闻信息的共同发布和传播已经成为趋势,在内容、语态、形式等方面都以民生为本的民生新闻在这方面更具有先天的优势。

- 黑龙江电视台都市频道《天下夜航》分为《天下故事》《天下英雄》《天下图说》《天下DV》等多个活泼新颖的板块,主创人员整合了电视、互联网和观众原创的信息资源。
- 陕西电视台都市青春频道《都市热线》最大的特点是与3G技术结合,利用手机传输手段,实现即时新闻及时传输,甚至普通市民都可以成为这个栏目的采访记者,将自己看见或者亲历的新闻事件用手机拍下来提供给正在直播的《都市热线》节目。
- 河南电视台《DV观察》充分利用网络资源,征集DV作品,现在已经形成一个具有规范操作模式、稳定节目来源以及平民文化氛围的有相当影响力的栏目。

① 杨文萌、耿强:《电视民生新闻直播的常态化》,《当代电视》2009年第3期,第50页。

②沟通民意、加强反馈

电视媒体的议程设置功能直接影响到媒体的影响力，新媒体技术的发展为电视媒体把握舆论话题、增强舆论引导力和影响力提供了基础。作为贴近民众生活的民生新闻在意见收集、话题贴近、舆论把握等方面更有优势，也更需要把握这一重点。上文提到，对民意的精确把握将成为民生新闻遴选选题、做出深度、形成影响力的重要途径。在民生新闻的发展中，在传统的信件、电话等民意收集与调查方式基础上已经开始增加新媒体技术手段的运用，比如社交网络等。江西电视台都市频道设想用腾讯 QQ 群的方式调查民意、收集意见、形成话题，为新闻选题提供更多的智力支持；浙江电视台钱江都市频道的《九点半》栏目则通过观众微博、博主观点评论等形成二次传播，扩大节目的影响力。

(3)加强新闻资源的开发与整合

现代电视媒体强调新闻资源的共享、共用，以应对新闻竞争时效与深度的要求。技术的发展为电视媒体建立大编辑部运作机制、协调资源、实现新闻资源的最大化利用等提供了技术基础，如新闻资源共享平台和在线包装技术。

①新闻资源共享平台

利用硬盘存储平台、音像资料库、信息数据库等资源库方便记者、编辑上传、下载相关资源，提供突发事件的新闻背景，加强深度报道，对不同栏目的个性化新闻制作等提供保障。

②在线包装技术

通过该技术，电视媒体完善在线包装流程和模板管理流程，实现包装模板离线制作、在线运用，使新闻节目制作更加灵活、便捷，以利于节目的时效性与个性化竞争趋势；在线包装与演播室、信息数据库连接，完善播出形态，目前，许多省级电视媒体已经在加强运用该技术。

5.媒体协作突破资源边界

资源优势是竞争战略的另一个重要支点。受行政地域的限制，地方电视媒体在新闻资源的开发利用方面难以有更大的作为，如何突破地域限制、获得新闻资源优势一直是地方电视媒体期待突破的问题。2006 年 10 月 11—13 日，由 26 家成员台主办、天津电视台都市频道承办的首届全国都市频道协作体暨民生新闻论坛在天津举行，并成立了全国民生新闻协作体，协作体成员一致同意全国各省级台加强合作，各台原则通过了《全国省级台都市频道暨民生新闻协作体成员台协议章程》，协作体成员台在节目交流、栏目合作、大型活动互动以及重大新闻事件的联动直播等方面达成了合作意向。协作体的成立对中国电视民生新闻的发展具有标志性的意义，从此打破了省级台新闻资源的地域限制，为各地区民生新闻的发展提供了资源联动优势，成为许多省级台都市频道扩展节目资源、寻求新的利益增长点的途径。目前，这一合作趋势在各协作体成员的积极努力下，正在良性发展。

民生新闻协作体当前最直接、最具体的合作项目是资源共享，各协作体成员按照协作规定每日向民生新闻交流平台上传新闻，形成新闻资源交流库，从而极大地扩展各省级台的新闻资源，促其形成竞争优势。据全国省级台民生新闻协作体2008年度工作报告，与2007年同期相比，2008年1—9月成员台通过民生新闻交流平台上传和下载的新闻数量大大增加：2007年1—9月，月平均上传579条，下载4297条；2008年1—9月，月平均上传1451条，下载9208条，分别比2007年同期增长了2.5倍和2.1倍。协作体合作主要体现在以下几个方面：

(1)日常栏目的资源共享、共用

各协作体成员台在日常栏目中增加具有全国乃至国际视野内容的板块，扩大栏目的内容信息量和时政、经济、社会等重要内容，这实际上也促成了民生新闻向主流新闻的回归。

除了在日常性民生栏目中插入全国性新闻板块或单元，全国众多省级台都市频道还以协作体的资源共享为基础，开办了以协作体成员提供的节目资源为主要依托的专门栏目(表1—5)。

表1—5　省级电视媒体利用民生新闻协作体资源的民生新闻栏目

媒体名称	栏目名称
河南电视台	都市报道、都市快报
黑龙江电视台	天下夜航
内蒙古电视台	七点看吧
湖南经视	世界大不同
湖北经视	天下汇
天津电视台	都市热播一小时

省级台的民生新闻大多遭遇了当地地市级电视台的竞争，因而这种资源平台的建立有效地提升了省级台民生新闻栏目的资源竞争优势，使其在一定时期和一定地域范围内形成了自身的核心竞争力。

(2)特别活动的采访、报道、组织协作

除了内容等软性资源的合作，民生新闻协作体的另一个具体协作方式是新闻采访及特别活动的联盟、协作，这也是更深层的资源合作，通过这种协作、合作达到提高效率、节约成本、形成整体优势的目的。

6. 创意新闻凸显、突出娱乐元素

新闻历来以客观、公正传递信息为主旨，但现在的一个趋势是，新闻内容和形式都渗透着多种形式的创意，新闻与艺术的跨界、融合已成趋势，边界不再是那么明确。创意新闻由此出现。其是否与传统新闻的客观、公正相悖，姑且不论，在电视媒体发展的过程中，这种新闻中的创意元素表现得越来越明显。从新闻理论的溯源来看，历史上的"新新闻主义"、"文学性新闻"、"亲近性新闻"、"创造性非虚构写作"等概念仿佛为此做了注脚，它们将文学写作的手法运用于新闻报道，重视对话、场景和心理描写，不遗余力地刻画细节。

从当前民生新闻的发展来看，新闻栏目的边界逐渐模糊，表现形式更加多样化。这是后现代文化语境在电视新闻中的一个投射。许多民生新闻以方言、戏曲、故事、情景短剧等形式出现，新闻元素与音乐、曲艺、戏曲等其他艺术形式混搭，对传统的新闻观念形成冲击(表 1—6)。

表 1—6　部分地方电视台创意新闻栏目

媒体名称	栏目名称	表现形式
杭州台	阿六头说新闻	方言
南方卫视	今日最新闻	方言
湖北经视	经视哮天	方言、曲艺
广州台	新闻日日睇	方言
苏州台	社会传真	方言
海南台	海南一家亲	情景剧
山东齐鲁电视台	拉呱	曲艺
海口电视台	热带聊吧	说唱、表演

方言新闻栏目的设置也与地方方言的统一有密切关系。对于省级频道而言，如果本地方言千差万别，那么方言节目只能局限于更小的区域；而方言相对一致的省份，其方言节目则具有较高的成长性。

作为中国电视媒体领域的特有产物，民生新闻是中国地方电视新闻特色化之路的突破，但其发展实际上也是同电视新闻的整体发展和媒体的市场化趋势密不可分的。在民生新闻的早期阶段，强调民生概念是对中国传统电视新闻的一次拨乱反正，这次被称为电视"革命"的新闻改革，使中国电视新闻回归到新闻与信息传播本质，转变了电视新闻的语态，使新闻更加鲜活、生动，更加贴近普通民众。

在民生新闻发展十年之后，关于其概念确立和理论归属的争论已经没有多少意义，关键是新闻品质、新闻价值、新闻内涵的进一步提升。从这一点上来说，地方电视媒体未来的民生新闻发展尽管呈现多元化趋势,但是其专业性品质和市场需求的平衡与碰撞是一个集中的焦点。中国电视媒体在发展中,也将会一直围绕寻求专业品质高、市场价值高这二者的交集来运作新闻、求得突破。

本章小结

理念先行,在探讨电视新闻创作的具体方法之前,本章着重探讨了电视新闻的分类及其传播优势和特点,梳理了当代美国电视新闻以及中国电视新闻发展的最新理念和创作特点。中国电视新闻处于一个技术创新与社会发展共同推进的时期,各种问题纷至沓来,各种新的观念也在挑战着传统电视新闻的价值判断与实务操作。正是在这样的背景下,我们既要坚持电视新闻恒定不变的价值因素,同时也要适应技术与社会的发展,思考与探究电视新闻的发展。

思考题

1. 电视新闻的类型主要有哪些?
2. 电视新闻价值要素如何有别于传统新闻价值要素,如何进行自我定位?
3. 美国电视新闻的创新发展给中国电视媒体带来的启示是什么?
4. 中国电视新闻的创新元素主要体现在哪些方面?

扩展阅读

1.《现代传播》
2.《电视研究》
3.《国际新闻界》
4.《中国电视》
5. 杨保军:《新闻价值论》,中国人民大学出版社 2003 年版。

第二章　电视新闻节目的叙事结构与方法

本章重点

1. 电视新闻的基本结构方式及使用范围
2. “新闻事件化，事件故事化，故事人物化，人物个性化”的具体阐释及操作要求
3. 以“人”为核心的电视新闻操作理念及报道方法

第一节　电视新闻的结构方式

初学新闻的人会发现，自己虽然能把事情说清楚，新闻“5W”俱全，但是和老记者相比，自己的东西看起来总是呆板无趣，事实讲述平铺直叙，仿佛是流水账。这就是因为他们还不知道新闻结构的奥秘。

有人说：新闻是世间最好的剧本，一个蹩脚的讲述者可能把一个好的“剧本”讲得索然无味，而一个好的讲述者则可以把一个平淡无奇的“剧本”讲得引人入胜。这样的差异除了由语言表述能力的差别引起外，还可能由结构故事的技巧引起。会讲故事的人一开始就把最吸引人的部分放在前面，抓住观众的眼球，步步设置悬念，高潮迭起；不会讲故事的则平铺直叙，结构简单，一开讲观众就猜到了结尾，观众肯定就要换频道了。

所以，要想把新闻做好，做得吸引人，就必须懂得怎样运用不同的结构方式。这一章我们要讲的就是电视新闻的基本结构方式以及不同结构方式的运用。

一、电视新闻结构的界定及作用

1. 电视新闻结构的界定

在界定电视新闻结构之前，我们首先要回答**结构是什么**？

结构本来是力学术语,指支撑起一个模型的骨架。引申到新闻学中,“即一篇新闻的材料组合、段落安排的总体设计”,“新闻写作的骨架,文思的脉络,全篇的布局,文体的造型”①。

世界电影剧作教学第一大师罗伯特·麦基(Robert McKee)对电影结构的定义是:“结构是对人物生活故事中一系列事件的选择,这种选择将事件组合成一个具有战略意义的序列,以激发特定而具体的情感,并表达一种特定而具体的人生观。”②

从以上概念,我们得出结构的两个要素:第一是作为整个的“骨架”,即整体的结构是否站得住,故事能否讲清楚,议论能否论明白、是否符合人们的思维习惯。比如最基本的结构方式——递进式结构,就是根据人们认识事物的逻辑顺序来安排结构的。第二是“组合”,即选择好了支撑起这个骨架的一系列事件以后,要将其合理布局,形成一个有结构推力的组合。比如悬念式结构,从一开始就提出一个问题,然后围绕着这个问题设计悬念,吸引观众的注意力。

好莱坞电影对结构的这两点把握得十分到位,你可以去研究很多类型化的电影,它们的结构骨架立得非常稳,在事件组合上特别考究,每一件事都蕴含着某种推动这个故事的结构力。虽然电视不可能像电影一样去精雕细琢,但掌握了讲故事的结构方法,便可以使电视新闻不再单调乏味,而能够吸引观众的注意力。

那么,什么是电视新闻的结构呢?

结构也一样是电视新闻的骨架。在实际操作中,一个记者可能不知道结构的概念,但他肯定会用结构思维来做新闻。其实,做电视新闻跟写文章是一个道理,如果初学者一开始不列大纲,那么写着写着就会跑题,但熟练之后,就是不列大纲也会自己形成一个很好的结构。电视的结构就相当于文章的大纲,只不过是写在心里的大纲。

电视新闻的结构过程,其实就是一条新闻从繁杂无序到思路清晰的构思过程。记者在拿到一个选题后,便马上开始在大脑里慢慢形成它大概的模样。根据每一种选题类型③,根据记者所在的节目形态,考虑这条新闻大概时长是多少,用什么样的结构方式讲故事,是时间顺序还是逻辑顺序,是倒金字塔结构还是《华尔街日报》体?这一点的作用也许在制作短消息时看不出来,但节目的时间越长,就越显得重要,甚至要贯穿在整个节目的前期准备、摄制和编辑过程中才会有答案。

有了大致的方向,你就可以预测一下:这条新闻可以怎么开始?事件的高潮会发

---

① 《CNKI的概念知识元库》,http://define.cnki.net/WebForms/WebDefines.aspx? searchword=%E6%96%B0%E9%97%BB%E7%BB%93%E6%9E%84。

② 〔美〕罗伯特·麦基:《故事——材质、结构、风格和银幕剧作的原理》,周铁东译,中国电影出版社2001年版,第32页。

③ 根据电视新闻题材类型来看,选题一般分为三种类型:事件类、现象类、主题类。

生在哪里？我该采访谁？（采访提纲是必要的）哪些采访放在片子的哪个位置能发挥不一样的效果？我的结尾该怎样才能引发人的思考？当这些问题都得到了回答，这条新闻的结构也就出来了。

选择什么样的结构方式意味着信息的取舍，比如记者调查式报道，就要适时地加入记者现场出镜报道，要有调查过程中的影像支持。好的结构方式要达到的目的不是要面面俱到地展示一个“木乃伊”，而是要突出一只鲜活的“手”；好的结构方式会使电视新闻做得像曲折的小说，吸引你一路看下去。

另外，不同的结构方式也是一个节目风格的表现，比如《新闻调查》逻辑板块式的报道方式，形成了典型的三段论特点：出现了什么问题，原因是什么，怎么解决[①]；再比如《走进科学》的悬念式报道方式，特点是提出问题，排除问题，逐渐将问题集中到一处，最后才将结果昭示天下。

2. 电视新闻结构的作用

长期以来，电视新闻制作只注重对新闻内容的研究，“内容为王”一直是新闻媒体的口号。而对形式，即结构的研究却很少，从业者的结构理念全靠经验积累。其实，形式和内容是分不开的，说什么和怎么说是联系在一起的，“同一事件，不同的视角，不同的介入方式，不同的素材组合，都会影响内容的传达。”[②]所以近年来，人们越来越认识到结构的重要性，新闻故事化、悬念化的实质就是对电视新闻结构的推崇。

目前，电视新闻已经从资源竞争阶段到了工艺竞争阶段。在资源竞争阶段，电视新闻的核心竞争力在独家新闻；而在当前信息时代，独家已经很难从内容上做到了，除了在观点、角度上寻找突破以外，重形式、做精品便成了各个电视台的发展方向。新闻故事化、娱乐化就是这种工艺竞争的产物。另外，电视数字化时代的到来，也将带来观众收视习惯的变化，电视新闻就必须经得起观众点播，经得起反复观看。所以，电视新闻的结构变得日益重要起来。

其实，电视新闻对结构的重视，并不仅仅因为它很重要，还因为它很美妙，能给电视新闻带来不一样的效果。具体而言，它的作用有以下几点：

（1）增强条理性

在电视新闻的要求中，讲清楚是基础。因为电视新闻所面对的材料来自现实社会，是纷繁复杂的，是无序的，只有通过巧妙的结构设计，才能把故事讲清楚，才能更好地传达作者的意图，体现文章的主旨。有的电视新闻之所以像流水账，就是因为它没有组织好结构，只是简单地罗列材料事实。

---

① 张洁、吴征：《调查〈新闻调查〉》，文化艺术出版社2006年版，第15页。

② 朱羽君、崔林：《电视新闻调查节目的文本结构》，《现代传播》2004年第6期，第17页。

(2)增强可视性

在当前传媒竞争环境下,观众已经不再满足于事实的简单呈现,还要求在讲清楚之外讲精彩。所以要讲得抑扬顿挫、跌宕起伏,避免平铺直叙,这就要靠精巧的结构,靠突破传统的倒金字塔式结构,在结构上创新。比如现在流行的讲故事、铺悬念的结构方法,就让电视新闻像电视剧一样好看。

(3)增加深度

讲究现场深度是当前电视新闻的改革方向。其中,"深度"除了事实本身要有深度以外,还可以运用结构来形成深度。因为在某种程度上,结构也是一种蒙太奇,也能形成一种隐喻。比如电视新闻报道《怪事:太原市政劣质工程今日剪彩通车》①,一开始就是锣鼓声声,看似一件正面报道,太原市政管理局局长王建勋还在通车典礼上讲了话:"各参建单位密切协作,精心组织,昼夜奋战,确保了这三项工程按期保质保量地完成。"随后镜头马上转到通车道路上进行体验调查,发现路面行车颠簸,不时有鼓包和裂缝出现,还有大面积修补之处。这些现象和前面的典礼讲话形成了强烈的对比,让人深思。

(4)形成结构张力

当新闻故事的结构环环相扣、悬念重生的时候,这种结构张力便会吸引观众一直看下去。比如中央电视台《走进科学》的一期节目——《牛下的蛋》。要想知道这到底是怎么回事,剖开蛋进行检查是最直接的验证方法。但是,为了设置悬念,在结构上吸引人,节目先对蛋进行了生理结构推测、仪器监测,层层排除后才最终揭晓。再比如,中央电视台《新闻调查》栏目往往在节目开头即给观众一个待解的问题,然后围绕这个问题展开调查,《双城的创伤》《派出所的坠楼事件》《眼球丢失的背后》《一只猫的非常死亡》都是以问题和悬念入手展开调查,记者带着疑问引导观众进入事件的核心。

二、电视新闻结构的方式

在介绍常用的电视新闻结构之前,我们有必要先分析不同新闻选题的性质与特点,这样才能结合不同的新闻选题拿出相应的操作方案。

我们通常把新闻报道分为事件类报道和非事件类报道,而非事件类报道又可以分为现象类新闻和主题类新闻。具体来说,这三种类型的报道决定了我们在具体操作中的思路与方法。

第一,事件类新闻。这类新闻依托于新近发生的或正在发生的新闻事件,其新闻

---

① 中国广播影视大奖——2004年度广播电视新闻奖获奖节目。

由头与切入角度相对具体、实在。记者采访报道新闻事件信息，提炼主题和角度，挖掘事件真相，揭示事件背后的故事细节，如《小金飞向总理进言》《刘翔夺冠，创造历史》《中国第一艘载人飞船发射升空》《人工林里来了野生鹿》《在千钧一发的时刻》《河北辛集郭西烟花厂发生特大爆炸事故》。①

第二，现象类新闻。这类新闻以社会上出现的某类现象、某类问题以及某领域的发展趋向为新闻线索展开采访、调查，从而形成新闻报道。一般来说，这种现象或者问题具有抽象性，在电视表现方面具有一定的难度。如何用可视的电视语言来反映这些现象、挖出现象背后的本质特征是电视报道操作过程中的难点。

第三，主题类新闻。主题类新闻是围绕某类主题进行的采访报道，这类主题往往以国家、社会发展到某个阶段的工作重点、方针政策等为基础形成报道内容。由于主题与时政结合紧密，这类主题新闻往往具有极强的现实意义与社会意义，《再说长江》《香港十年》《中国之路》等成就性报道或回顾性报道就属此类。

虽然结构的方式有很多种，但都必须满足三个条件：一是从观众的角度考虑，容易理解，容易接受，且有吸引力，不拖沓，不繁复；二是从电视新闻工作者的角度考虑，容易操作，能够快速组织策划并实现；三是从实际出发符合题材的要求。只有符合这三个条件的结构方式，才是最符合电视新闻传播规律的结构方式。

具体而言，常见的电视新闻结构方式有以下八种：

1. 倒金字塔式

倒金字塔结构最适合于事件类新闻。

长久以来，电视新闻报道的经典结构是倒金字塔式结构，即上大下小——最重要、最新鲜、最精彩的信息放在最前面，然后按事实重要性递减的顺序安排。这样的结构适合短、平、快的消息类，是在最快的时间内把最重要的信息传达给观众。比如2009年8月15日《新闻联播》的一则新闻《伊朗一架客机坠毁，168人遇难》。

> 导语：伊朗一架图波列夫型客机今天下午在伊朗西北部城市加兹温附近坠毁，机上153名乘客和15名机组成员全部遇难。（导语除了介绍遇难飞机的基本信息以外，着重强调了遇难人员的数字，这是这条新闻最重要的信息。）
>
> 镜头：救援现场的大坑，飞机残骸

---

① 以上节目分别获得：2004年度中国广播电视新闻奖短消息类一等奖、2004年度中国广播电视新闻节目奖长消息类一等奖（中央电视台）、2003年度中国广播电视新闻奖短消息类一等奖（上海东方卫视）、2003年度中国广播电视新闻奖短消息类一等奖（黑龙江电视台）、2003年度中国广播电视新闻奖短消息类一等奖（四川巴中电视台）、2003年度中国广播电视新闻奖短消息类一等奖（中央电视台、河北电视台）。

这架客机从伊朗首都德黑兰起飞，准备飞往亚美尼亚首都埃里温。客机损毁严重，在地面造成一个10米深的大坑。客机残骸散落在200平方米的区域内。据客机所属的里海航空公司发布的消息，机上乘客大部分为亚美尼亚人。目前还不清楚事故原因。据伊朗媒体援引当地官员的话说，客机曾遇到技术问题，一度试图迫降。有报道说，客机在空中已经起火。（**补充细节：10米的大坑是最说明问题的画面，也最能体现这次空难的严重性；之后是人们关心的乘客国籍问题和事故原因。**）

据报道，这家由伊朗与俄罗斯合资的航空公司成立于1993年，以经营廉价航班为主。（**结尾是最不重要的背景信息。**）

这种结构是从报刊新闻继承过来的一种最常用的结构方式，优点是容易组织材料，有利于突出新闻的要点，最重要的是行文简洁明快，适合重大的、突发性的、时效性较强的新闻，如果配上记者现场报道，这篇报道就是标准的消息类电视新闻的样式，现在还非常实用。

但因为“重要性排序”这个标准比较随意，因而段落之间的跳跃性较大，很难形成吸引力。这种结构方式对于某些非事件性新闻也不太适用。

2. 沙漏式

沙漏式结构特别适合于事件性强、现场感强的电视新闻报道。

沙漏式结构是一种两头大、中间小的结构方式，它与倒金字塔结构的最大区别是：不是把最重要的信息点全都放在前面，而是放在开篇和结尾两头，中间插入过渡，这样就形成了两头大、中间小的结构。所以，为了让新闻好看，我们可以把最鲜活的故事或者现场放在前面，但并不交代事物的全貌，而是略有收敛，留待后面讲述，以持续地吸引观众的眼球。这样的结构方式，既满足了电视媒介顺时性呈现信息的特点，也发挥了电视新闻现场感、纪实感强的媒介优势[1]。

图2—1　中央电视台《河北辛集郭西烟花厂发生特大爆炸事故》画面

① 沙漏式结构由美国资深媒体顾问阿尔·托普金斯(Al Tompkins)提出，参见曾祥敏:《电视采访》(第2版)，中国传媒大学出版社2010年版。

比如中央电视台的《河北辛集郭西烟花厂发生特大爆炸事故》[1]。河北辛集郭西烟花厂由于烟花爆炸，造成重大事故，这是一个突发性新闻事件，中央电视台记者迅速赶往现场进行了报道。

主持人导语：今天下午，河北省辛集市郭西烟花厂突然发生了爆炸，我们来看记者刚刚从现场发回的报道。（导语向观众简明扼要地传达了事件信息，随即将报道交给了现场记者。）

镜头：郭西烟花厂现场爆炸的场面：火光，烟雾，惊慌的人群。同期声：烟花爆炸的现场声。（报道首先把观众带入现场，让观众感受现场真实的氛围，突出事件现场重点。）

记者解说词插入：下午6点零8分，辛集市网口镇郭西烟花厂响起了第一声爆炸，接着引起了连锁反应，爆炸持续不断。记者赶到现场时，郭西烟花厂已是一片火海。一股股热气夹杂着浓烈的焦煳味儿扑面而来，弥漫的烟雾刺激得人的眼睛都难以睁开，大大小小的爆炸声此起彼伏。搜寻伤亡人员的工作在爆炸中紧张地进行着。（现场记者简单交代背景，然后按照时间顺序向观众讲述其在现场的感受，通过解说词深化现场内容，把记者亲自闻到、听到、接触到的感受传达给观众，与画面信息形成互补，共同建构一个立体的现场。）

镜头：烟花爆炸形成的火光，奔跑的人群。同期声：爆炸声。（进一步向观众展现现场的情景。）

指挥人员手持话筒喊叫。现场同期声：除消防人员和救护人员，其他人员全部撤离200米以外。

镜头：黑夜里奔驰的救护车，被救出的当地群众。

同期声：救护车的鸣笛声。

记者解说词插入：据现场抢险人员介绍，爆炸发生后，当地医护人员、消防官兵、公安干警等陆续赶到现场抢险。现场不断有伤员从废墟中被抢救出来。医护人员对伤员进行简单的处理后，根据不同情况送往相应的医院进行抢救。据了解，爆炸发生时，有169人在现场工作，截至记者发稿，有两人死亡，100人左右受伤。（介绍爆炸发生以后的事件背景、事件所造成的影响，突出此次事件的性质，把很重要的信息放在最后。）

这条电视报道充分发挥了电视采访现场性和过程性的特点，以正在发生的时态，

---

① 本片获2004年度中国广播电视新闻节目奖短消息类一等奖（国家广播电影电视总局）。

叙述现场事件的进展,突出现场富有表现力的细节场面,同时把叙述打开,形成一个具有持续吸引力的叙事结构。

3.递进式结构

递进式结构适用于事件类、调查类等新闻报道。

递进式结构指按照时间顺序、事件发展顺序或者人们认识事物的逻辑顺序来安排叙事的结构方式。这种结构方式最常见,也最容易掌握。

在运用递进式结构时,最重要的是要找到一条贯穿始终、层层递进的线索,并将其清晰地展现出来。这个线索可以是时间、事件的发展,也可以是逻辑的推演、递进。为了让时间、事件这条看不见的线清晰起来,现场记者便成了一个很好的载体。记者在现场作为观众的眼睛,带着观众去经历事件的发展过程,或者去认识一个事物,从而形成一条清晰的线索。由此,产生了一种特殊的新闻报道类型:调查性报道。甚至在新闻事件不是很明显的条件下,若要展开叙事,也可以利用记者展开调查的方式来做到这一点。

图 2—2　中央电视台《焦点访谈》之《追踪矿难瞒报真相》

《焦点访谈》《新闻调查》中便有很多这样的案例。下面我们来分析一个例子:《焦点访谈》的《追踪矿难瞒报真相》(见图 2—2)①。

> 演播室导语:2002 年 12 月上旬,我们的栏目不断接到观众来电,反映 12 月 2 日上午,山西省临汾市尧都区阳泉沟煤矿发生了一起瓦斯爆炸事故。事故发生后,当地一些人不让新闻单位报道,也没有如实向社会公布死亡人数,存在严重的瞒报情况。为此,我们的记者赶往临汾进行了调查。
>
> 当记者闻讯赶到临汾市尧都区阳泉沟煤矿时,距事故发生已经十多天了,出事的矿井早已封闭,矿工们也都被遣散回家。为了解矿难的情况,记者找到了当地安全生产监督部门的负责人。

从这个导语我们就能看出,记者调查就是这个新闻的线索载体。这个片子分为三个段落。

---

① 此节目于 2003 年 1 月 12 日播出,获 2004 年度中国电视新闻节目奖一等奖,记者曲长缨也因此入选首届中国记者风云榜。

段落一：提出疑问

记者赶到已经完全平静的现场，得到官方证词：事故原因是矿主严重违反规定，没有安排专人监测瓦斯和打开井下风扇；事故结果是伤 5 人、亡 8 人。对于这个论断，记者做了多方面采访求证：山西省临汾市尧都区安监局局长李海青、临汾市尧都区阳泉沟煤矿矿长郭长喜、区安监局原职工王良志、临汾市矿山救护大队副大队长尉银亮，最后还展示了安监局领导交给记者的几份材料上的信息。所有说法给人的感觉都是：这是个盖棺定论的责任事故，没有瞒报。

但接下来一句转折拉开了另一段完全不一样的事实陈述："与他们的说法不同，遇难矿工家属和当地的老百姓却有另外一种说法。"对遇难矿工袁春记的妻子侯玉梅和一些临汾市尧都区坂底村村民的采访，让记者开始质疑：为何双方所说的事实相差这么大呢？——这个疑问让记者开始寻找线索。

段落二：寻找线索

记者问路时"恰巧"问到一个要返回矿山取东西的四川籍矿工樊平章，从他那里，记者找到了三个遇难矿工的名字，而这三个名字却根本没有出现在安监局提供的名单上，还有一个伤者在医院——第一个线索出现——进入下一个调查：这三个人是在哪里火化的？

——赶往医院，不料伤者由于伤势过重，他和其他几位受伤者都无法接受采访。

——赶往殡仪馆，火化名单上没有这三个人。

——难道真的没有这三个矿工吗？带着这样的疑问，记者又到区事故调查组核对矿工的花名册，但上面还是没有他们的名字。

到底谁说的是对的？通过工资名册上的名字确定，四川籍矿工樊平章是知情人，他的话不会是空穴来风。

进入僵局，继续寻找。

记者再上矿山，找到了遇难矿工吕世文的证件和通讯录——一个新的线索出现——继续展开调查。

——赶往安徽界首，派出所证实吕世文已经在阳泉沟矿难中死亡。

——采访吕世文的父母，他们确认记者找到的那个通讯录正是吕世文的。

——而且从他们口中得知：矿工死了三十多人。

在吕世文父亲的帮助下，记者很快在相邻的河南省沈丘县找到了与吕世文同时遇难的另一个被瞒报的矿工高凤新的家。根据遇难矿工高凤新的三哥高凤勤提供的线索，记者又在河南上蔡、商水等地找到了两名被瞒报的遇难矿工的家属，并看到了最有力的证据：一张协议书。樊平章所提供的北川县陈伦兵、周丛友遇难一事也得到了证实。

段落三:证实结果

至此,通过记者的艰苦调查,确认被瞒报的遇难矿工已达六人。

——给出死亡名单

提出问题:到底是谁策划了这起瞒报事件?是谁偷偷安排了遇难矿工的火化?是谁为这起矿难的瞒报出钱?

"寻找死亡名单"在这个节目中不但是记者的调查思路,也是节目的一条逻辑线。这种单线式结构就需要找到这样一个可以承载叙事的线索。

4.悬念式结构

悬念式结构适合事件曲折、人物命运感强的电视新闻报道。

说书人常常靠一拍"惊堂木"、再大喝一声来吸引听众的注意。在电视中,"悬念"就是这样的"惊堂木",通过吊起观众对结果的期待来吸引观众看下去。

悬念式结构是在开头设置一个大的悬念,点出新闻中最能吸引人的问题,然后再慢慢地揭开。揭开的过程中再设置小悬念,前一个悬念推动后一个悬念的提出,勾起人们越来越想知道结果的好奇心。有的新闻也可能只在导语部分提出悬念,之后就按事件发生、发展的顺序展开。

这种结构方式适用于那些以戏剧性、情节性见长的报道,特别是新闻事件亲历记、目击记、新闻故事等。比如中央电视台的《走近科学》,江西卫视的《传奇故事》,都是精于悬念式结构的栏目。

悬念的设置很多时候需要一些结构技巧,主要有以下几种。

(1)还原未知状态,限制信息流动

很多东西,我们在讲故事的时候就已经什么都知道了,如果是这样,那么不管你知道多少你都不能顺着讲,而应该从你什么都不知道的时候开始讲起,因为这也是观众在看到节目时的状态。

(2)放大知识盲点

把一些不明显的细节有意地提出来,不断"设问—推论—预言—验证",延缓提供答案;还可以隐没一部分信息,强化这种神秘效果;技术更好的还可以巧设伏笔,暗示未知结果。

(3)放大冲突细节

强调困境与威胁,激化矛盾冲突。这就像电影里面,所有路都没了,主人公只能铤而走险、奋力抗争。

(4)花开两朵,各表一枝

在冲突关键时刻,中断叙事与解答,转而讲述另一方面的信息。就像电影里的砍头镜头，正当大家担心主人公生死的时刻，画面一转去说另外一个场景的事情，有可能是营救，也有可能是气氛对比下的开心场面。以两个场景交叉剪辑来延缓揭示结果。

需要特别说明的是，悬念不能生造，不能为了造悬念而故弄玄虚，而要有一定的曲折事件做基础，否则就掉入了“猫捉老鼠”的游戏陷阱。

5.《华尔街日报》体

《华尔街日报》体特别适合现象类、主题类等非事件类电视新闻报道。

非事件类题材是电视报道的难点，因为现象或者问题具有抽象性，用可视的电视语言来表现有一定的难度。《华尔街日报》体刚好解决了这个问题。

《华尔街日报》体来源于美国的《华尔街日报》，他们针对非事件类题材，创造了一种写作方法：开头先以一个具体的事例引入（可以是这个大主题下的小故事、小场景），然后通过对这个小故事的分析进入新闻主体部分，最后才表明这个新闻的大主题、大背景。后来，这种报道叙事方式逐渐成为想象或主题类报道的常用方法，具有很好的带入感。比如 2007 年 1 月 16 日中央电视台《新闻调查》的一期节目——《反“流氓软件”之路》。

演播室：

在生活当中，如果有人不请自来而且赖着不走，甚至恶意侵犯，你会立刻意识到危险，并且用法律的方式解决。但是在网络上，这样的事情却经常在你毫无察觉的时候发生，而且让很多人觉得无计可施。它就是恶意软件，也被叫做流氓软件。

解说：今年 47 岁的老颜是个老网民，上网已经成为他最平常的事情。可是 2006 年，他的生活却被网络彻底打乱了。

颜先生：灾难性的后果。

记者：怎么理解“灾难性”这几个字？

颜先生：互联网的存在对我来说等于是失去意义了，同时我还要防着它，那是件很可怕的事情。

解说：老颜的遭遇和愤怒发生在今年 4 月的一天。那天傍晚，老颜和往常一样在家里上网，几分钟后，一件让他意想不到的事情发生了。

颜先生：印象很深刻，出现的是裸体女郎的下流画面，然后马上就打出了壮阳药和一些不正当的东西。

解说：“是不是自己的电脑中了病毒？”这是老颜的第一反应。他立刻找来技术人员帮忙检测，升级了杀毒软件。

颜先生：升级换代以后又正常使用几天，很快又被破坏了，它又入侵我们了,我们再拒绝它,它又来,没完没了的,变成拉锯战了。

记者:像黑客帝国一样。

颜先生:对。

颜先生:杀一个生成几个,再杀,越杀越多,最后电脑不堪重负崩溃了。

颜先生:最严重的时候关不了机,强行启动也不能启动。

记者:杀毒的话会怎么显示呢?

颜先生:零病毒。

记者:没有病毒?

颜先生:对,没有病毒存在,奇怪就在这里,居然是没病毒!如果没病毒,那我的电脑怎么会崩溃了呢?不理解,百思不得其解。

解说:从那以后,7939和4199这些不明网站的骚扰不仅没有停歇,反而变得更加频繁。终于,在7月22日这一天,老颜的电脑彻底崩溃了。究竟是什么原因让他的电脑如此反常呢?

……

记者就这样以老颜的遭遇和愤怒为典型,引出了这期新闻调查的主题——“流氓软件”。然后,采访逐步展开,从普通网民、“流氓软件”开发者、杀毒软件公司负责人、反“流氓软件”联盟发起人、软件行业管理者,到法律界权威以及互联网管理部门负责人,记者层层剥笋,步步深入,剖析“流氓软件”背后的利益链条,揭示“流氓软件”的生存土壤和深层背景①。节目最后,又回归到老颜身上:“这个网络不属于我也不属于你,属于全国人民,给我们一个文明安全的空间。”

这种结构方式现在已经被普遍采用,特别是在追求硬新闻“软化”处理的当下,运用《华尔街日报》体结构进行处理就是软化的一种方式。比如会议新闻、经济新闻、行业内政策等新闻,都可以找到新闻事件影响下的人,然后从人当中找出典型故事,这样就不但能把枯燥、干瘪、索然无味的新闻变得生动活泼、贴近群众,而且还让节目有了可视的画面作为支撑,形成较强的吸引力。

但是这样的结构对于一些严肃性问题或一些需要开门见山的新闻报道就不太适合了。这种结构也要防止专门为了新闻而制造具体的事件,更要防止为了专门贴合主题而歪曲事实真相。比如某一时期,中小学周围出现了一些恐怖玩具,对学生的身心造成很不好的影响。为了调查当地的这种现象,记者进行了暗访,但是记者很难找到传说中的“死亡笔记”,几经周折才找到一些类似的玩具店。最后为了讲故事,记者编

---

① 董铭:《用“华尔街日报体”创新电视新闻报道》,《青年记者》2007年第7期,第114页。

造了一个开头的故事，说有一位家长发现女儿不对劲儿，翻开她的日记本，发现里面写了很多恐怖的话：比如诅咒哪个老师……这样的新闻完全不顾新闻的真实性原则，难免会误入歧途。

6.典型集合式结构

典型集合式结构适用于场面大、事件多样的主题性报道。

典型集合式指将几个同一主题的典型集合在一则新闻当中，这些典型可以是不同的人物、地域、事件、年代，在电视新闻中非常常见，比如我们在《新闻联播》中最常见到的，每到过节，一则新闻会汇总出各地过节的盛况，以此来表现节日的喜庆气氛和人民的安居乐业。

在2009年我国60周年大庆的时候，一条新闻报道将为国庆阅兵式准备的人集中在一起，比如小学生仪仗队的队长、走在队伍中的一名大学生、花车设计者等，做成一个片子，以此向为国庆付出努力的人致敬。

这种结构最主要的要求就是要典型。比如上文提到的这条报道，所选择的小学生仪仗队队长有两个备选人，两个孩子都很优秀，他们都很想在国庆时做队长，这就有了背后生动的故事。队伍中的大学生也不是随机选取的，大学生的爷爷是老战士，今年也受邀参加阅兵式，而且爷爷就站在那个大学生所在方队的花车上，祖孙俩在一起就有了故事。

典型集合式结构最重要的就是要造成积累的效果，所以各个部分必须平衡。虽然各个典型之间的关系不大，但一定要选好第一个故事和最后一个故事。叙述者必须保证开头的第一个故事能很快把人们带入那种情境，让人们感受到主题；最后一个故事要使主题升华，给人以意味深长的感觉。

另外，典型集合式的每一部分不一定要马上讲述清楚，可以把最精彩的部分分为几段，交叉叙述。比如美国纪录片《地球》(Earth)，一开始就讲在地球的北极，熊妈妈带着两个儿子等着熊爸爸觅食归来。“它们不知道，麻烦正等着它们。我们的星球正在变暖，海面上的冰每年都在提早融化。这里是熊捕猎海豹的唯一场地，如果冰面开裂前它们不能赶到，全家都得挨饿。而熊爸爸回来的路上冰雪已经开始融化，说不定就回不了家。”然后讲述下一个板块，针叶林带。但节目的最后还是回到了北极，冰川已经变成了海洋，“公北极熊现在的处境非常危险，如果它不能尽快在广阔的大海上找到陆地，它就会被淹死”。之后讲述公北极熊为战胜饥饿与海豹斗争，最后以失败告终。“一年过去了，两只熊崽战胜了困难，它们离开了妈妈，茁壮成长着。它们日新月异的世界正转变得越来越快。它们父亲的冒险精神在这些优秀的年轻人身上延续。”这样的结构，一方面把最精彩的部分分为两部分前后照应，另一方面也告诉人们一年过去了,时间还在延续,我们要保护自己赖以生存的地球。

7.逻辑板块式结构

逻辑板块式结构是一种类似于议论文的电视新闻,一个板块一个中心,板块与板块之间有逻辑关系,但是这个逻辑关系又不是时间顺序式的,只是为了说明问题、得出结论。

这种结构也经常用于话题类、主题类题材。比如我们要讲汉字的简繁之争,我们肯定要找到简繁之争的焦点在哪里,然后一一去讨论。比如我们找到了争论的焦点是汉字的功能与文化孰轻孰重的问题,那么我们就可以这样安排结构:第一部分提出问题,展现正反方观点;第二部分分析双方的观点,得出这个焦点;第三部分讲该怎么看待这个问题。这个逻辑关系非常明显:提出问题—分析问题—解决问题。

《新闻调查》的节目中有很多这样的例子,比如 2009 年 5 月 16 日播出的《流感袭来:甲型 H1N1 病毒》。节目分为四个部分:

第一部分讲述卫生部今天(2009 年 5 月 16 日)通报四川省确诊一例甲型 H1N1 流感病例,狼真的来了。面对这样突然爆发的全球性流感疫情,世界是如何应对的?节目采访了我国著名呼吸内科专家钟南山,他也是 2003 年抗击"非典"的领军人物,以他的眼光去看世界卫生组织的这次快速反应。

第二部分讲述在人类历史上曾经发生过的像甲型流感这样的全球性疫情,探讨这次流行的甲型 H1N1 和 1918 年"西班牙流感"时的 H1N1 有什么不同,从而和此次禽流感形成对比。

第三部分来到 6 年前抗击非典疫情的主战场广州,探讨现在中国将如何迎战甲型流感,从而告诉观众在这 6 年里,我国突发公共卫生事件应急水平的提高。这样的叙述隐喻着:这次甲流没有那么可怕,我们有足够的经验去应对。

第四部分是思考。首先提出在公共卫生应急机制中,培养公众的危机意识是一种重要的防疫机制,所以每个人在这个时候都有责任,如果出现发热情况要配合观察。最后是人类的反思:"有人说,制造这次全球流感疫情爆发的责任者正是人类自己。是到了认真思考人与环境、人和其他生物之间关系,并在实际行动上做出改善的时候了,人类不能缺少平衡与共生的智慧。"

这四部分的关系没有那么严密,但是它把人们一点点从全球拉到每个人的身上,让人们了解了这次流感到底是怎么回事,该以什么样的心态去对待。

8.复线式结构

复线式结构又叫"双线结构",顾名思义,是指新闻报道围绕两条线展开的结构方式。这两条线可以形成一种相互关系,比如平行式、交叉式、对比式。这种相对复杂的结构需要时间长度来承载，所以常用于电视新闻专题节目。

比如我们要讲一个工厂的发展，就可以运用对比式的结构：一条线讲过去，一条线讲现在。比如我们要报道一场演习，可以运用交叉式的结构：一条线讲演习的现场过程，一条线讲准备的辛苦。再比如我们要跟踪一个稽查队查案的过程，这个稽查队分两组同时行动，我们就可以用双机拍摄，运用平行式的结构来展现整个过程，不但真实地展现两组队伍的行动过程，而且制造紧张气氛。

图 2—3　《香港十年》第一集《十年见证》

此外，除了双线结构，还有多线结构，比如《香港十年》第一集《十年见证》的开篇，分别从香港一所小学的升旗仪式、香港紫荆花广场的升旗仪式以及香港警察学院的升旗仪式展开，同步叙述，从政府、教育、执法等机构切入，以升旗这一极具仪式感和国家象征的场面入手，最后万祖归宗，都汇流到 1997 年中英香港回归交接仪式上的升旗仪式。节目可谓结构精巧，非常好地起到了以点带面、以铺陈积累烘托情绪、以具象画面提升情感和象征的作用。当然，多线结构由于篇幅和体量的规定，在电视新闻中并不十分常用。

三、电视新闻结构方式的影响因素及要求

1. 影响因素

一条电视新闻究竟采用哪种结构形式，往往要综合考虑以下几个因素：

(1)电视新闻播出平台

所有的艺术都是带着镣铐在跳舞，电视新闻的采制也一样。节目的编辑思想、节目形态、时长、风格都有其规范，直接影响到对结构方式的选择。对比《焦点访谈》和《新闻调查》，就可以发现，同样是调查类新闻报道，因为节目时长的限制，两者相比，《新闻调查》的结构方式更加多样化。

(2)新闻事件本身

电视新闻与电影的最大区别就在于它的非虚构性，电视新闻不能由编导随意设计结构，电视新闻应该根据新闻事件本身的内部结构、事件类型来组织结构方式。如果是现场性很强的新闻事件，可以根据时间顺序来结构；如果新闻事件是现象类或话题类，可以选择《华尔街日报》体结构方式，选择一个具体的事例作为引子，通过事例来解释或者揭示现象；如果事件本身逻辑性比较强，可以运用逻辑板块式一步步推理论证；

还可以根据事件本身的戏剧性,选择不同的结构方式,比如在两个现场同时进行的时候采用双线结构方式。

新闻事件永远是结构方式的源泉,记者在结构电视新闻节目的时候应该解放思想,不能囿于既定的模式。

(3)现场取材方式

电视新闻是用画面来讲故事,只有在画面的支撑下才能更好地发挥电视的优势。因此,对于电视新闻来说,取材方式便可以直接成为一种结构方式,比如调查式报道,记者的调查就可以成为一条无形的叙述线、一条无形的逻辑线,这种报道方式在《新闻调查》中比较常见。现在,在民生新闻中也出现了很多这样的新闻,有时候不是调查,而是通过记者体验来结构新闻,我们可以称之为体验式报道。比如北京电视台的《体验一卡通》。北京市一卡通开始运行,这在新闻中算是一种行业硬新闻。一般软化这种硬新闻的方法可能只是去找一些当天使用一卡通的市民,通过采访了解一下情况,然后再找公交公司的领导说一下一卡通的作用。但北京电视台当天派出了两路记者:一路坐公交,一路坐地铁,体验一卡通运行当天带来的不同,这种方式就会给观众留下很深的印象。记者等了两趟车才挤进公交车,在公交车上,因为太挤只好让前面的人把卡递过去才刷上,而且本来准备只坐一站就下车的记者,因为挤不下去只好又坐了一站。这些画面都非常生动,把一个普通的新闻做得很出彩。

向历史取材的方式也会影响到新闻的结构。如果用第一人称来叙述,就会形成倒叙的结构方式。比如在《幼童》里,一个男音以容闳的口吻讲述当时的故事,生动地展现了当时容闳负责第一批留学生的偶然性和必然性。如果从现在取材,则可以采用情景追忆、人物采访追忆或情景再现等方式,在结构上就可以形成历史、现实双线式。

2.结构要求

电视新闻的结构是一种较之文学作品更为复杂精细的结构,具有特有的叙述方式和表意系统,比如人(记者、主持人、播音员)、画面、同期声、解说词、音响、字幕等。这些表达符号在结构意义上就成了构成电视新闻结构的最小元素,就像文字一样,供我们遣词造句。

虽然电视新闻的表达符号具有多元性,使用的表达符号也不是单一的文字,但在结构要求上却万变不离其宗,不外乎:尊重新闻的真实性、结构完整和具有创新性。

(1)尊重新闻的真实性

因为结构和结构中情节的需要,有时候需要对新闻事实的发展过程进行分解(有时候是制造悬念的需要),有时候需要挖掘一些结构性的细节,甚至有时候需要情景再现。但前提都必须是以真实性为底线,不虚构,不歪曲,不违反新闻职业道德。结构是为内容服务的，如果内容不符合新闻的要求，再好的结构也没有意义。

(2)结构完整

一个好的电视新闻，在结构上应当有一个完整的叙事序列——起因，发展，高潮，结果。但很多新闻现在最容易缺失的就是起因和结果。在新闻报道中，我们需要的内容可能只是过程中的一部分，但我们仍然必须满足观众的心理需求，告诉他结果是什么。

比如，美国哥伦比亚广播公司《60 分钟》的一期节目《更好的性别》。这期节目是一个话题型题材，讲性别观念问题，60 分钟时间讲了 6 个故事。我们以第一个故事为例，节目讲述一对夫妇到一个能提高性别选择几率的诊所，想要一个男孩。在这个过程中，节目介绍了当前社会对生男生女的看法，还有这对夫妇为什么要男孩而不要女孩。节目接下来又讲述了另一个家庭的故事，他们想要女孩。按说，这时候什么问题都说清楚了，但是节目仍不忘告诉观众上一个故事的结果——到底他们生的是男孩还是女孩——结果是怀孕没有成功。虽然只有一句话，但没有给观众留下疑问。

(3)具有创新性

一条新闻可以有很多种做法，但是在长期的运作过程中容易模式化。比如上面我们举的那个例子——北京公交一卡通开始试用。一般的做法是：先告诉人们北京乘公交地铁可以刷卡了，然后采访乘客有什么好处，最后采访公交公司的领导开通公交一卡通的意义。这样的新闻传播效果几乎为零，而北京电视台采用的体验式报道形式就很吸引人。在当前新闻竞争激烈的情况下，新闻报道必须要仔细安排设计，才可能有竞争力。

第二节　电视新闻的叙事方法

在结构新闻的时候，我们最先确定的只是一个选题。如何把这个选题变成节目？如何用影像语言来展现事件、凸显主题？如何使新闻能够贴近观众？许多初涉电视领域的记者呈现出的电视作品往往大而空，或者通篇解说词贴空镜头；或者节目简单、乏味，观众看了开头便知道结尾。

这些问题实际上都是记者没有掌握好电视新闻叙事方法的表现。因此，这一节为大家介绍一个普遍适用的新闻叙事方法——微观聚焦叙事法。

一、微观聚焦叙事法

几十年的发展，电视报道已经逐渐形成了一个比较成熟的叙事模式——微观聚焦叙事法，简言之，就是新闻事件化、事件故事化、故事人物化、人物个性化。这实际上是一个具体化和形象化的过程，聚焦微观切入口，以此为抓手，展开叙述。中央电视台

《香港十年》剧组在创作该片时提出了"以真实为灵魂、以人物为主角、以故事为载体、以情感为核心"的创作宗旨，而万法归宗的落脚点是现实，其创作宗旨充分反映了当前电视新闻节目的报道思路和结构方法。

那么什么是新闻事件化、事件故事化、故事人物化、人物个性化？下面我们将一一阐释。

1. 新闻事件化——选择真实的事件

新闻事件化也可以称为"主题事件化"，就是指精心选择最典型、最具代表性的事件作为报道主题的载体，依托事件来勾勒、突出和深化新闻主题。无论是事件类新闻、主题类新闻或者现象类新闻，都要从具体的事件中寻求表达主题、展现新闻价值的途径。

图 2—4　中央电视台大型电视主题系列片《再说长江》摄制现场

在实际的报道中，尤其是面对现象类或主题类的报道，很多记者最大的问题是从概念着手，解说词贴空画面，这样的报道空泛而枯燥。为了避免这种现象，应该给这些主题寻找到生活中真实的事件与个案，使概念和主题在对事件、细节的展示中自然呈现出来，这才是新闻事件化的目的。新闻事件化实际上就是"用事实说话"，用真实的细节说话。比如大型电视专题系列片《再说长江》《香港十年》《澳门十年》等重大题材主题性报道都采用了这样的报道叙述方式。

2. 事件故事化——故事化的叙述方式

事件故事化就是以故事化的叙述方式来结构报道，以讲故事的方式来引出事件、解释事件，以此构造起伏和悬念，达到吸引观众的目的。也有人说，"所谓新闻故事化，就是打破惯常的'倒金字塔'式短、平、快的报道方式，而对新闻进行细节化、情节化的表现，凸显新闻事实本身含有的一些戏剧因素"①。

日本作家村上春树曾说过：故事是世界的共同语言。的确，人类天生就对故事有特别的偏好，从牙牙学语的孩童开始，最能打动他们的就是故事；人们爱听故事，也爱讲故事。在电视新闻报道中，如何用有吸引力的故事技巧来抓住观众，已经成为当今

① 吴丰军：《本土化、故事化、娱乐化——美国三大电视网的早间电视新闻节目的特色》，《南方电视学刊》2003年第6期。

电视媒体首先要考虑的因素。从西方新闻报道来看，西方记者天然地把新闻（news）看成是针对特定对象群的故事（story），他们经常说“This is my story ”而不说“This is my news”。电视新闻报道已经越来越重视“怎么说”，越来越注重讲述的技巧。正如中央电视台《再说长江》《香港十年》的总制片人所说：“只有你没有发现的故事，没有你不能使用的手段。”

3. 故事人物化——设置中心人物

新闻因人而生动。“故事人物化就是让新闻故事的主人翁立起来，用人物的命运变迁和具体感受来加深人们对新闻的印象，为新闻的主题服务。”[①]故事需要人物去承载，需要中心人物去讲述。在这里，对新闻事件人物的选取就至关重要。《60 分钟》制片人唐·休伊特（Don Hewitt）说：“我们不是讲故事的人，我们的对象比我们更擅长讲故事，我们只是帮助他把故事讲得更好。”[②]中央电视台孙玉胜认为：“人物是可以而且足以同时承载理性与感性的，从人物切入是一个巧招。”[③]在电视报道中，如果没有一个有个性的、有吸引力的人物，事件就失去了灵魂。正是这些千姿百态的人物众生相赋予了事件以人文情感和命运感。因此，如果我们把所有的技巧比喻成一个圆，那么人的因素就是这个圆的核心，所有的采访、报道、叙事技巧，最后的落脚点都是“人”，即使像动物世界、自然奇观这类题材，也都是因为采用了拟人化的形式或赋予了人文色彩才显得生动有趣。因为，观赏节目的是“人”，是具有共通情感的人。

4. 人物个性化——突出中心人物

人物个性化是指在新闻人物的刻画和描述中，注重细节的拍摄和描述，用细节来突出人物的个性，用细节来加深观众对新闻的印象。这一点是对故事人物化的补充和强调。

有人说：只有不好的采访，没有不好的采访对象，这是强调记者在采访中的主动性。在实际操作中，选择了一个好的采访对象可以起到事半功倍的效果。因此也有人说，好的采访对象如同好新闻，可遇而不可求。

二、微观聚焦叙事法操作原理

1. 怎样做到“新闻事件化”

“新闻事件化”最重要的一点就是将新闻选题具体化、形象化。

---

① 叶子：《电视新闻：与事件同步》，北京师范大学出版社 2007 年版，第 98 页。

② 周炯：《用好方法讲好故事——管窥美国 CBS〈60 分钟〉节目的成功之道》，《今传媒》2005 年第 3 期，第 49 页。

③ 孙玉胜：《十年》，生活·读书·新知三联书店 2003 年版，第 15 页。

电视是一个形象化的传播工具,传播的信息要依靠感性的画面语言来支撑概念、思想和感情。所以,电视新闻必须有一个具体的事件,以获取影像支持。事件类新闻不存在这个问题,因为它天然就有事件作为承载,但现象类和主题类新闻就要选择一些新闻事实将主题具体化。

从现象、主题到具体的新闻事件,有一定的流程,主要有两步:

(1)读懂现象和主题

对现象的发生、发展、原因、影响等要有一个深刻的了解,这样才能找到所需的新闻事件;对主题的直观表现、影响等要有深刻的认识,这样才能找到主题具体化的点。比如《香港十年》的主题就很明确,就是香港回归十年后,在“一国两制”制度下的发展与变化。如果没有具体的事实,只有十年的数据,那么这个节目只会变成一篇枯燥的“说明文”。所以,编导先将主题具体化,确定为表现香港回归十年里的“变与不变”,这样,事实的选择就有了清晰的目标。不管是“回归宝宝”张心柔还是 1997 年回归时中英政权交接仪式上的升旗手柴家辉警官,都成了主题下的人物。《香港十年》通过十年来这些人物的心路历程、切身感受以及个人命运的故事,使观众从细微处感受到了回归后港人对“一国两制,港人治港”的认同,共同见证“一国两制”制度的成功。

(2)选择具体的新闻事实

与现象和主题有关的事实有很多,在选题策划会上,编导们会把所有能想到的事件都列出来,然后进行筛选。选择事实的标准是:要有普遍性和典型性,能够起到“管中窥豹、可见一斑”的作用。具象的事件要能反映普遍的联系,同时又具有个性化的形象表现力,由此做到以小见大、从微观处看宏观。

特别是报道一些行政指令、管理举措、机制体制改革等抽象或宏观主题时,更应该落实到具体的点上,再从点上生发开来。比如下面这条新闻,它就从改革的终端去寻找一个具体可感的承受者,使这些抽象的举措变得可以触摸,以增强新闻的可视性。中央电视台 2006 年的一条长消息《市政府的 92 项权力——河北省推行行政权力公开透明运行试点改革纪实》[①],报道从市长王三堂说起。如果按照一般的报道思路,那就是采访王三堂,然后就是对一些行政措施、下属单位的执行情况进行介绍,画面配以成摞的文件、办公室墙上的报表、各种单位的挂牌等等。但是,这条新闻的报道者却另辟蹊径,寻找了一位似乎与机制改革很不相干的五金店老板,通过他的切身体会,向观众传达了政府行政权力不清给普通百姓带来的烦恼:“同一种产品,工商局也来检查,技术监督局也来检查,具体该不该检查,咱也不知道,咱也不敢问。”记者从一个很贴近百姓日常生活的视角来反观市政府存在的问题,随后再分析职责不清、交叉执法的原因、

① 孙芊芊:《试论宏观政策新闻报道的操作理念与实践》,《当代电视》2007 年第 4 期,第 72 页。

改正的举措以及分清职责后的成效，报道结尾又回到了五金店老板那里。解说词说出了五金店老板的心声："现在来店里检查的人明显减少了。"办公流程转变这样一个很抽象的选题，由于记者从现实生活中抓了一个貌似不相干而实际很有关联的折射点，就使这个选题变得直观有趣、生动亲切了。

在新闻事件化的过程中，一定要坚持"以真实为灵魂"，不能为了找到一个事件而不惜现场导演或者编造事实。

2. 怎样做到"事件故事化"

近年来，故事化的讲述方式在新闻中逐渐得到凸显，报纸杂志也开始提倡故事化的写作手法。2003 年 7 月《中华新闻报》的文章《故事化——新闻写作的一种思路》以及同年 9 月清华大学教授李希光在《畸变的媒体》中提出的"讲故事的新闻写作"等观点引发了新闻媒体对"故事化"写作取向的思考。在电视媒体领域，故事化的叙事理念也开始打破电视新闻、深度调查报道、纪录片等非虚构类节目平铺直叙、一击到底的模式，开始采用问题设置、峰回路转的方式。随后，这种模式在其他非虚构类节目中也得到了全面的拓展，"事件故事化"、"戏剧性和冲突性"、"悬念设置"等种种故事性的因素逐渐凸显。

《世界纪录电影史》一书的作者——美国学者埃里克·巴尔诺(Erik Barnouw)认为，早在弗拉哈迪(Robert Flaherty)的《北方的纳努克》中就显示出了故事技巧，"弗拉哈迪显然已经掌握了在故事片中发展起来的'基本原理'。这种发展不仅改变了技术，而且也改变了观众的欣赏习惯。弗拉哈迪完全吸收了故事片的手法，然而他却把它运用在既非作家和导演创作的，也非演员表演的题材上去了。这样，既保持了戏剧性场面感人的力量，又将其与真实的人结合起来了。"[①]最早将这种叙事方式引入电视新闻报道的是美国电视界，从美国老牌的杂志类新闻节目《60 分钟》《20/20》《日界线》《48 小时》到新近的美国有线电视新闻网的纪录片式节目《未告知的故事》，无不在竞争中探索如何用钩子式的叙事技巧抓住观众的注意力。随着美国探索(Discovery)、国家地理(National Geographic)等频道纪录片节目的出现，这一叙事模式更加得到了强化。

近年来，中国许多电视媒体都在研究节目如何以故事讲述事件，比如中央电视台的《新闻调查》《共同关注》《走近科学》《百科探秘》等栏目，它们都从悬念设置、氛围营造、故事结构等多方面来探索故事叙述技巧，这些探索也都为中国电视节目的叙事发展提供了很好的范本。

---

① 〔美〕埃里克·巴尔诺：《世界纪录电影史》，张德魁等译，中国电影出版社 1992 年版。

(1)故事的界定

什么是故事?什么是故事化的叙述方式?《现代汉语词典》(第6版)对故事的定义是“真实的或虚构的用作讲述对象的事情,有连贯性,富吸引力,能感染人”,“文艺作品中用来体现主题的情节”;希洛米斯·利蒙坎南在《叙事小说》中将故事定义为“一系列按时间顺序排列的事件”;法国学者茨维坦·托多洛夫(Tzvetan Todorov)将故事定义为“从一种平衡开始,通过不平衡达到新的平衡”。我们认为,托多洛夫对故事的定义最具有代表性和说服力。当一个事件原有的状态被打破,即产生了新的信息和推动事态发展的动力。从新闻的角度来说,报道即关注这些被打破平衡而出现的事物的新的状态,并跟踪事件的发展,形成后续报道。

电视新闻的故事化讲述方式就是充分利用新闻事实中的故事性元素,采用讲故事的方式展现新闻事件、结构报道主题。

(2)故事的要素

仔细分析,我们可以从主题、结构、悬念等方面来探讨故事化的叙事方式。

①故事主题

明确故事的主题,首先要对故事进行聚焦和窄化。在这里,聚焦主题可以采用这样的方式来考量:被采访报道的事件当中什么让记者最好奇?故事中最有趣的地方在哪里?从这个故事中,我们了解到多少以前不知道的事情?故事的主题决定着节目的发展方向,我们以此来组织叙述事件和人物。

比如,美国探索频道的主题,都是“人类本身已经感兴趣,但还弄不清楚的内容,是现实生活中曾经存在的或有待求证的事情。一类是自然的,如神秘的科学现象、大自然的奇迹、动物、风光旅游地,如《灰鲸迁移》《驯鹿返乡》等;一类是历史文化的,如文化遗迹、历史人物、风俗,如《寻找亚特兰蒂斯》《伊斯坦堡传奇》;一类是人类自身肉体和精神的,如身体结构、身体器官、情感和性,如《大脑》《认识两性》等”[①]。

②故事结构

关于结构,在上一节我们已经有所介绍。正如前文所言:“所谓新闻故事化,就是打破惯常的‘倒金字塔’式短、平、快的报道方式,而对新闻进行细节化、情节化的表现,凸显新闻事实本身含有的一些戏剧因素。”吸引人的结构在一定程度上自然也会营造出故事的气氛。

③悬念设置

设置悬念是叙述故事的重要手段。何为悬念?尽管许多栏目和研究都认为悬念是故事化最重要的方式,但我们应具体分析而不能笼而统之。悬念是钩,可以抓住观

---

① 陈刚:《解密Discovery——美国探索频道节目研究》,中国国际广播出版社2008年版,第100页。

众的注意力。《现代汉语词典》(第5版)对"悬念"的解释是:"欣赏戏剧、电影或其他文艺作品时,观众、读者对故事情节发展和人物命运很想知道又无从推知的关切和期待心理。"[①]悬念是"戏剧性故事的讲述者运用更有诱惑力的技巧……来吊你的胃口……从广义上讲,他埋下一颗炸弹,这颗炸弹可能是物质的,也可能是感情的,然后把它留到最后爆炸。就这样,它把戏剧中的能量释放出来,这种能量就是悬念"[②]。悬念的设置已经得到了中国电视媒体的更加重视。比如,中央电视台的《走近科学》栏目于2001年7月9日在科教频道开播,而后作为主打栏目进入十套晚间黄金时段节目群。在激烈的节目和频道竞争环境中,作为十年前在电视收视环境发生剧烈震荡的背景下出现的一个栏目,《走近科学》在叙事技巧、创作理念等方面都不啻是中国电视节目在竞争中求生存的一个缩影。《走近科学》研究、模仿了好莱坞及美国探索频道的叙事策略,尤其在悬念上进行了比较深入的探索。中央电视台另一档新闻栏目《新闻调查》也非常强调悬念意识和问题意识。

(3)讲故事的技巧

①强调熟悉的陌生化

一个人们习以为常的事物是不会引人注意的。"陌生化"就是要打破人们的这种惯常思想,采取一种有距离的视角,重新观察那些被我们认为理所当然的事物。[③] 这就需要记者在采访准备的时候多下功夫,在采访过程中也要抓住一些新奇的情节。

比如在《走近毛泽东》的片头中,画面先给出了一张大家都熟知的毛主席戴帽子的照片,很多人也知道帽子是在拍照前匆忙戴上的,但很少有人知道这顶帽子当时是斯诺的。这就是一个陌生的信息,可以吸引观众继续往后看下去:为什么会是斯诺的呢?当时发生了什么故事?

但是强调陌生化,并不意味着越陌生越好、越极端越好。根据受众的选择性接触心理,人对自己有一定认知的事物是感兴趣的,熟悉的信息有时候会引起观众的共鸣或激发其满足感。

②用细节和事实说话

细节是电视新闻一直强调的,要讲好故事更不能没有细节。故事本来就是由"谁(who)"、"在哪(where)"、"发生了什么事情(what happened)"构成的,如果想把故事说好听,就必须为观众还原一个场景。这个场景越是有细微处,便越能让观众有一种亲身体验的感觉。好的新闻没有一个是没有细节的,好的细节不但能够揭示新闻主

---

① 中国社会科学院语言研究所词典编辑室:《现代汉语词典》(第5版),商务印书馆2005年版,第1543页。

② 周健、王培铎:《论悬念的焦点》,《大连教育学院学报》2000年第6期,第28页。

③ 潘知常、孔德明:《讲"好故事"与"讲好"故事:从电视叙事看电视节目的策划》,中国广播电视出版社2007年版,第52页。

题，更能加深新闻在观众心中的印象。比如汶川地震的时候，张泉灵在采访中听到村民说“我们的房子碎了”，于是她就以背后的瓦砾作为背景，做了一个感人的现场报道。

细节的力量是巨大的。曾有这样一个感人的故事：一个双目失明的乞丐沿街乞讨，脖子上挂着一块牌子——“我看不见”，但每日所得甚少。大诗人拜伦怜悯他，提笔在牌子上添了四个字，一时行人纷纷解囊。他添的字是：春天来了。“春天来了，我看不见。”就是这句话感动了所有的人。春天这个场景给了人们一个想象的空间，才让他们对眼前的盲人产生了深深的怜悯。

③注意节奏

要抑扬顿挫，跌宕起伏，避免平铺直叙。根据传播学的“需要与满足”理论，受众要想得到满足，就必须要有需求，所以，电视新闻除了在选题上要为受众需求考虑以外，对信息的处理也要有节奏感，要从头到尾牵着观众走，有张有弛；既要及时提供信息，回答观众心中的疑问，又要留有余地，吸引观众继续看下去。

好莱坞大片要求7分钟必须有一个高潮。电视新闻，特别是比较长的专题节目，也应该有节奏感：信息量大的段落之后，是不是要有个信息解读？理性分析之后，是不是可以加一段感情段落？

④渲染与升华

运用音乐与特效手段进行适当的渲染与升华。

今天的电视特别注重音乐的感染和强化作用。人的情绪很容易被音乐感染，不管是欢快的还是悲伤的、低沉的还是激昂的。只有有了音乐，观众才容易在节目中注入自己的感情。比如纪录片《俺爹俺娘》的最后，当焦波告别他娘的时候，音乐起；当焦波走到楼下的时候，镜头从下往上，看到她年迈的母亲向下面挥手，景别越来越大，窗户越来越远，音乐也随之达到高潮。看到此场景，听到此音乐，无人不潸然泪下。当然，音乐的使用是在事实基础上的合理升华，而不是简单的空穴来风。

特技也会给叙事增光添彩。因为电视不善于表现感性的、心理层面的东西。正是有了特技，电视在表现手法上才如虎添翼，可以用特技处理过的意向镜头表现有内涵的东西。

3. 怎样做到“故事人物化”

如果一条新闻让你印象非常深刻，那很有可能是新闻中的人打动了你。所以，“故事人物化”就是要求新闻走出以事为中心的误区，关注新闻中的人。

西方电视新闻报道遵循3C原则，即“Compelling Central Character”，意为“引人注目的中心人物”。在这里，中心人物是一个概述，阿尔·托普金斯(Al Tompkins)指出：“实际上在报道中，中心角色通常是一个人，但有的时候也可以是一些事物，比如老教堂、墓地等，是一切能够激发观众情感的形象性元素……中心角色的设置是节目传达信息、讲述故事的重要机制。”[①]“要有人物驱动的戏剧化故事”，找到一个强有力的讲故事的人物，尽快在屏幕上放一张脸，这张脸是能够生动地讲述故事的脸。《俺爹俺娘》中的焦波、《台北故宫》里的庄灵、《杨柳坪七日》中的叶光明、杨正红夫妇、《再说长江》里的冉应福等等，这些生动的作品背后都是生动的人物形象。

(1)中心人物的功能

具体来说，电视新闻节目中的中心人物承载着如下功能：

- 中心人物具有典型性和代表性，代表一个群体或者一个集团的整体形象，中心人物具有以个体反映整体、以个别反映普遍的功能；
- 中心人物能够推动事件向前发展，通过中心人物的行为动态、矛盾冲突，使事件往前推进；
- 通过中心人物的语言、行为等动态因素，以人际交流的方式向观众传达信息；
- 中心人物使节目蕴含丰富的人文内涵，从而摆脱概念与说理的简单状态，传递出生动而丰富的人文信息。

(2)中心人物的判断标准

如何在纷繁芜杂的生活中发现中心人物？如何在事件中梳理出中心人物？我们认为，节目中的中心人物可以按照以下标准去判断：

- 中心人物首先是事件当事人、核心人和见证人，是离现场最近、对事件细节信息最为了解的人物。在我们选择采访对象作为片中中心人物的时候，可以设置这样的问题来判断中心人物对事件信息的权威性：“事发时，你在哪里？”“你从事这项工作有多少年了？你对这个问题关注多长时间了？（你有足够的经验吗？）”

在人物建之于事件权威性方面的判断上，中央电视台访谈中心原制片人杨继红提出过“同心圆”理论[②]：

在这个同心圆中（图2—5），居于中心的是当事人——与事件有直接关系的人。“当事人，是事件的参与者，他们要么促成了事件的发生，要么受到事件的直接影响。”[③]

在当事人外围的是目击者——事件见证人。比如北京电视台原有栏目《第7日》

---

① Al Tompkins, *Write for the Ear, Shoot for the Eye, Aim for the Heart—A Guide for TV Producers and Reporters*, Bonus Book, 2004, p. 35.

② 包军昊、张晓明：《相聚〈新闻会客厅〉》，文化艺术出版社2006年版，第151页。

③ 〔美〕威廉·E. 布隆代尔：《〈华尔街日报〉是如何讲故事的》，徐扬译，华夏出版社2006年版，第24页。

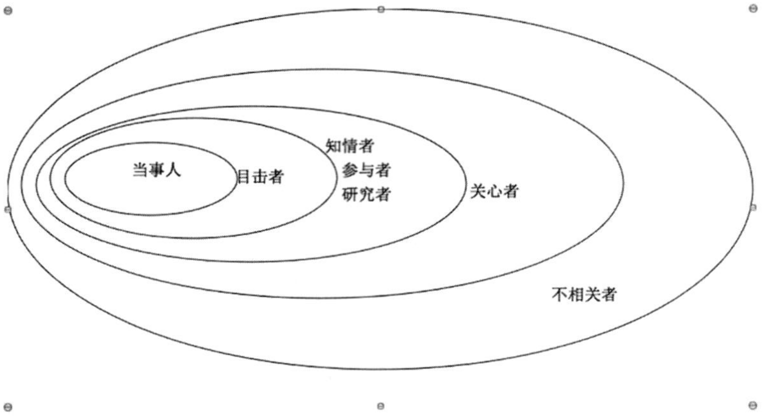

图 2—5 选取中心人物的"同心圆"理论

的一期报道,《京华时报》的一位记者拍到了醉鬼横躺马路中央、造成交通堵塞的事件,而《第 7 日》栏目并未拍到这个现场。于是记者请这位《京华时报》的记者在事发现场讲述事件的前因后果,画面配上这位记者所拍的新闻照片。主持人导语说"侯宝林曾经讲了一个醉鬼的相声,而昨天在北京就上演了这一幕"。我们看到,在节目中,《京华时报》记者仿佛在以单口相声的形式生动地传达事发时的信息。这篇报道避开了缺少现场的劣势,努力寻找新闻的第二落点,扬长避短,在"怎么说"上做足文章。

再外围的是知情者、参与者、研究者,即长期关注事件、对事件前因后果有深入了解的人士。比如《台北故宫》第二集《北沟烟雨》讲述了台北故宫博物院的文物刚被运到台湾,在北沟储存与展出的情形。经手这批文物的当事人庄灵的父亲庄严已经过世,于是节目以最熟知这批文物在北沟时的情形的庄严的小儿子庄灵为贯穿节目始终的中心人物。节目通过跟随现在已是摄影家的庄灵重回北沟,听他讲述台北故宫文物在北沟的情况。

最外围的是与事件毫无关系的人士。

在这个同心圆的结构中,当事人—目击者—知情者—相关人等的重要性和地位是由内而外递减的。因此,记者对中心人物的选择也是从内到外依次进行的。

- 中心人物具有典型性。中心人物能够折射出一个群体的形象。他既有这个群体共通的情感,同时又能观照这个群体共同的特点。
- 中心人物具有个性。中心人物不是符号,不是抽象的个体,不是千人一面、毫无特点的人物,而是承载着普遍情感但又具有独特故事和个性的人物。正如包军昊所说:"关于人物?……不是为完成采访而说话的'工具',不是某一因节目需要而出现的'身份',而是有血有肉、有个性、有真正喜怒哀乐的活生生的人。”[①]威廉·E. 布隆代尔认为：“当事人的所作所为或者他们的言语中，必须有一些令人感兴趣，又与事件紧密相连的信息。”[②]

- 中心人物的命运感。中心人物具有个性化的、曲折的经历，有的栏目称之为“传奇”的经历。这样的经历使人物离观众忽远又忽近，从艺术上来说即是“熟悉的陌生化”。远，意味着人物的故事、经历中新鲜的东西使观众产生好奇，不至于太过熟悉而产生乏味感。近，意味着人物本身折射出与观众相通的情感——美、丑、善、恶、坚持、忍耐、奉献等等观众可以产生共鸣的联系。比如2009年英国独立电视台(ITV)的《英国达人秀》(Britain's Got Talent)选秀节目吸引了全世界的目光，目光聚集的焦点就是参加比赛的一位普通苏格兰乡村农妇“苏珊大婶”。苏珊现年47岁，出生时因为缺氧导致认读困难症，她未曾婚嫁，与母亲居住在一起，喜欢唱歌。在母亲去世之后，苏珊大婶参加了《英国达人秀》选秀活动，按照她的说法是想进入歌唱界并找到一位如意郎君。在选秀之初，面对这位口齿都不甚清楚的苏格兰小镇出来的农妇，评委和观众都表现出了不屑与冷嘲热讽。但是苏珊以一曲《悲惨世界》中的《我曾有梦》技惊四座，她的独特经历与近乎专业的歌唱使她迅速成为节目的核心因素，吸引了全世界众多观众的目光。虽然苏珊的成长经历奇特，与许多观众相去甚远，但是她在比赛中所表现出的坚持、真诚、率真、心无旁骛的人性情感却与观众相通，这个现代“阿甘”式的人物故事成为电视媒体与互联网争相报道的人物。
- 中心人物是能在镜头前讲述故事、表达情感的人。由于电视媒介的视听形象性因素，节目的中心人物是通过其语言、表情、手势等形象因素来传达信息的。在选择中心人物的时候，要考虑其表达能力。表达能力强的中心人物会在记者的采访中自然、生动地讲述自己的故事，传达信息，从而使节目生动、富有感染力。

下面我们来分析一下《再说长江》中的《告别家园》一集的中心人物。这一集围绕“家国情怀”的主题，记录了长江三峡之一瞿塘峡附近大溪村村民的迁徙过程。贯穿节目始终的中心人物是49岁的船长冉应福，编导之所以选择他作为这一集的重点，源于他有如下特征：

有代表性和典型性。冉应福一家居住在正对瞿塘峡的山脚下，而他也在迁徙之列。同当地村民一样，300年前，冉家随“湖广填四川”而移民到长江三峡。300年后，

---

① 包军昊、张晓明：《相聚〈新闻会客厅〉》，文化艺术出版社2006年版，第29页。

② 〔美〕威廉·E. 布隆代尔：《〈华尔街日报〉是如何讲故事的》，徐扬译，华夏出版社2006年版，第24页。

他们又因为国家建设而迁移到安徽省。300 年的历史跨度一下子打开了节目的叙述空间和历史体验,使节目格局宏大、气度不凡。

有个性。冉应福是大溪村一带驾驶技术最好的船长,常年与长江风浪作斗争,坚韧、有魄力。同时,作为一名船长,他身上既有“家”的情感,也有“国”的情怀,是“大我”与“小我”相结合的“家国”情怀的集中表现。

表达能力强。冉应福言语幽默、情感切切。当他在自己家族祠堂前接受记者采访时,谈到等自己迁移到安徽居住了,就在自家门上写一副对联,上联是“满清兵乱填山川”,下联是“中华建设移平原”,横批是“反正爱国”。这副对联生动、有趣,充分反映了中心人物的情怀。在临别的船上,冉应福向乡亲们朗读了他亲自书写的离别信《别故乡》,深切抒发了其舍“小家”保“大家”的感受。中心人物的这些言语和细节场面强化了节目主题,帮助编导推动了事件的叙述,同时也成为节目升华思想的重要元素。

(3)中心人物的选择

总的说来,电视节目中的中心人物在于记者的发现、判断与选取,这就要求记者花费大量的时间去筛选和判断。但是新闻是与时间赛跑的,通常的情况下,我们无法有大量的时间去占有资料、筛选人物。因此,对中心人物的选择常常表现得捉襟见肘。其实,在这个问题的具体处理上,我们既要坚持在事件与生活中寻找与发现,同时也应该打开思路、借势而为。

我们在前文中着重谈到了事件当事人、亲历者、见证者等作为中心人物的作用。除此之外,我们不要忘记,在某些情况下,记者本身就是一个很好的讲述故事的中心人物,记者的调查与寻访可以为观众带出事件背后的信息,记者的出镜报道可以为观众讲述事件的来龙去脉。美国哥伦比亚广播公司的《60 分钟》、中央电视台的《新闻调查》等调查性节目无不以记者作为节目中揭开事件真相的中心人物。认识到记者能够成为节目的中心人物,可以增强我们对事件采访与报道的主动性。比如,在有些纪录片中,当纯粹、冷静的记录无法在短时间内集中表现缓慢的生活状态时,记者的实时交流与挑动就成为可能,并借着记者与对方的交流把散漫的生活状态集中呈现出来。

除记者自身之外,我们还可以引入第三方,比如专家、研究者,甚至一些物件等等,把这些人或物引入事件中,借其力推动故事的叙述。比如上文提到的《走近科学》中“牛下的蛋”这期节目,为了弄清“牛下蛋”的事实真相,作者请到了中国农业大学教授孟庆祥参与其中,通过孟庆祥研究团队的考察过程,为观众层层揭开牛下蛋的谜团。美国国家地理杂志频道、探索频道的节目也经常借专家、研究者之力,通过记者与专家、研究者的合作,使节目讲述专业、细节丰富。

在《新闻会客厅》之《伊朗救援归来》这期节目中[1]，主持人对从伊朗参加救援归来的中国国际支援队领队徐德诗、队长马庆军做了专访。在专访现场演播室中，还有两个特殊的嘉宾：一只叫贝利的搜救犬以及驯犬队长艾广涛。在中央电视台的演播室，这只搜救犬为节目增添了许多趣味。比如主持人白岩松在节目开始的提问，“这一次，它的临门一脚踢得怎么样?”在节目结尾的互动环节中，观众提出了许多针对贝利的问题。正是这只搜救犬，让本来不是特别有故事性的话题变得生动而富有人情味。

而《新闻调查》之《杨柳坪七日》那只象征着希望的小猫、《俺爹俺娘》中焦波的那台照相机等等，都是托物言志的典型。

三、新闻策划的运用

人们对新闻策划的重要性已经不再质疑。策划的好与坏，有时候会直接影响到新闻的好与坏。“新闻事件化，事件故事化，故事人物化，人物个性化”这四点虽然看起来是一气呵成的，但实际在操作过程中必须经过精心的策划才能实现。所以我们把它单独拎出来，重点强调在这个叙事模式中该怎么进行新闻策划。

1. 策划第一步——发现具体的事件作为载体

策划就是强调人的主观能动性，提前树立明确的目标和行动方案，在新闻采集过程中，主动地去选择、挖掘素材。就像做菜一样，如果你只想做点家常菜，一般家里的材料都足够了；但如果你想做点特别的菜，就得提前准备特别的食材才行。新闻策划就是为制作出精彩的、吸引人的节目所做的工作。

在做新闻的时候，我们会把主题类新闻和话题类新闻叫做“命题作文”，题定了，具体采访什么就看记者的策划了。比如春节特别报道，“3·15”特别报道，还有“5·12汶川地震周年报道”等等。在这样的报道中，策划是第一步，也是最重要的一步。

2008年汶川地震的时候，《新闻调查》记录了北川县一个叫杨柳坪的村庄七天的生活，名为《杨柳坪七日》，片子里村民们那种面对死亡的坚强感动了很多人。2009年5月2日，《新闻调查》策划了一期特别节目《清明·杨柳坪》。

> （演播室导语）去年大地震后，《新闻调查》记录了北川县一个叫杨柳坪的村庄七天的生活，不管从那些饱受创伤的人身上，还是从地震中幸存下来的一只小猫身上，我们都看到了生命的力量。一年中，他们一直让人惦念，清明节，是北川开城、缅怀亲人的日子，也是万物生长、绵延不息的季节，我们在清明重访杨柳坪。

---

① 中央电视台《新闻会客厅》2004年1月5日播出。

"清明节,是北川开城、缅怀亲人的日子"——这句话就点出了现在的一个契机。也是记者策划的一个表现,如果不是开城这个由头,就缺乏报道的切入点。

(一年前的画面)汽车行驶在一年前曾经行驶的路上,画面采用分屏处理。一边是已经修好的路,一边是地震后乱石满地的路。

这个画面没有解说,但是我们能从中感受到一年来的第一个变化:路修平了。这也是记者在策划后捕捉到的,如果没有在前期想到这条路,就不会拍到地点、景别完全吻合的镜头。

(记者出镜报道)这里是北川,在县城旁边的这条路,通往景家山上一个叫杨柳坪的村子。去年地震之后,我们就是从这儿跟随一对夫妻回到他们的家,记录了这个村庄。在灾后七天的生活,当时这条路上到处都还是地震之后砸下来的石头,这条路都是被堵塞的,我们只能靠摩托车才能够勉强通行。现在这条路已经修复了,这意味着交通和运输的恢复。但是对一个在地震中几乎被完全摧垮的村庄来说,重建的路会是漫长和艰辛的。一年之后,我们重回杨柳坪去探望他们。

记者这个时候不失时机地做了现场报道,也把"路"这个眼前的事物引申到更深一层的含义——"重建的路",点出了这个片子的主题——汶川重建一周年回顾。之后记者一一重新走访了在《杨柳坪七日》中走访的那些家庭。画面采用一年前后对比的方式,向人们展现了一年后这些灾区人民的生活状态。这个策划可以说是非常成功的。

在西方媒体中,这种选题策划也很多。比如"9·11"一周年的时候,《20/20》策划了一期节目叫《婴儿聚会》。

(节目宣传片解说词)63名婴儿,这些婴儿的爸爸在"9·11"事件中丧生。我们安排了一次特别的聚会,63名活泼好动的婴儿,252只灵活的手脚。我们第一次看到悲喜交加的影像;听孩子母亲诉说这一年的情绪起伏;人们在瓦砾中为她找回丈夫的结婚戒指;我们跟这些家庭相处了1年,为出生3星期的婴儿抽取DNA……你们捐的善款都收到了吗?他们现在的生活过得怎么样?这些孤儿寡母首次走在一起,分享甜蜜的笑声,谈到丈夫的残肢,互相送上欢笑与安慰,相信黑暗过后光明重现。

很多人都知道,人多的时候,特别容易出情绪。编导就策划了这样一个聚会,并选择了一个让人触物生情的地方——纽约世贸中心遗址。很显然,编导就是要让这些人的情绪在这里爆发,因为在事件发生现场采访出的故事最动人。这就是策划的结果。

在处理话题性新闻的时候，体验式报道也是一种策划。比如北京一卡通实施的时候，记者就通过亲身体验来报道这一消息；再比如为了倡导城市文明，记者假扮孕妇乘车，测试市民的文明程度。这些策划让新闻有了故事性的依托，也让新闻画面生动起来。

2.策划第二步——以故事结构事件

根据新闻的真实性原则，事件里的故事肯定是不能策划的。在这里，策划的作用之一，就是让故事通过画面语言形象地展现出来。

这一点靠的就是记者在新闻现场的观察力。我们在看电影的时候会发现，如果在画面中出现一个细节的特写，那么这里肯定有故事，这个细节就是一个伏笔：抓住一个细节，是为了还原一个故事。在新闻现场，在采访过程中，记者一定要有敏锐的洞察力，这样才能挖掘到不为人知的故事。

策划的灵感也来自对生活的观察和感悟，只有有充分的人生体验、生活阅历才能捕捉到一些别人想不到的细节。笔者曾采访过一位画家，他说他小时候生活特别苦，但他母亲还是特别支持他画画，让他去少年宫学习，但母亲在他 15 岁的时候去世了，他的生活一下子变得阴暗了。这点触动了笔者，觉得这会成为片子一个很好的转折点。但是前面部分材料略显干涩，很多人都去少年宫学习过，说母亲支持没有故事支撑。笔者想到了自己小时候喜欢画画的那个场景：破旧的小屋，但是采光特别好，每天早晨就坐在那儿画，一直到光线变暗，到现在想起来都是一种幸福。所以笔者就追问他，你能不能讲讲在你母亲在世的时候最难忘的场景。他就讲出了一个感人的故事：在他 11 岁的时候，他母亲专门给他布置了一个画室。这个画室是他家的一个小南房，里面堆着喂猪的东西；没有桌子，他母亲专门找人打了一块水泥板，然后用砖支起来，就成了桌子；没有颜料盘，就用家里的大海碗做颜料盘。他母亲还喜欢养花种草，所以他记忆中的夏天，听着知了叫，看着窗口伸出来的花，在小南房里安静地画画，这是他最幸福的事情。试想，如果没有笔者自己的回忆，也问不出这样故事来。

策划的作用之二是推动故事的发展，让故事更好看。生活中的事情肯定是平淡的占多数，所以可以通过策划激发出故事的看点来。比如在《清明·杨柳坪》中，记者在看到叶家的房子盖起来之后，就问到了他们第二个愿望。

(2008 年画面)杨正红：第二个希望就是，我们能自己亲生一个小孩，不管是儿是女我们愿意自己生一个，好好地培养他。

叶光明：还是像以前培养那个小孩一样。

(2009 年画面：解说)至今小生命没有降临，这更加重了叶哥对儿子叶强的思念。虽是一年之后的重逢，叶哥还是把从北川老县城里找到的儿子的遗物拿给我们看。

(叶光明进屋翻箱子里找遗物,发现锁着,就返回来拿钥匙)叶光明:把钥匙给我。

记者:为什么锁起来了?

杨正红:不想给他看。

(叶光明拿出来给记者看)叶光明:我进县城就拿了这么些东西,红领巾捆起来的。

杨正红:这个是2006年的。

叶光明:这是2006年的。

记者:那时候多大啊?

杨正红:2006年。

叶光明:2009年10岁。

记者:这是得了"三好学生"的。

叶光明:这个是拿朵花。

杨正红:当时照了拿照片的时候,我说你这个照得好丑啊。

记者:书法竞赛,这么能干。

叶光明:还很多,有些我没要,这张是最后一张奖状,2008年,看到这张就可以看到"5·12"地震的时候。

(杨正红忍不住悲伤,走了出去,叶光明跟过去拍着她)叶光明:没事,其他的没事,烤火、烤火、烤火。

通过记者的采访,母亲失去孩子的感情表露了出来。记者的采访看似顺势而为,但从前后两年的对比以及与采访对象的沟通,可以看出是提前策划的结果。

再如央视《焦点访谈》的一期节目《罚要依法》中有这样一段:一辆在公路上行驶的货车,前方路边一个戴墨镜的交警在离车数十米处举起一张罚款单,并示意停车。交警递过一张没有罚款理由的罚单说:"20。"车上的人拿出10元钱说:"给10块算了。"交警一把抢过10元钱。车上的人问:"这是什么钱?"交警招招手说:"来来来,下来我告诉你!"车上的人说:"照顾一下吧?!"交警用舌头舔了一下手指,又撕一张罚单,"再来20",并很不耐烦地用手上的罚单拍打着车门窗的玻璃。车上的人说:"照顾一下算了,空车。"该交警提高嗓门吼道:"40!"这个细节强烈的现场感真实地再现了少数地方交警乱罚款的恶劣行为,令人触目惊心。[①] 这是在记者策划中的隐性采访下捕捉到

① 唐潮:《电视新闻:用细节说话》,《视听界》2009年第3期,第103页。

的。这些策划不但给了观众一个生动的故事，也使人物形象更加真实、生动。

第三节　电视新闻的叙事理念

一、电视媒介中“人”的凸显

纵观近二十年来中国电视新闻的发展，我们看到，与当今时代“以人为本”的理念发展同步，媒体中“人”的因素也得到凸显。很长一段时间里，中国新闻学界有一场关于新闻是“事学”还是“人学”的讨论，学者们观点不一。其实这个问题很好回答：新闻是“人事之学”，人与事不可分离。当前，“以人为本”、“人文精神”、“人文关怀”越来越成为当代媒体的价值核心，主要表现在以下三个方面：

1. 电视媒介功能的转变

同其他媒体一样，电视一开始的最主要功能就是党和人民的“喉舌”。20 世纪 90 年代之前，电视媒介上全是“新闻联播体”的新闻，在新闻中只见集体不见个人，只见英雄不见普通人。

随着社会的发展，人的主体意识觉醒，电视媒介的其他功能逐步得到强化。特别是在网络出现以后，观众接触信息的主渠道和方式发生了变化。电视不但失去了原来的权威，而且为了赢得市场份额，越来越放下架子，不断花样翻新，以赢得观众的喜欢。

现在，人们的生活节奏越来越快，生活压力越来越大。在这种状态下，人们打开电视要的就是轻松娱乐，并在娱乐中补充一些必要的信息。所以，随着时代的要求，电视的功能也开始由信息传播向娱乐大众转变。

2. 电视新闻栏目设置的趋势

除了时代的要求，电视媒体自身也在觉醒。中国电视界普遍认同的电视的三次革命，说的就是电视自身的改革。第一次以央视的《东方时空》为发端；第二次以湖南的《幸运 3721》以及《快乐大本营》为标志；第三次则肇始于江苏，以《南京零距离》为代表。[①] 这三次革命完成了从精英到明星再到平民的回归。早在第一次革命的时候，电视新闻界就已经喊出了自己的口号：“讲述老百姓自己的故事。”直到现在，这个口号仍然不过时。

从电视新闻栏目的设置上，我们可以看到这样三个趋势：

第一个趋势是人物专栏节目逐渐增多、栏目逐渐成熟，从中央电视台新闻改革之

---

① 李幸：《十年来中国电视的第三次革命》，《视听界》2004 年第 1 期。

初的《东方时空》子栏目《东方之子》到《实话实说》《艺术人生》《面对面》《高端访问》《新闻会客厅》《人物》等，各种人物访谈和人物传记节目在形式、人文故事、人性探求等方面都做了有益的探索并逐渐成熟。

第二个趋势是新闻栏目、纪录片中以人性探求、以“人”为基点的报道与创作得到极大扩展，中央电视台的《新闻调查》栏目、江西卫视的《传奇》、“5·12”汶川大地震直播报道，中央电视台纪录片《再说长江》《香港十年》《澳门十年》等，电视新闻报道各个领域、各种体裁的节目都折射出“人”在其中凸显的趋势。

第三个趋势是电视媒体逐渐开始以普通人为主角，以普通人的情感为核心，感动着普通人的感动。有人说：“我们要把人放大、人要有名字、有故事。”这里的“人”，即是普普通通的“人”。

3. 电视新闻叙事方式的变化

伴随着电视新闻的三次革命，中国电视的叙事方式也发生了本质的变化。

①政论文时代

从 1978 年《新闻联播》开播以来，电视新闻就以政治挂帅的政论文为主。这个时代的电视就是报纸的“广播加画面”版。

②说明文时代

在电视新闻的发展中，电视越来越意识到自己作为一种声画双通道传播媒介的优势。在这样的背景下，出现了一种唯美的电视新闻片，它们画面优美、解说优美，还配以优美的音乐。因为解说词用来说明画面的所有内容，我们称之为说明文。虽然画面没有叙事，但这个时代仍然有所进步：解说词一改原来僵硬死板的播音腔，采用了一种平实亲切、朋友式的交谈语气，试图通过人称的变化和语气词的使用来获得与观众的交流感。

③记叙文时代

记叙文就是以叙述为主要表达方式，以写人物的经历和事物发展变化为主要内容的一种文体。简而言之，就是叙述故事。20 世纪 90 年代以后，在《东方时空》的带领下，电视逐渐开始“讲述老百姓自己的故事”，把居高临下的灌输宣传方式改为平等交流的传播方式，由此进入了“讲故事”的时代。电视开始关注普通老百姓的生活，开始有了情节化的叙事、情感化的表现，开始通过画面构建细节情境，展示事件的可体验感。2000 年以来，以《发现之旅》为先导，以《走近科学》为导火索，电视开始引发社会对故事化的关注，悬念式的叙事方式更是大行其道。

二、电视新闻的核心是“人”

1. 以人为主体的报道方法

人是新闻报道的主体，美国《最佳普利策新闻奖作品》一书的引言便着重谈到了人作为新闻报道的核心因素：“新闻之所以重要，主要有一个原因，那就是：人。它写人，影响人。而且通常只有当它对人有影响时，最无生气的题目才会显得重要。”“人是新闻的理由，写新闻时每个记者都应从人的角度去探索。”“记者写人越多，新闻报道对读者就越有趣，越重要，人比无生命的事实更令人感兴趣。人的题材更易于唤起读者的反应。”[①]哥伦比亚大学教授麦尔文·曼切尔(Melvin Mencher)也说：“对于涉及抽象的东西——思想方针、政策、发展等方面的报道，这个技巧是有用的。它的要求是：找出一个人，一个有代表性的人，他是受影响的，或者被卷入的，把这个人作为某一情况，或者这一情况的原因或后果的例子来写。”[②]

唐代诗人李绅的《悯农》写道：“锄禾日当午，汗滴禾下土，谁知盘中餐，粒粒皆辛苦。”放在诗人面前的是一碗白米饭，而诗人却感悟出这背后的“人”的因素。记者在新闻报道中也应该充分关注一个事件、一个事物背后的人的因素，挖掘事件背后的“人”的故事，报道才会呈现出立体而丰富的一面。正如《新闻调查》主持人长江所言：“再好的一个节目，没有打动人的地方也不能算好。什么东西能够打动人？不是主持人和记者，是主持人和记者的采访对象，是屏幕上被采访的那件事，是这些事的当事人他们的命运、他们过去和今天的活法、他们的人生态度、喜怒哀乐、艰辛坎坷乃至心灵的挣扎。”[③]

2. 人本意识

电视以其直观形象的特点对于表现“人”具有独特的优势，这是从方法论上来说的。从报道观念来看，记者应该具有人本意识，以“人”为中心，具有体察普通民众感受、悲天悯人的人文情怀。中国古代儒家思想提倡“老吾老，以及人之老；幼吾幼，以及人之幼”，“己所不欲，勿施于人”，尊重生命、尊重人，以己推人，以普通人的心态、平民的情绪去体察历史和时代。《论语·乡党》记载了两千年前儒家思想家孔子的一则故事：“厩焚。子退朝，曰：‘伤人乎？’不问马。”是说有一天，马棚失火，孔子退朝回来，只问伤着人没有，没有问马怎么样。这是孔子仁者爱人思想的反映，是尊重人、重视人的

① 〔美〕威廉·大卫·斯隆等：《普利策新闻奖最佳作品集》，丁利国等译，中国新闻出版社 1987 年版，第 13 页。

② 〔美〕麦尔文·曼切尔：《新闻报道与写作》，张争译，中国广播电视出版社 1996 年版，第 59 页。

③ 《新闻调查》栏目组：《“调查”十年——一个电视栏目的生存记忆》，生活·读书·新知三联书店 2006 年版，第 149 页。

实质体现。

中国当代著名诗人舒婷在《神女峰》中曾这样写道:“与其在悬崖上展览千年,不如在爱人肩头痛哭一晚。”在悬崖上千年展览与伏在爱人肩上痛哭的酣畅淋漓形成了强烈对比。诗人从普通人的情感出发,对伫立在长江边的神女峰提出了一种全新的道德审视,对受传统道德束缚而泯灭人类情感的文化观念进行了批判性的思考,这是对人类普遍情感的重视。

电视报道中对“人”的重视是随着中国社会的发展而逐渐显现的。过去的社会观念强调集体,忽视个性,突出“大我”,忽视“小我”。许多俗语也抑制个性的闪现,如“人怕出名猪怕壮”、“木秀于林,风必摧之”。随着社会的开放、民主的发展,从过去单纯从政治、集体等方面的重视逐渐转换到对个人的重视,电视报道也开始强调人性化、个性化的因素。《面对面》栏目语说,“我们关注时代、关注时代发展中的人”,过去中国电视媒体的报道大多为“见事不见人”、“见物不见人”、“见集体不见个人”。比如在对灾难性事件的报道中,过去我们强调灾难性事件发生时各地政府部门如何采取措施救助,而忽视对灾难造成的影响、人员伤亡情况进行报道。随着近年来社会的发展,电视节目逐渐开始以“人”为中心结构报道,在电视新闻报道中如此,在纪录片中更是如此。中央电视台《新闻调查》之《一只猫的非常死亡》这期节目,从最初对虐猫事件的调查,最后落脚到对虐猫当事人的人性关怀,这一落脚点使节目平衡、理性,充满了对“人”的重视。应当说,从“人本意识”来看,记者应该具有对时代、社会发展的前瞻性思考,顺应时代潮流,在新闻报道中体现出开放、包容的心态和人类终极关怀意识。

3.人性的探求

“所有被称为伟大的故事,都来自伟大的创意,几乎所有伟大的故事创意中,都有一种人性的展示。”① 人性具有永恒性,几千年来,人性是一个相对恒定的因素。描写人性构成了文学作品中的重要因素。高尔基说:文学是人学。同样,让电视新闻报道生动的元素也是报道事件中所牵扯出的复杂的人性,人性中的善、恶、美、丑成为报道中不变的核心。原中央电视台《新闻会客厅》制片人包军昊认为,人性与故事性构成了《新闻会客厅》的两个核心因素:“所谓人性与故事性,是指无论是高官,或者平民百姓,栏目都从人性的角度出发,挖掘他背后的东西。叫‘勤会高官贵人,常见布衣百姓’。”②

《寻找小王丽的家》中继母、父亲在镜头前的人性刻画,《收棉时节访棉区》中欲盖弥彰的狡黠的员工,《罚要依法》中蛮横无理的交警,《透视渗灌工程》中作假的地方官

---

①　〔美〕威廉·E.布隆代尔:《〈华尔街日报〉是如何讲故事的》,徐扬译,华夏出版社2006年版,第213页。

②　包军昊、张晓明:《相聚〈新闻会客厅〉》,文化艺术出版社2006年版,第29页。

员等等，这些电视新闻报道正因为真实地呈现了人性中复杂的一面才让人记忆深刻。

人性同样也是复杂而深刻的，不是非黑即白、界限分明的简单集合体，而往往处于一种深刻的矛盾与冲突中。正如英国当代诗人西格夫里·萨松（Siegfried Sassoon，1886—1967）在其诗作《于我，过去，现在，未来》中的不朽名句“In me the tiger sniffs the rose”，其中文含义是“我心里有猛虎在细嗅蔷薇”。[①] 它表现出人性里两种相对的本质，但同时更表现出这两种相对本质的调和。《一只猫的非常死亡》中内心压抑的善良女工和内心复杂的电视台记者，《与神话较量的人》中刘姝威的矛盾与挣扎，《人物》中从北大学子到街头屠夫的奇人陆步轩的强烈命运反差等等，无不表现出这个真实世界的多样性。我们过去的新闻报道往往把人展现得很简单、千人一面，尤其是典型人物、宣传人物，这些缺乏深刻人性本质刻画的人物也就缺失了真实感和亲近感，报道本身因而缺乏说服力。一个优秀的人物也会有小缺点，而这些缺点并不妨碍他人性中的光辉，恰恰是这些小缺点让他成为一个有血有肉的人，成为一个有个性、有趣味的人。因此，如果我们的报道没有深入下去，没有从人的角度去体察事件，报道就会因缺乏个性而成为简单的概念。

主持人杨澜经常列举她自己在节目访谈中采访崔琦的案例，以此展现人性故事在电视报道中的重要性。杨澜 1998 年在美国采访了诺贝尔物理奖获得者、美籍华人崔琦。崔琦出生在河南农村，十岁前从没读过书，就在家里放羊、养猪。十岁的时候他姐姐找到一个在教会学校读书的机会，就想让弟弟到香港去读书，而他父亲对独子要远行不大愿意，因为男孩大了可以帮忙干农活，但他母亲却非常坚定地要送儿子去读书。这一走成了他与父母的永别，父母在后来的大饥荒里都饿死了。“我主要问他为什么从来不回老家河南，他就谈到十岁左右的时候，他的母亲——一个不识字的农村妇女给他做了两个馍，给他做了两双鞋子送他到外面念书，当时他不愿意去，他的母亲就说你放心去，等到明年夏天收麦子的时候就回来了，但是没有想到这一去就没有再见到爸爸妈妈，都被饿死了。后来我问他，如果当初你妈妈没有把你送出来，今天的你会是什么样的。他的回答非常出乎我的意料，但是我觉得也很打动观众，他说我不是这么想的，如果我没有出来的话，我的父母也许不会饿死。这是非常具有传统人道的力量，这种世界上最亲情的表露，要比采访为了诺贝尔奖怎么样费尽心机成功了有意义得多。所以这一集得到的反响非常好。”[②]

---

① 余光中：《猛虎和蔷薇》，收于《左手的缪斯》一书，1952 年 10 月。

② 根据《杨澜谈生活：打动人的并非成功本身》以及相关会议资料整理而成，中国新闻网，http://press.gapp.gov.cn/news/wen.php? aid=15701&val=news，2007－03－27。

三、记者的人文素养

新闻记者是以及时、有效、客观、公正的态度为大众传播信息的职业角色。在当前“新闻专业主义”呼声强劲的时候，我们同时呼吁记者人文素养的提升。

只把新闻当作新闻的记者不是好记者，斯坦福大学传播学教授泰德·格拉舍(Theodore Glasser)指出，应让新闻学教育回归到人性教育，在注重新闻采访技能训练的同时，培养新闻记者的人文素养、开启他们的良知、增强他们的社会责任感。[①]《中国青年报》副总编辑陈小川在《中国新闻教育的最大挑战是什么?》一文中认为：“记者，应该有一种人文追求，有一种理想，才去做记者。在全球化时代，优秀的记者应该具备这种素质，他能够理解不同文化的内涵，有文化沟通和文化理解的能力，包括对宗教，有对各种文化包容的能力。这将使我们的报道能更接近客观真实。”

1.设身处地，推己及人

在新闻现场，设身处地、以心换心是接近新闻真实最好的方法。设身处地、以心换心也是以“人”为核心的新闻理念最本质的体现。

2006年，网络上评出了一个“中国最美的记者”。2006年7月10日下午，河南电视台都市频道接到线索，称在黄河花园口景区内，一名游玩的小女孩落入黄河。记者曹爱文与同事立即赶到现场。六时左右，孩子被救了上来，当地村民将她倒提起来，以排出孩子体内的污水。但仍无济于事，孩子依然一动不动。出身医生家庭的曹爱文不顾小女孩淌着白沫的嘴角，俯身做起了人工呼吸。八分钟后，还不见小女孩醒来，给孩子做着心肺复苏术的曹爱文急得直掉泪。120赶来时小女孩还是没有能睁开眼睛，而这时候，曹爱文又接到了另一个新闻线索，不得不赶赴下一个采访目的地。《东方今报》一名有心的记者把曹爱文的一举一动拍了下来，发到了网上。照片一经上网，立刻引来众多网友跟帖，很多网友称之为当今“中国最美丽的女记者”。

新闻记者客观公正的态度并不是要记者站在局外人的角度去看新闻事件，也不是要记者完全理性地传播新闻事实。电视是一种富有感染力的媒介，新闻的感染力会通过记者的情绪感染观众。比如这场救人的场面，出现了记者挺身而出的画面，又有记者焦急落泪的表情，自然会感染很多人。这时候，如果记者的理性在画面上只表现为无动于衷，那么电视观众看起来也就会无动于衷了。

再如“5·12汶川地震”李小萌的《路遇灾民》也是一个典型的案例。

(一个扁担，两个用油漆桶改装的行囊，再加上一个拉链都已经拉不上的

① 百度百科，http://baike.baidu.com/view/283200.htm? fr=ala0_1_1。

背包，这可能已经是这位68岁的老大爷所有的家当。当记者李小萌在路上遇到他时，老大爷正走在与下撤村民们相反的道路上。）

（李小萌走山路的呼吸声）“您去哪儿啊？回家吗？”

大爷：“回家。”

李小萌：“您家在哪儿啊？”

大爷：“沙坝子。”

李小萌：“远吗？”

（大爷好似没听懂）李小萌解释：“远不远？走的时间长不长？”

大爷：“不远。”

李小萌：“您回去干吗？”

大爷：“想回去看一下。”

李小萌：“您家房子塌了没？”

大爷：“房子塌平了。”

李小萌：“那您回去想找什么呢？”

大爷：“我回去看一下。”

李小萌：“您把这个放下吧，沉不沉啊？我跟你稍微聊两句。”

大爷：“这个手续都办好了，回去看了再来。”

李小萌：“这是什么啊？绵阳市抗震救灾指挥部救助证。有这个证有什么用呢？”

大爷：“吃饭，走路，领东西，都要这个。回去看一下，把麦子、菜籽什么的收了，我还要回去绵阳。”

旁边一位过路的大姐翻译说：“他说他以后还要生存，他说山里的菜籽他要收回来，这样以后给政府少增加一点负担。”

李小萌：“您今年多大年纪了？”

大爷：“68了。”

李小萌：“您家人都还好吧？”

大爷：“嗯。”

李小萌：“您现在回去找找腊肉粮食，然后再回去？就你一个人，这些东西能拿得动吗？”

大爷：“还有一些吃的。”

李小萌：“我能看看吗？”

（塑料袋里一些饼干）

李小萌：“您现在需要什么帮忙吗？你需要什么吗？”

(大爷听不太懂,李小萌很着急地问摄像该怎么说。)“怎么说呢,他听不太懂。”“怎么帮你呢?还有什么困难?”

大爷:“现在主要就是吃的。”

李小萌:“您没戴着口罩啊?”

大爷:“有。”(从口袋里拿出来)

李小萌:“那你带着吧。下面人都戴着口罩呢。还是带上好。”

大爷:“怕人多感染。”

(这时候从山上走下一些村民。和大爷一个村。李小萌上去询问。)

李小萌:“下一步怎么打算?”

村民:“我孩子死了,母亲也死了,被埋在医院里了。”

李小萌:“您爱人呢?”

村民:“死了,四口人剩我一个了。”

李小萌:“您全部家当就这些了?”

村民:“就这些。”

李小萌:“两块腊肉,几瓶酒,全部的东西了?”

村民:“别的掏不出来了。”

李小萌:“这个大叔想回去,你们劝劝他别回去了吧,一个人。”

村民:“一直有余震,一直都在塌石头。”

李小萌:“是啊,路上危险,生命要紧。”

村民:“他们死了的人就不说了,我们生命要珍惜,要珍惜自己的生命。”

李小萌:“大叔,您听听劝,别回去了,路上也不安全。”

(村民继续劝大爷,不要回去,危险。)

(李小萌)“搭个伴儿,还可以一块儿走。”

大爷:“我还是回去。”

李小萌:“还是回去。那您快走吧,别耽误了。多保重啊。”

(李小萌跟大爷走过来,帮他扶起了扁担。)

李小萌:“慢点啊,小心点儿。”

大爷走了四五步,扭头对李小萌说:“让你们操心了。”

李小萌:“没有。您小心点,口罩带上。”

(看着大爷远去的背影,李小萌再也抑制不住自己的情绪,在镜头前掩面痛哭。)

在李小萌哭的那一刹那,很多观众都忍不住自己的眼泪。简短的对话,没有华丽的修饰，但是我们从这个采访中看到了大爷的执着以及对家的那份挂念，即使是遇到下撤的同乡一直在告诫他回去很危险，也未能打消他回家的念头。拗不过大爷的坚持，记者只能帮他。当大爷用他瘦弱的肩膀扛着扁担依然执着地离去，并突然想起了什么似的向记者说了句“让你们操心了”，记者再也抑制不住自己激动的心情，在镜头前掩面痛哭。

李小萌的情绪爆发是所有在场人共同的反应。在救灾现场，人们看到了太多的生离死别，也经历了不少的余震危险，但是几天过后，写在灾民脸上的却是无比的坚定和坚强，是对生命的珍惜和未来生活的希望。他们的坚强触动了李小萌的内心，也通过李小萌传递给全国的观众。如果以之前的处理方式，他们会把最后一段哭声剪掉，在大爷远去的时候结束，不管配上音乐还是加上字幕，都不会有现在的这种真切效果。

2. 关注新闻事件里的“人”

在新闻中体现以“人”为核心的理念，除了设身处地、以心换心地考虑观众的需求和感受之外，还应该时刻不忘关注新闻事件里的人物。

在新闻事件中，吸引人的不是哪里发生了什么事，而是事件中透露出的人间冷暖；在灾难报道中，触动人的不是数字，不是经济损失，而是灾难对人的影响。

2009 年 7 月 22 日，我国境内出现百年不遇的天文奇观日全食，因为观测范围广，全国各个电视频道争相报道。我们来对比一下中视新闻频道和上海东方卫视的直播：

央视新闻频道拥有绝对领先的资源，长江沿线都有央视的记者，甚至还动员了驻外记者，演播室专家也是一流。但是新闻频道特别强调这个新闻的知识性。演播室一再解释日食的知识性内容，画面也是不同地区日食的现场画面，记者现场报道较少，有一些现场出镜也主要是介绍日食变化情况，很少将镜头对准看日食的人们。这样一个单一的视角导致整个直播内容显得比较冷清，历时两个多小时的直播，到了最后，主持人海霞明显没有内容可说了。

而上海东方卫视的做法却不同，他们除了带着观众欣赏这次天文奇观以外，还将这一事件理解为社会事件，将大量的镜头对准看日全食的人们以及日全食引起的社会现象。比如直播突然亮起来的街灯，采访将车子停在路边观看日全食的司机；现场出镜记者也把自己融入人群中，重点看人群的不同反应。在采访中，我们能感受到当地人的那种兴奋。对于因为天气原因或者地理位置原因看不到日全食的人来说，看东方卫视的直播能更加体会到现场的感受。

由此，笔者认为，东方卫视的报道更胜一筹。原因就是因为编导有受众意识，在报道中以“人”为核心。想想看，日全食只不过是一个天象而已，它之所以成为重大新闻，那是因为我们地球上有人类文明的存在。

从这里可以看出,记者是否具有人本意识,是否站在受众的角度着想,直接影响到新闻的方向。新闻报道要想吸引人、感动人,就必须突出人的主体地位,以“人”为核心。

本章小结

本章着重讲授了电视新闻节目的基本结构方式,介绍了哪种类型的新闻适合什么样的结构方式。在电视新闻的创作当中,要充分理解微观聚焦叙事法以及“新闻事件化、事件故事化、故事人物化、人物个性化”的叙事模式。这样的叙事模式也向我们传达了如何切入现实和具体的实例,如何用真实的故事、普通人的视角去表达概念和宏观的背景、政策,还需要我们带着以“人”为核心的新闻理念去采集素材、结构报道。

思考题

1. 什么是电视新闻的结构?电视新闻的结构有哪些作用?

2. 电视新闻的基本结构方式有哪些?

3. 为什么要选择“新闻事件化、事件故事化、故事人物化、人物个性化”这样的叙事模式?

4. 在主题性报道中,怎样实现“新闻事件化”?

5. 除了本章中提出的讲故事技巧以外,你还能补充哪些技巧?

6. 对中心人物的判断有什么标准和方式?

7. 当前有种说法,认为“新闻故事化”是造成新闻娱乐化的诱因,对此你有何评价?

扩展阅读

1. 童宁:《电视节目结构方法》,中国广播电视出版社 2004 年版。

2. 王阳:《电视新闻节目中的创新思维》,中国广播电视出版社 2004 年版。

第三章　电视新闻节目类型化操作(一)

——快中求胜的节目类型

本章重点

1. 消息类电视新闻的特点及组成结构
2. 消息类电视新闻的创作要诀
3. 电视新闻现场直播中的现场报道

当代电视媒体的竞争也是速度的竞争，如何在快中求胜？

本章所讲授的消息类电视新闻与电视新闻现场直播都是从电视新闻的即时性与共时性这个角度出发，充分发挥电视媒介的优势，迅速、直观地传递信息。消息类电视新闻讲求“短、平、快”，而电视新闻现场直播既有简短的消息直播，也有大体量的信息集合，但它们都诉诸电视媒介的快速反应能力。

第一节　消息类电视新闻

一、消息类电视新闻节目的界定

“一寸长、一寸强，一寸短、一寸险”，电视消息就是险中求胜、快中求胜的体裁。《易经》里有“日中则昃，月满则食，天地盈虚，与时消息”的字句，这里的“消息”，实际指的就是事物的变化消减、增长。庄子《秋水》有“消息盈盈，终则有始”，汉代贾谊的《鹏鸟赋》有“合散消息兮，安有常则”等含“消息”的字句。消息类电视新闻又称为电视消息，它是电视媒介发展之初的主要体裁形态，是电视媒介传播信息，沟通社会，行使社会监测、守望功能的主力军。因此，有人又把消息类电视新闻称为狭义的电视新闻。消息类电视新闻侧重于新闻五个“W”：何地（where）、何时（when）、何人（who）、何事（what）、何因（why）的确切信息，以快速、动态、准确、简短地报道事件信息为主。因

图 3—1　中央电视台《新闻 30 分》栏目

此,它以第一时间告知事件和信息为主要功能,而不以解释事件的来龙去脉为主旨,这是判别消息类电视新闻最主要的标准。消息类新闻构成了各电视媒体新闻栏目的主要部分。在中央电视台的《新闻 30 分》《24 小时》《共同关注》等,美国全国广播公司的《晚间新闻》、哥伦比亚广播公司的《晚间新闻》、美国广播公司的《世界新闻》、美国有线电视新闻网的《新闻简报》(Headline)等资讯性栏目中,消息类新闻占大多数。

因此,消息类电视新闻可以界定为**电视媒介迅速、准确、简短地报道新近发生或正在发生的事实的电视新闻体裁类型。**它具有“短、平、快”的特征,即简短、平实、快速。消息类电视新闻可以喻之为“麻雀虽小,五脏俱全”,比如短新闻《复课——玉树灾区第一批高考帐篷学校开学》①。这是 2010 年玉树地震灾区第一批高考帐篷学校开学时,记者在事件现场采制的短新闻。在短短的 1 分 26 秒里,记者通过所在现场捕捉到的孩子们唱国歌、升国旗、第一堂课以及解放军为孩子们搭建的床铺等现场细节,动态地呈现出玉树灾区复课的事件信息。这条消息简短,以传递信息为主,但是记者充分运用了电视媒介的特点,把事件现场生动地传递给观众。分析这条消息可以看出,消息类电视新闻不求面面俱到,而要强调及时、现场、鲜活与动态。抓住了这些特征,也就抓住了电视消息的主要精髓。

二、消息类电视新闻节目的特点

1. 主题单一,简洁明确

通常而言,消息类电视新闻一般不超过 4 分钟。其又分为长消息和短消息,短消息一般在 1 分 30 秒以内,长消息一般在 2—4 分钟之间。从当前电视新闻发展的趋势来看,由于越来越突出消息中的细节,各大电视新闻媒体的消息时长都有了一定的延展,在各类评奖中,各电视媒体选送的长消息比例也在逐步扩大。美国 PEJ② 的地方

---

① 中央电视台《朝闻天下》2010 年 4 月 22 日播出,获中央电视台经济新闻部 2010 年第二季度优秀短新闻类二等奖。

② PEJ(Project for Excellence in Journalism)是一家评估和研究新闻界表现的机构。

电视新闻研究实证统计数据表明，长新闻更能抓住观众，比短新闻高出 4 个百分点[①]。

消息类电视新闻强调客观报道事实，不着力追求对事件的深入分析与解释，所谓“弱水三千，我只取一瓢饮”。因此，消息类新闻是机动部队，从某种意义上说，记者是以“蜻蜓点水”的方式对事件进行报道。

从内容规模来看，消息类电视新闻基本上是一事一报，即一条消息报道一个事件或一个现场。此外，电视消息强调主题单一，在短短篇幅里把一个事件点明。作为电视新闻栏目的主要构成形态，一个电视新闻栏目往往由数十条消息构成。因此，记者在采制中要避免一条消息中主题过多或离散、枝枝蔓蔓，应尽量选择报道最有价值的新闻点，将其做足做透。比如电视消息《人工林里来了野生鹿》[②]《李百祥搬家》[③]等都是在一个明确的主题上做文章。由于电视媒介信息按照时间顺序排列的特点，短时间内稍纵即逝的信息如果不明确，就很难在观众头脑中留下印象。因此，简明扼要、条分缕析便成为把关人为观众呈现信息所遵循的原则。

在一些重大突发事件中，当一条消息无法将事件叙述清楚的时候，可以采用新闻集纳、组合式新闻报道或矩阵新闻的方式，从不同角度去挖掘事件。比如，中央电视台《24 小时》播出的《菲律宾马尼拉人质事件》报道[④]，便采用多条消息集纳的方式，多角度地阐释事件及其最新进展的相关信息，其信息标题明确、层层递进并跟进最新进展。

主播关注，菲律宾马尼拉劫持人质事件：

(1)世界关注：令人揪心的 14 个小时；(事件由头)
(2)环球视线短片：惊恐 14 小时；(阐明事件)
(3)劫持者——罗兰多·门多萨；(事件背景)
(4)曾是十大杰出警察，后被解职；(进一步背景)
(5)本于明年退休，因敲诈被解职；(进一步背景)
(6)劫匪收到信件后情绪激动；(事件细节)
(7)香港对菲律宾发出黑色旅游警示；(事件影响)
(8)菲律宾马尼拉劫持人质事件：香港特区政府新闻发布会现场。(最新进展)

从以上案例我们可以看出，在叙事方式和叙事结构上，电视消息强调明确、简短、清晰，叙事开门见山、直奔主题，以清楚明了地传达事实信息为主旨。因此，传统媒体

---

① 苗棣等：《美国经典电视栏目》，中国广播电视出版社 2006 年版，第 37 页。
② 该电视消息获 2003 年中国电视新闻奖短消息类一等奖，黑龙江电视台选送。
③ 该电视消息于辽宁电视台 2007 年 11 月 29 日播出，获第 18 届中国新闻奖电视消息类二等奖。
④ 该消息由中央电视台 2010 年 8 月 23 日的《24 小时》播出。

的倒金字塔结构在电视消息中也非常普遍[1]。

2. 以快制胜

电视消息强调对事件的快速反应,要求第一时间传递事件的基本信息。随着电视媒体的发展,迅速、快捷已经越来越成为电视媒介区别于其他大众传播媒介的诉求点。如何最大限度地发挥自身特点,第一时间发布独家消息成为电视媒体机构竞争的重点。因此,电视消息的第一时间被提到了前所未有的高度,它不要求全面要求快。由于消息类电视新闻制作简便、周期短,于是它成为电视媒体监测社会发展中不测风云的反应器。

目前,有竞争力的电视新闻传播机构,如美国有线电视新闻网、英国广播公司、微软全国有线广播公司、半岛电视台、凤凰卫视、中央电视台等,都把第一时间发布事件消息当作媒体竞争力的主要因素,将其视为电视媒体竞争优势的衡量标准之一。由于消息类新闻简短的特点,不要求做更深入的信息挖掘,以快制胜便成为其诉求点。美国有线电视新闻网的发家秘诀,就是多点布网、以快制胜,它在全球建立信息网络,有事件发生,就有第一时间的信息报道。尽管其对手诟病美国有线电视新闻网是"鸡汤面条新闻(Chicken Noodles News)"[2],即在全球各区域招募并没有多少电视新闻从业经验的人员,强调快速报道事件,但也正因为其布控网点众多,它才拥有了反应迅速的优势。

随着电视媒介直播形态的加强,消息类新闻的第一时间发布虽然逐渐被大时段电视直播节目所取代,但它仍然是电视媒体主要新闻栏目和新闻头条中的主要新闻信息形态,并与直播报道配合,共同传播信息。前述中央电视台播出的《菲律宾马尼拉人质事件》也是在电视消息形态中穿插直播报道最新进展,这是消息类电视新闻逐渐发展的一个态势。

3. 事件性与现场感

消息类电视新闻多为事件类反应新闻,即电视媒体针对最新事件而做出的及时反应。因此,突出事件性,尤其在发挥电视媒介凸显现场感的功能上,是消息类电视新闻的主要特点之一。

现场意味着独家素材的占有。比如电视消息《救援在雷电中展开》[3],记者跟随记录眉山消防官兵在雷电中救援村民的事件,完整抓取了其中一个救援点的救援过程,呈现出狂风暴雨、闪电惊雷的恶劣场景与救援人员置生死于度外的可贵精神的对比。作品的现场质感呈现到位,作者可谓上得深山,擒得猛虎,能够深入事件现场抓取第一

---

① 随着电视媒体的发展,电视消息的结构略有发展和延伸,进一步论述可以参见本书第四章以及曾祥敏:《电视采访》(第2版)第四章,中国传媒大学出版社2010年版。

② Scott Collins, *Crazy Like a Fox: The Inside Story of How Fox News Beat CNN*, Portfolio Press, 2004, p. 2.

③ 四川广播电视台第4频道《新闻现场》2010年8月19日播出,获第21届中国新闻奖电视消息类二等奖。

手素材。正如战地摄影师罗伯特·卡帕(Robert Capa)所说:“如果你的照片拍得不够好,那是因为你离炮火不够近。”而镜头背后记者的报道态度与精神也因为这一真诚的报道而闪现出来。正应了那句话,与其说记者是在拍摄事件,不如说是在拍摄自己,呈现自己对新闻的理解、对真实的渴求。

现场也意味着独家的视角。电视消息《我们的快乐球场》[①]是一篇电视新闻特写,通过记者在生活基层的独到发现与判断,抓取玉树灾区生活场景中的鲜活片段,将之放大出来,采访对象语言鲜活、同期声饱满,从而以小见大地呈现出灾区人民的乐观精神与坚强。

强调做现场新闻、视觉新闻,要求准确、合理地使用同期声,同时确定相对稳定的品牌出镜记者(见图3—2),从而帮助观众形成小到新闻节目、大到栏目的约会意识。比如,中央电视台《河北辛集郭西烟花厂发生特大爆炸事故》[②]《小军玉诞生了》[③]等新闻都是记者捕捉现场细节、突出事件现场氛围、以纪实性见长的电视新闻报道。而美国全国广播公司、哥伦比亚广播公司的《晚间新闻》则更强调品牌出境记者的现场报道。

图3—2 中央电视台《经济信息联播》出镜记者现场报道

下面我们就电视消息《小军玉诞生了》做一分析:

表3—1 《小军玉诞生了》节目分析

电视画面	同期声	解说词
演播室主持人		导语:昨晚,经过济南军区方仓医院医护人员连续6个多小时的努力,玉树地震灾区一位难产的藏族妇女终于平安地生下了一名男婴,为这个在地震中受到创伤的家庭带来了新的喜悦。
医生抬着产妇	同期音响	下午16点13分,40岁的藏族妇女它拉在家人的紧急护送下来到了济南军区方仓医院。家人告诉我们,孕妇已经过了预产期。本来想到玉树医院接生,没想到当晚就遇到了地震,惊恐之下,肚里的婴儿迟迟没有要生出来的迹象。

① 青海电视台2010年5月11日播出,获第21届中国新闻奖电视消息类二等奖。

② 中央电视台播出,获2004年中国广播电视新闻奖短消息类一等奖。

③ 中央电视台《新闻直播间》2010年4月22日播出,获中央电视台经济新闻部2010年第二季度长消息类一等奖。

续表

电视画面	同期声	解说词
它拉的丈夫查格	然后他这两天听说有这家医院,但是一直在找没找上。到赛马场,然后整个体育场都转了一圈,才找上的。	
记者镜前报道	这里是济南军区方仓医院的手术室,现在已经是晚上时间10点20分,现在医护人员还在为她接生,那么我们在这里一起等待着。	
手术室外等待的人群		6个小时的漫长等待,丈夫查格终于忍受不了饥饿,出去吃饭了,只留下孕妇的姐姐。也就是在这一段时间,让他错过了孩子的第一声啼哭声。
手术室门	婴儿啼哭声	
它拉的丈夫查格	记者采访:你希望是男的还是女的? 查格:儿子。 记者采访:恭喜你,是儿子。 记者采访:想给他取个什么名字呢? 查格:想让部队给娃娃取个名字。	
主治医生张红娟抱着婴儿,查格迎上去	张红娟:生了,男孩啊,非常健康,看看你的宝贝儿子,很漂亮。 张红娟:妈妈也挺好的啊。 记者:他希望你们能给他起个名字。 张红娟:这是我们部队在玉树接生的一个孩子,就叫军玉吧?姓拉秀是吧,拉秀军玉好吗。 现场众人喊:军玉。	
采访张红娟	记者:这几个小时你们休息过吗? 张红娟:没有没有,我们在这好几个人都在这守着她呢。 记者:饭都没吃吗? 张红娟:还没有。 记者:太辛苦了。 张红娟:应该的。 记者:刚才我听说又有孕妇要转运过来,是不是你们这几天一直是这么繁忙呢? 张红娟:是,这两天好像病人还挺多。刚才妇保院的医生说马上又要来个孕妇。 记者:那你们怎么办呢?已经6个多小时没吃没喝了。 张红娟:没关系,为了我们灾区的人民吧。我们辛苦一点也是应该的。	

续表

电视画面	同期声	解说词
查格抱着婴儿	记者:小孩好精神啊。 张红娟:叫军玉就希望能记住这一刻吧。	
产妇被推出病房,字幕:晚上23点50分,产妇被推出病房	医护人员:从那边走。	
病床上的产妇它拉	它拉:谢谢解放军。	

这条消息时长3分钟,属长消息范畴。首先,整条报道突出了事件的突发性与现场感。婴儿的啼哭声是整条新闻的题眼和关键点,它不仅给新闻带来了现场感,同时也是维系整条新闻主题和结构的关键环节。想一想,如果没有这个声音,整条新闻便缺失了点睛之笔。而这声啼哭声恰恰是对记者6个多小时等待的最大回报。它体现了电视采访中等待的价值和意义,6小时的等待——3分钟的消息,等待也是一种机会。

其次,记者的现场采访生动、自然,现场人物回答朴实、单纯。记者对医生的提问围绕着镜头背后的信息做文章;而对查格的提问则把这条消息提升到了情感的高度。

最后,新闻结尾以它拉的感谢收尾,抓住了新闻的落脚点,这条新闻的意义不言而喻。

4.形式灵活

消息类电视新闻短小精悍,在现代电视传媒的发展中得到了灵活的运用。其形态除了现场报道外,还有口播消息、字幕消息等,能够与演播室访谈、述评、电话连线等配合使用,共同阐释事件的来龙去脉。这也是当代电视媒体的发展趋向。

5.题材广泛

消息类电视新闻题材涉及政治、经济、文化生活、体育等方方面面的内容,是“要闻总汇”,只要有新变化、新特点,都可以成为电视消息的内容。另外,由于电视消息容量有限,因而不必考虑选题的深度和可操作的空间;消息类电视新闻选题来源广泛,而消息的数量与发布与否主要与电视新闻栏目的定位与诉求密切相关。不同的电视新闻栏目会根据自身的定位,按照新闻价值的不同诉求点来编排和组合消息类新闻。

三、消息类电视新闻节目要素

由于发展历史较长,消息类电视新闻具有相对稳定的模式,因此,我们在这里有必要分析一下消息类电视新闻的要素构成。

1. 消息标题

消息标题是概括新闻信息、提炼新闻主题的简短文字。对于电视消息而言，其标题的提炼、概括的要求与报纸类消息标题并无二致[①]，只是在标题视觉形象方面有特别的要求。标题的拟定反映了记者的统摄思维与提炼、概括能力，从某种程度上说也是记者文字功夫修炼的结果。

一般而言，消息标题是一事一题，而在包裹式新闻中，则有多重标题。由于新闻信息展示的时间顺序性，在新闻包裹中，通常有一个主标题，还有根据新闻内容不断变化而提示内容的副标题。比如，中央电视台《24 小时》关于美国沙门氏菌疫情的报道，其包裹式新闻报道的主标题和副标题为：

沙门氏菌疫情

- 涉及召回事件的家族“劣迹斑斑”
- 问题农场与供应商关系密切
- 问题供应链“劣迹斑斑”
- 问题农场已被起诉
- 疫情仍在不断扩散
- 警惕食品受沙门氏菌污染

在包裹式新闻“沙门氏菌疫情”中，演播室主持人及新闻消息短片共同构成新闻事实的叙述，而不同的副标题则发挥提炼消息内容的作用。

具体而言，消息标题的拟定要求做到以下几点：

(1)提示新闻内容与事件性质

新闻新在何处？标题就应该让观众了解一个事件，并唤起观众的好奇心，让他们试图去进一步了解信息。一般来说，对于事件性新闻，标题简明扼要的提示可以使观众对最新信息一目了然。在实际操作中，多数情况是平铺直叙，点出新闻要点。如：

人工林里来了野生鹿[②](以记者的动态亲身观察和发现，揭示黑龙江拜泉县的生态环境的改善)

小手机折射大发展[③](以手机折射出浙江出口工业的发展)

---

① 标题的具体写作可参见郑兴东、陈仁凤、蔡雯:《报纸编辑学教程》第五章，中国人民大学出版社 2001 年版。

② 黑龙江电视台播出，获 2003 年中国广播电视新闻奖电视新闻短消息类一等奖。

③ 浙江电视台播出，获 2003 年中国广播电视新闻奖电视新闻短消息类二等奖。

枯树“钉”新芽[①](揭示湖南当地为了应付上级检查而造假的行为)

但是,平铺直叙也好、文采飞扬也好,关键是要让观众从简短的标题中体会到事件的性质和事件的特点。比如中央电视台体育频道 2009 年 8 月 18 日中午《体坛快讯》播出的消息:

丢了三连冠 伊辛巴耶娃在柏林留下三个叉

此标题迅速提示了事件内容,俄罗斯“撑竿跳女皇”伊辛巴耶娃遭遇职业生涯最惨痛的失利,三次试跳全部失败以无成绩爆出柏林最大冷门。标题同时用“三个叉”的形象信息,交代出事件现场的视觉感。当日晚间的《体育报道》消息则以**《独孤求败终有败》**为标题,反映伊辛巴耶娃征战六年、无人匹敌的事实,同时也点明伊辛巴耶娃的这次失败实际上是在多年不断自我挑战中的失利。多年来,独孤求败的伊辛巴耶娃赢的不是对手,而是自己;这次失利不是输给了强大的对手,而是输给了自我。新闻标题准确生动地点出事件性质,可谓点睛之笔。

有的时候,一个标题的拟定过程往往也是记者提炼新闻价值点、寻找独特新闻角度的过程。

比如:《山西吕梁万家三兄弟的四个第一次》[②]。

这是一个主题报道,要做到生动有趣,有一定难度。记者以万家三兄弟的具体变化为切入点,交代出山西煤矿资源整合的现实背景,第一个劳动合同、第一个自救器、第一次被罚款、第一次培训等。在中央电视台的一次节目评奖过程中,虽然有的专家觉得该新闻叙述比较牵强,但笔者却认为它瑕不掩瑜,反映了记者的统摄思维能力和主题化动态报道的能力,而其标题恰恰也是记者提炼出来的新闻价值点。

再如:《河南:一分钱牵动一个行业,十分力扭转工业格局》[③]。

这条报道标题同样以一个具体的角度——一分钱来阐释河南调整产业结构、淘汰落后产能的宏观背景。标题具体反映了记者提炼新闻价值点的思路,但可惜的是,记者在具体报道中并没有按照一分钱的思路去统筹内容,算好一分钱的账。

从反面来想,以上两个案例都给了我们一个警示:标题与新闻内容要对应起来,如果事实内容有所偏差,不能强扭角度,生拉硬拽。

(2)简洁

标题是对新闻信息的简短概括,不等同于内容提要,它需要记者的提炼水平和技

---

① 长沙电视台播出,获 2003 年中国广播电视新闻奖电视新闻短消息类二等奖。
② 中央电视台《新闻联播》2010 年 6 月 8 日播出,获中央电视台经济新闻部 2010 年第二季度主题报道类三等奖。
③ 中央电视台《新闻联播》2010 年 5 月 28 日播出。

巧,而不是对内容信息进行简单的缩略。一般来说,标题的字数应控制在十个以内,根据实际情况灵活把握。郑兴东等在《报纸编辑学教程》中提到,据统计,六七个字的标题可以在眼珠不动的情况下,一目了然,标题是“一瞥的艺术”[①]。在电视荧屏上,信息是按照时间顺序出现的,具有流动性和不稳定感;同时电视画面也是多层信息的组合,标题的背景画面信息也在随时变动中。这就更需要电视消息标题简洁醒目。在信息量相同的情况下,越简洁越好,以免破坏电视画面的整体性。

(3)形象生动

标题应注意美学追求,在这里,美学追求不是指华丽空洞,而是在提示事实内容的基础上,进一步提升其在形象性、生动性和文字音韵方面的效果。古人云:“质胜文则野、文胜质则史,文质彬彬,然后君子。”标题应做到文质平衡、符合实际又具有美感。可以采用文学修辞手法来拟定标题:

• 利用接近性原则,把人们熟知的社会生活中的事物放在标题中,增强标题的生动性和形象性。

比喻(包括明喻、暗喻、借喻和比拟等)。

明喻,如:《四川雅安,震后出生的 13 只熊猫宝宝上“幼儿园”了》[②]。

暗喻,如:《地球一小时(主标题):关上灯,点亮希望(副标题)》[③]《地球一小时环保行动》《安徽沿江屠龙记》(对安徽沿江经济带环境治理的报道,从各地烟囱明显减少的变化入手,形象地把各地冒着黄烟、白烟、黑烟、喷出火舌的烟囱比喻为“黄龙”、“白龙”、“乌龙”和“火龙”。对它们的治理,借用了金庸小说的提法,便有了沿江“屠龙记”)。

借代,如:《从后排到前排:“15 米走了 15 年”》[④]。

• 引用或模仿现成的句子、句式,以人们熟知的意义来阐释新闻内容。

引用,如:《我与世博——吴志强:当梦想照进现实》[⑤]。

运用观众熟知的当代文学及电影作品标题来命题,诠释世博会总设计师吴志强多年来把上海设计成现代“清明上河图”的梦想。

• 利用词语或语句关联表现标题。

对偶,如:《汽车下乡、服务上门》[⑥](汽车下乡,农民换购微型车,享受政府补贴。

---

① 郑兴东、陈仁凤、蔡雯:《报纸编辑学教程》,中国人民大学出版社 2001 年版,第 173 页。

② 中央电视台《新闻 30 分》2009 年 3 月 1 日播出。

③ 中央电视台《新闻 30 分》2009 年 3 月 29 日播出。

④ 上海电视台播出,获第 11 届“上海新闻奖”一等奖。

⑤ 中央电视台新闻频道 2010 年 4 月 23 日 15:00 整点新闻播出。

⑥ 中央电视台《新闻 30 分》2009 年 3 月 1 日播出。

以前售后服务跟不上的问题得到解决)。

此外,还有对比、排比、粘连、反复、联珠、回环等表现方式。

• 利用设问或呼唤的方式来表现标题内容。

设问,如:《房展会上看楼市(主标题)——记者调查:北京房价真的见底了吗》①,记者调查:《谁能修好我的电梯?》②

• 利用词语的多重含义表现标题内容。

如:运用双关、反语、顾名等方式表现新闻标题。

2. 为看而写、为听而写的消息导语

在电视新闻中,由于电视新闻语言的多层次性,其导语形态和表现都比较复杂,不同于一般的文字导语。从形式上而言,电视解说词的总体把握原则是为看而写、为听而写,作为其中一部分的导语也不例外。为看而写,是就导语与画面的关系而言,导语写作配合画面进行,有的时候画面本身就是导语的一部分;为听而写,是指导语诉诸人的听觉,为耳朵而写。为此,梅尔文·门彻提出:写简短的简单句;用日常语言;使大部分句子的结构符合主—谓—宾规则;遵循一个句子讲一个观点。③ 句子越短越好,给观众一个心动并坚持看下去、听下去的理由。

(1)导语表现形态

在电视新闻中,导语是消息的开端部分,它简短(布鲁斯和道格拉斯认为,导语一般不超过35个单词④),一般由最重要的事实构成,即所谓"立片言以居要"。新闻是发现的艺术,也是提炼的艺术,这一点,在导语中尤能体现。

电视新闻语言由画面、声音、文字等多重信息构成。因此,其导语也有多种形式,电视新闻的导语一般可以分为两种形式:一种是主持人演播室播报,一种是记者现场出镜报道。

• 主持人演播室播报

多数情况下,主持人作为穿针引线的人物,通过导语连缀新闻、过渡信息,通过导语讲述,起到引领新闻的作用。比如:

主持人:他们把野蛮的毒打片段上传到 YouTube 上,希望得到众人的关注,现在他们目的达到了,但是麻烦也来了。下面请看我们 NBC 记者马克·帕

---

① 中央电视台《新闻30分》2009年4月10日播出。

② 中央电视台《新闻30分》2009年3月29日播出。

③ 〔美〕梅尔文·门彻:《新闻报道与写作》,展江等译,华夏出版社2003年版,第251页。

④ Bruce D. Itule, Douglas A. Anderson, *News Writing and Reporting*, 6th edition, p. 44,新闻传播学英文原版教材,中国人民大学出版社2003年版。

特的报道,在佛罗里达被起诉的少年毒打行为不能被视为孩子间的游戏。

(佛罗里达迈阿密现场……)

Teen Beating,NBC Today Show,2008 年 4 月 13 日

法庭起诉是事件新闻由头,但这篇新闻导语以佛罗里达州新近发生的少年毒打事件的背景为开篇,特别点出了少年毒打以及利用网络炫耀的非常行为,以便于观众理解。结尾引出事件现场,指明这些十几岁青少年面临被起诉的后果,可以说抓到了新的异常的特点。导语语言生动、简洁。开篇"他们"的代词用语构思巧妙,因为观众对事件中主人公的名字不会太在意,所以导语用"他们"概括领头(在谈话中,我们经常用"他们"来开始谈趣闻①),体现了主持人向观众讲述一个故事的人际化交流方式,从而引起观众注意——他们是谁? 他们怎么了? 导语结尾处点出事件实质。

• 记者现场出镜报道

记者在现场引领新闻开头或者把接力棒交给现场记者,共同引导观众观看信息,这是电视媒介充分发挥人际交流方式传递信息的优势。比如:

记者:观众朋友,这里是酒泉卫星发射中心,我现在所处的位置离发射塔架只有 1000 米,这也是我们被允许进入的离发射塔最近的地方,现在是北京时间的 8 点 59 分,大家可以看到我身后的发射塔架已经全部打开。现场工作人员也已全部撤离,神舟五号飞船的发射进入了倒计时,中国人的飞天梦想就要实现了(镜头从记者摇、推到正在点火升空的火箭)。

《中国第一艘载人飞船发射升空》,上海东方卫视

这篇记者在现场结构的导语充分发挥了电视媒介现场报道的特点,点明记者对事件把握的权威性,并与新闻主体形成行云流水般的衔接。

主持人:眼下,原本有不少在外务工的农民工返回了家乡,农民工返乡对成年人来说是工作环境的变迁、生活方式的改变,而对于跟随家长回到家乡的孩子们来说,这些变化又会造成哪些影响呢?

现场记者:这里是安徽省六安市舒城县万佛湖镇中心学校,从去年夏天开始,就有 50 多名农民工子女进入这所学校。虽然相对于全校 2000 多名学生来说,50 人并不算是一个大数目,但是,当他们走进教室的那一瞬间,还是发现了与其他学生不一样的地方。

《返乡民工子女上学调查》,中央电视台《新闻 30 分》,2009 年 3 月 31 日

---

① 〔美〕梅尔文・门彻:《新闻报道与写作》,展江等译,华夏出版社 2003 年版,第 247 页。

这篇导语由主持人演播室播报和记者现场出镜报道共同构成：主持人的导语强调宏观背景，提出问题；现场记者则从一个具体的案例切入。两者相得益彰，有点有面。

(2)导语表现方式

英文中，导语为“lead”，即它起引领新闻的作用，因此，导语的表现好坏也会影响观众关注新闻的情绪。“万事开头难”，记者应对新闻的开篇有所谋划。那么，对电视新闻导语的把握应该基于什么样的原则呢？主要是根据所报道的新闻内容的角度和事件性质来判断，从而组织导语的写法和语序。合众社广播新闻主管菲尔·纽瑟姆认为：“广播电视撰稿人要为找到‘最能吸引人们兴趣的角度’而研究自己的笔记，并将其用在导语中。”[①]如果说这个最吸引人们兴趣的角度还比较笼统的话，那么，不妨从一个相对死板但还算有效的思路去考虑，即从新闻中的五个“W”和一个“H”这六个要素上去分析：这条新闻是在时间上有新的地方？抑或是在事件、地点、人、原因等方面有新的角度？哪个要素在这条新闻报道中居更重要的地位？据此，五个“W”和“H”中的哪几个要素可以放在导语里不失简洁和易于理解？

总之，按照上文提及，消息要开门见山。因此，新闻的重点何在，即是导语写作时思考的方向。

具体而言，我们大致可以从以下几方面来考虑导语的安排和处理：

• 体现事件重点

当新闻所报道的事件本身具有突出的新闻价值点或者意义重大、现场感强，导语应突出事件本身，尽量简短，把更多的时间交给新闻主体；如果进一步分析事件本身，事件中的哪些要素为重点则应该遵循上文提及的对五个“W”和“H”的分析与判断。比如：

> 今天凌晨，巴中市巴州区遭受了30年来罕见的暴雨袭击，一名少年被洪水围困在沙丘上，生命危在旦夕，一场扣人心弦的抢救行动迅速展开。
>
> 《在千钧一发的时刻》[②]，四川巴中电视台

这条新闻导语注重突发事件的紧迫性，突出何时、何地、何事，采用悬念式的方式，突出突发事实——一名少年的困局，但其命运如何却没有说明，留下悬念，把答案交给了新闻主体。此篇导语的不足是，“危在旦夕”、“扣人心弦”等成语属于陈词滥调，应该尽量避免。

> 日本当地时间今天早晨6点50分，也就是北京时间5点50分左右，美

---

① 〔美〕梅尔文·门彻：《新闻报道与写作》，展江等译，华夏出版社2003年版，第246页。

② 此消息获2003年中国广播电视新闻奖短消息类二等奖。

国联邦快递公司一架由广州飞往日本的货机在日本东京成田机场降落时坠毁,事故造成两名飞行员死亡,部分机场的跑道关闭。

《美国联邦快递货机成田机场坠毁,两人死亡》,
中央电视台《新闻30分》,2009年3月23日

一架货机在东京机场降落时坠毁起火,机上两名飞行员丧生。飞机降落时,由于风势强劲,导致飞机颠簸并在跑道上失去控制。消防员花了半小时才控制火势。

BBC WORLD,World News,2009年3月23日

这两条新闻导语简明扼要地突出了突发事件的基本要素。同上面那条导语不同的是,这两条导语是典型的倒金字塔新闻结构的导语,即布鲁斯所认为的概括式导语(Summary Leads)①,编辑者在导语中陈述了突发新闻的主要事实。其中,《新闻30分》在导语中提供了确切的时间(航班坠落的那个点上的时间,这是必须要精确的)以及飞机的起飞地,这大概是出于新闻接近性的考虑。而BBC新闻报道的导语更是开门见山地报道事件结果,而且提供了飞机降落时坠毁的一些原因细节,其起飞地在新闻主体里才有所提及。总体看来,第二条导语略胜于第一条导语。

- 体现时效性

如果事件本身属重大、突发,则应该在导语中体现新闻报道的第一时间,这同时潜藏了媒体的第一反应能力,这也是电视媒体抢发新闻时竞争的诉求点之一。

今天下午,河北省辛集市郭西烟花厂突然发生了爆炸,我们来看记者刚刚从现场发回的报道。

《河北辛集郭西烟花厂发生特大爆炸事故》②,中央电视台

这篇导语简短,突出何时、何地、何事,注重事件的突发、重大,同时在表述中强调记者从现场及时报道事件这一信息。随着现代电视媒体直播报道的发展,这种体现电视现场感和时效性的表述应该得到强化。"我们看看××记者在前方的报道"、"我们刚刚获得的消息"等等表述都是体现电视媒介独特传播方式的导语语句。

- 补充背景

有些新闻事件,如果没有背景交代便会妨碍观众对事件的理解。因此当个案新闻故事发生时,为了帮助观众理解新闻事实的来龙去脉,可以在导语中适当增加背景或

---

① Bruce D. Itule, Douglas A. Anderson, *News Writing and Reporting*, 6th edition, p. 44,新闻传播学英文原版教材,中国人民大学出版社2003年版。

② 此消息获2003年中国广播电视新闻奖短消息类一等奖。

评述。同时,此种处理方式也是对个案事件提出的普遍性预示或警示,可以提升报道的新闻价值。

总主持人保罗(Paul):有时候,当记者提出问题时,他们便把自己置于一种危险的境地。我们看看在圣地亚哥发生了什么,摄像师把这一切都记录了下来。今晚,查克在这里给你呈现这个故事。查克!

主持人查克(Chuck):圣地亚哥福克斯电视台 XETV 最近一直在跟踪调查一起诈骗案,苏莱曼(Suleiman)和罗莎(Rosa)夫妇被指责在房地产交易中盗用别人的身份获利。昨天,当 XETV 调查记者约翰(John Mattes)正在拉贺亚市采访一名受害者时,罗莎突然出现在镜头前。

(以下是罗莎与记者的争执、丈夫苏莱曼殴打记者的暴力场面)

美国全国广播公司 Channel 4,Los Angels,2006

这条导语是电视媒体主持人接力棒播报的典型形式,总主持人保罗和节目主持人查克的叙述首先提出警示(警示重于事件本身),这条消息叙述的是电视记者采访时遭暴力殴打的事件(在现代媒体采访中,此种性质的事件正在不断增加),同时为这条新闻提供一定的背景交代。一般来说,这种背景交代往往可以放在新闻主体里,但这条新闻没有这样操作,而是在新闻主体中充分利用现场同期声和画面,相对完整地展示了一个比较极端和富有戏剧性的现场事件,其解说词也只是完全补充现场信息,导语中只出现了新闻事件的何人、何时、何地,而发生了什么则放在了新闻主体里。需要补充的是,主持人查克在演播室叙述导语时,多视窗画面穿插了新闻现场短片的部分镜头,简短的画面提示观众新闻现场的要点,与主持人的叙述共同构成导语。

- 立言评述

对于反映现象类的问题、主题类的报道,导语既要体现出记者高屋建瓴的对问题的统摄思维能力,又要以简短评述提升新闻事实,从而体现出记者对问题的独特分析和思考。

随着上海地下工程的高速发展,地下施工技术的“世界第一”也层出不穷,但是记者在采访中发现,并不是所有的“世界第一”都值得我们骄傲。

《我们要什么样的世界第一》,上海文广新闻传媒集团,2007 年 12 月 29 日

应当说,这是一条用主题去贴动态新闻的报道。正如记者王勇所言:“记者在此前的采访过程中了解到,在地下工程高速发展的同时,规划建设不同步,各部门间缺乏协调已经是一个比较普遍的现象。于是记者采访了多名国内轨道交通权威专家,并深入多个工地进行案例拍摄。12 月 29 日恰逢轨道交通 6 号、8 号、9 号线同时开通,规模

是我国有史以来最大的一次,而世纪大道站项目经理正好在当天被选为轨道交通建设明星。记者以这个被高度关注的事件为新闻由头,把'世界第一'作为切入点,强化了新闻主题效果。"[①]基于这一背景,这条报道把事件新闻由头放在了新闻主体里,而在导语中,则以"世界第一"为切入点,着重突出记者对此类问题与现象的评述。导语点到为止,而"但是记者在采访中发现,并不是所有世界第一都值得我们骄傲"这一句笔锋突转,留下了伏笔。

综合而言,导语的表现形式多种多样,这里不再赘述。无论其表述、语序、词句如何变化,总之,在电视新闻导语的写作中,把握住了导语的新闻核心点以及导语如何适合电视媒介传播的特点,就抓住了事物的本质。

3. 新闻主体

新闻主体是在导语之后出现的电视消息的核心部分,从功能上说,新闻主体主要有以下两个方面:解释并深化导语内容;补充新的事实。

(1)解释并深化导语内容

导语只是对新闻事实的最重要部分点到为止,事件的相关背景材料则由新闻主体来完成。下面,我们来分析一下上文提及的"我们要什么样的世界第一"[②]这条获奖消息:

演播室主持人导语:随着上海地下工程的高速发展,地下施工技术的"世界第一"也层出不穷,但是记者在采访中发现,并不是所有的"世界第一"都值得我们骄傲。

以上评述性导语,消息导语不是以事件由头开始,而是由评述和背景引导新闻。

电视画面:车头挂着红花的6号线列车从世纪大道站驶出;世纪大道站内景;工程部的获奖证书;通车仪式主会场;身挂红绸带的陈少波与其他建设明星坐在会场第一排。

世纪大道站三维图:交代2、4、6、9号线在站内的位置。

解说词:今天,轨道交通6号线、8号线一期以及9号线一期同时开通,改建后的国内最大的地铁换乘车站——世纪大道四线换乘站也正式竣工使用。由于这一工程克服了诸多世界上从未碰到过的施工难题,工程项目部获得了多项科技进步奖,项目经理陈少波也在今天被评为2007年轨道交通建

① 中国新闻奖评选办公室:《2007年度(第18届)中国新闻奖作品选》,新华出版社2008年版,第67页。

② 上海文广新闻传媒集团2007年12月29日播出,获2007年度(第18届)中国新闻奖电视消息类一等奖。

设明星。

(以上)动态事件为主题报道找到了新闻由头,通车以及事件中心人物陈少波更是使新闻具体化;而三维画面,则从一个宏观的视角为观众理解工程的复杂提供了方便。

采访轨道交通世纪大道四线换乘站项目经理陈少波(画面背景为一处轨道交通车站工地):形象来讲,就是一边要挖2号线墙角,另一边要掀2号线屋顶。

电视画面:三维图解。

解说词:工程中,2号线左下方要建4号线,右边平行位置建9号线。由于2号线车站墙体是按照单线运营设计,没有特别加固,两边新线路挖掘时土层压力不平衡极可能造成2号线车站侧塌。为此,工程人员发明了分散压力的间隔开挖法,边挖边加固,这才保证了2号线车站的安全。而6号线从2号线头顶穿过时,风险更大,挖去顶层土,上面的压力没了,2号线车站就会上呼。工程人员于是发明了9根巨型拉力棒,打入地底,死死钩住2号线车站,这些施工工艺都是世界首创。

(以上)提供背景信息,叙述工程的复杂性,解释"世界第一"的提法来源和根据。

电视画面:2号线列车向镜头驶来;世纪大道站建设时的画面(一墙之隔,一边是车站工地,一边是行驶的列车)。

解说词:而让记者惊讶的是,提起这些"世界第一",陈少波却显出一丝无奈。原来,世纪大道四线换乘站项目开工仅比2号线建成通车晚两年,如果四线换乘车站能够同步规划,就不会产生这么多工程难题。

采访陈少波(画面背景为一处轨道交通车站工地):如果说世纪大道枢纽站在当年2号线建设过程中同步实施的话,那么节约的时间成本、资金成本是非常可观的。可能资金上(节省量)可以以亿来计算,时间上甚至只有我们现在建设时间的一半,并且没有那么大风险。

(以上)话锋突转,以项目经理的自我质疑提出问题,体现出新闻角度和新闻落点,反映了记者逆向思维的能力。

电视画面:4号线列车从世纪大道站驶过。

解说词:对此,不少专家也有同感。

采访中国工程院院士钱七虎:有的是不必要的"世界第一","世界第一"究竟还是要付出代价的,你不能单考虑这条线建一个车站。如果有规划,知道(可能)是两线换乘三线换乘,车站的建设建筑布置就不一样了,结构上就会采取措施,不然将来费钱会更大,而且建设很难。

(以上)扩展信息源,引用专家观点,增强新闻说服力。

电视画面:4 号线上体馆站门口;三维图解。

解说词:轨道交通 4 号线上体馆站建设时吸取了世纪大道站的教训,为 11 号线预留了换乘空间。但此后几年,11 号线途经徐家汇的规划路径上,一栋栋超高大楼拔地而起,由于这些高楼地下桩基很深,11 号线被迫改线,4 号线预留的换乘空间也全部报废。

采访上海市轨道工程轨道交通设计研究院总设计师俞家康:沿线的规划没有控制,这条线从我这里走,你还批给他高层都造满,高层一造穿不过去了。

电视画面:三维图解。

解说词:而改线后的 11 号线只能在 20 多处老建筑的桩基间穿越。

采访轨道交通 11 号线设计师徐正良(背景为 11 号线工地):就像夹缝里边求生存,应该讲是世界级的难题。

(以上)进一步补充相关新闻背景和细节(11 号线),增强新闻说服力。

采访陈少波(背景为一处轨道交通站工地):由于规划上考虑不周全,让我们施工单位去控制风险而产生的第一,我们宁可不要。

记者出镜报道(背景为轨道交通车站):要做到统筹规划、同步规划,除了要求工程设计人员有宏观大局的理念,更要求城市管理者有敢于突破各种框架束缚的勇气和智慧。与其反复破解自己制造的难题,不如想办法避免这些难题的产生。毕竟,我们的时间和精力有限,还有更多更有价值的“世界第一”等着我们去创造。

(以上)结尾处以中心人物令人深思的言语以及记者的现场出镜报道形成评述性的总结。

这是一篇带有思辨性的报道,反映了记者独立发现和思考问题的能力。从问题出发,以事件为由头,在新闻主体里不断充实背景材料,多方寻求信息源,从而形成一则具有较强说服力的报道。这则新闻的不足之处在于,从电视表现力角度而言,其同期声和现场画面的使用把握不足,没有形成较好的新闻叙述节奏和吸引力。

(2)补充新的事实

新闻主体把导语中没有涉及的新闻要素中的其他要素补充完整,并提供现场细节,使观众对新闻事件有比较完整的理解。下面我们看看电视消息《交警来开会,高速路堵车》[①]的新闻主体：

主持人：8月10日，黑吉两省交警联手打击高速路公路交通违法行为，可是他们却把启动仪式设在了高速公路的收费站，结果造成了40分钟的交通堵塞。(概括式导语，点明何时、何人、何事、原因。其实，在这条导语里还可以指明事件性质，略作提升，我们不妨把新闻主体里一位被访人令人印象深刻的一句话放在里面，略作修改：交警开会是为了交通畅通，然而，8月10日，黑吉两省交警联手打击高速路公路交通违法行为，可是他们却把启动仪式设在了高速公路的收费站，结果造成了40分钟的交通堵塞。如何?)

解说词：上午9点，在省界拉林河收费站，黑龙江与吉林两省交警联合开展的打击高速公路违法行为专项整治活动马上就要开始了。(实实在在的现场新闻，按照时间顺序结构新闻主体，为导语补充信息)。

同期声：黑龙江省交警总队领导："违法行为专项整治统一行动启动仪式现在开始。"(调整叙述节奏，声画一体的现场镜头，补充细节使新闻具有很强的现场感。)

解说词：可是就在会场的旁边，京哈高速公路的收费口却被交警封闭了。站在收费口往长春方向看，汽车排起了长龙，一眼望不到头。这几台已经过了收费站的大卡车，也被交警截下来，成了大会的听众。

同期声：过路司机："不让我们走啊，都堵那儿了。"

同期声：过路司机："能不能整一上午啊?"

解说词：9点20分，交警部门的领导发表了热情洋溢的讲话，司机代表也上台发言。

同期声：司机代表："斗严寒、战酷暑，炎炎烈日下，有你们着装严整……"

(记者的现场独家观察，独家采访，补充事实细节，一方是交警热火朝天的会议场景，一方是堵车司机的怨声载道，台上台下两种情况对比，叙述有趣味。)

解说词：今天凌晨，京哈高速路德惠段发生了一起交通事故，造成了交通堵塞，几个小时后才通车，可司机们没想到走到这儿，又被交警拦住不让走了。(补充背景细节，提升事件性质。)

同期声：哈尔滨司机："我们在那头憋了四五个小时了，着急赶路，这又开会，你正常开你们的会，我们走我们的呗!"

解说词：这台车上的乘客是从大连赶时间来哈尔滨看病的。

---

① 黑龙江电视台《新闻夜航》，2007年8月10播出，获2007年度(第18届)中国新闻奖电视消息类一等奖。

同期声:大连市民:“换个场合开会不行吗?非得把高速路封闭了。”

同期声:吉林市民:“交警开会是为了交通畅通,这反倒不畅通了。”(进一步抓现场细节,收集舆论,反映老百姓的心声,被访人语言生动,为新闻增强了说服力。)

解说词:9点40分,启动仪式终于结束了,司机们也松了一口气,赶紧去发动车辆。可是,还有个规定,那就是等警车先走完。(进一步提供新的事实,结尾有力,留有余响,令人深思。)

这则新闻体现了记者开放的思维方式,记者本来是去采访报道一条专项行动的会议新闻,结果在现场发现了堵车现象,果断调整报道主题,形成了一则批评性的舆论监督报道,有力地揭露了某些政府机关工作上的形式主义问题。在概括性导语之后,新闻主体严格按照时间顺序,补充现场细节。整则新闻用事实说话,现场感强,叙述节奏错落有致。

通过以上两个案例的分析,我们可以看到,电视新闻主体的主要内容大致由新的新闻事实、现场细节和背景材料以及评述这四部分组成。具体到根据报道的事件性质和特点,这四部分可繁可简。

四、做好消息类电视新闻节目的要诀

纵观中国新闻奖、中国广播电视新闻奖消息类电视新闻获奖作品,获奖电视消息多符合题材重大、角度新颖、现场感强、电视表现力强这四类标准,其重要性依次递减(是否获奖当然不是评判一条电视好消息的绝对指标,但是它至少为我们提供了一个参考值)。比如,《我们要什么样的世界第一》[①],选题重大,立意新颖,角度独特,但是电视表现力却乏善可陈。《冲破六年封关,山东禽肉产品重返欧盟市场》[②],牵涉中国食品安全信誉问题,题材重大,时效性强。《交警来开会,高速路堵车》,角度独特,采访生动,现场感强。

从以上获奖作品实例来看,具体而论,电视消息类新闻的采编制作应该至少具备以下几方面:

1.题材有影响力

消息选题牵涉国计民生,尤其是重大突发事件涉及政治、经济、文化等各领域的重大发展和变化。这种重大题材不能如浮云空泛、漂浮不定,往往要找到新闻由头,与动

---

① 上海文广新闻传媒集团2007年12月29日播出,获2007年度(第18届)中国新闻奖电视消息类一等奖。

② 山东电视台2008年11月28日播出,获2008年度(第19届)中国新闻奖电视消息类一等奖作品。

态报道相结合起来,这样不仅为报道找到立足点,同时也能通过具体的事件信息,发挥电视媒介的表现特色。比如,《竹子之乡的世博机会》①。

> **主持人导语:**因为承建了世博会国际竹藤组织馆,让竹子之乡浙江安吉在全球的名气大增,同样也因为牵手世博,安吉的竹产业也加快了转型升级步伐。
>
> (电视画面:世博会现场)**解说词:**世博会浙江周正在进行,安吉县县长单锦炎一口气跑遍了园区内12个和竹子有关的展馆。
>
> (世博会现场采访)**单锦炎:**主要是想听听我们国内外朋友、社会各界对我们安吉的竹以及我们安吉的竹产品是怎么一个评价。
>
> (电视画面:世博会现场)**解说词:**在本届世博会上,安吉县有几十家企业参与了世博会印度馆、国际竹藤组织馆等十多个场馆的竹材料和产品制造,世博会给安吉带来了巨大商机,让这个只占全国竹子产量2%的地方在国内的市场占有率扩大到了20%。
>
> (浙江安吉现场)**记者现场出镜报道:**这里是安吉的一家传统的竹子加工企业……

记者从国家调整企业结构、转变经济增长方式这一宏观经济命题与具体的世博会报道找到了结合点,从一个具体的切入点深入,通过浙江安吉的竹子,把世博会给安吉带来竹子产业的转型升级和积极变化展现出来。节目开篇没有过多空洞的叙述,直接从事件中心人物单锦炎切入,报道具体,现场感强。

那么,有人会问,题材有影响力是不是必须要和有关国计民生的重大问题有关,对于地方电视媒体而言,这可能难以企及。其实,选题重大是相对的,是针对不同对象而言的。"影响力"主要是指电视媒体对所服务的社区、社会的影响力,即你的报道选题是否能够影响你所服务的社区、社会,从而引发话题和讨论。报道的事件不是一个极端的个案,而是有普遍性的价值,从而具有较强的社会效果。比如,我们上文提及的《我们要什么样的世界第一》《交警来开会,高速路堵车》等消息类电视新闻,播出后在当地都引起了比较大的社会反响。

2. 突出角度,找准落点

"鸟面檐上飞,云从窗里出"②,通过选材,诗人为我们提炼出一个别致的场景。电视消息容量小,却更能反映记者提炼问题的能力。首先,消息类电视新闻简短,但不等

---

① 中央电视台《新闻联播》2010年6月21日播出,获中央电视台经济新闻部2010年第二季度优秀主题报道类三等奖。

② 〔南朝·梁〕吴均:《山中杂诗》,选自欧阳询:《艺文类聚》。

于简单。一般而言,电视消息要求对事件信息有清楚明了的报道与信息传达,用独特的电视语言把何时、何地、何人、何事等新闻基本要素交代清楚。在此基础上,消息类电视新闻的更高要求是找到最有价值的新闻点,角度新,能够体现记者在现场的独家发现、独家观察和独家思考。尤其是在各电视媒体机构都能获得同样信息的情况下,角度独特与新颖便成为新闻竞争的增长点。比如电视消息《青海玉树大救援——搭乘特殊航班的救援队》①,记者在搭乘从西宁飞往玉树的航班上,发现为了在飞机上放更多的担架,东方航空公司将飞机的坐椅拆除,救援人员簇拥在这些坐椅腾出的空间里,这也是我国第一次在地震救援中拆除飞机坐椅。记者敏锐地发现了这个角度,进行了体验式的报道。这则新闻体现了"留心处,处处有新闻"的新闻敏感,在大事件中找到了小切入点。

其次,简短的消息报道也绝不意味着仅仅展示事件,而是要同时在展示中提出意义,即事件所产生的影响,这就是新闻的落脚点。比如电视消息《麦田里的"粮王"大赛》②,表现的是 2010 年三夏期间山东省菏泽市举行第二届粮王大赛的具体事件(见下表)。

表 3—2 《麦田里的"粮王"大赛》分镜本

电视画面	同期声	解说词
演播室主持人		三夏期间,在山东省菏泽市的麦田里,新一届粮王大赛又开始了。
菏泽市麦田现场记者出镜报道	记者:正在测算的这块麦田呢,是进入本次粮王大赛决赛的最后一名选手的麦地。那么其他几位选手的成绩已经出来了。随着这块麦地的产量一出来,本次大赛的粮王就诞生了。	
		经过现场测产和实打验收,不到一个小时,粮王就诞生了。
山东省菏泽市农业局副局长李怀存	小麦种植状元是鄄城县大埝乡连庄村王培忠,亩产 712 公斤。	
状元	众人掌声	
		拔得头筹的王培忠获得了 1 万元的现金和 500 斤粮种的奖励

① 中央电视台《朝闻天下》2010 年 4 月 17 日播出。

② 中央电视台《新闻联播》2010 年 6 月 21 日播出,该片获中央电视台经济新闻部 2010 年第二季度短新闻类一等奖。

续表

电视画面	同期声	解说词
王培忠	种庄稼,三分种,七分管,十分收成才保险。	
		同样是来自连庄村,农民连守清以685公斤的成绩拿了个第三。但是他不服输。
连守清	我不服气,我今年没当上粮王都有点抱亏。我想来年争取在技术上跟他(粮王)分分高低。	
		不认输的农民不在少数,今年就有1 346名报名参赛,是去年的3倍多。
山东省菏泽市农机推广站站长阎传胜	第一年粮王大赛,我们超过600公斤的地块,全市是12万亩。今年第二次粮王大赛,我们超过600公斤的地块达到了24万亩。通过这个大赛,带动我们菏泽增加了3000万斤麦子。	

这则新闻时长1分30秒,属于短消息。记者抓住三夏时节发生的新鲜事,具有时效性;同时从事件切入,新闻具体,被访人语言鲜活生动,节目节奏强。最为关键的是,新闻以小见大,表现了国家实施强农惠农政策,地方政府发展粮食生产,保护和调动农民种粮积极性的大背景;节目结尾通过山东省菏泽市农机推广站站长阎传胜的采访带出"粮王"大赛的意义:"带动更多农民科学种粮,菏泽市小麦亩产提高,总产增加了3000万斤",粮王大赛的意义凸显出来,新闻的落脚点清晰明了。

3.把握准确性

消息类电视新闻简短、快捷、形式相对灵活。有时,快与准确便形成矛盾,快,意味着抢先;而准确,却需要时间去分析、去核实。这两者的矛盾构成了消息类电视新闻实际操作中的一个问题,尤其是在现代电视媒体中,有的电视消息仅仅是以口播新闻或文字信息贴画面的方式发布信息,因此,在实际操作中,最大的问题是消息的可靠性和准确性。对于这类信息,要注重把握以下两个方面:

第一,多方核对信息源,确认消息的准确性。由于消息强调第一时间,在实际操作中,即使没有现场画面也可以强调迅速发布。及时迅速是消息的特点,但也可能成为消息准确性的杀手。这种情况就需要记者尽量核对多方信息源,从不同的途径中获取对事件的确切了解。尤其是在现代资讯爆炸的时代,通讯社、报纸、网络等各方信息纷纭庞杂,在电视新闻操作中,也经常有电视媒体从国内外各大通讯社、网络获取信息,简单处理成电视消息发布的实际案例。因此,利用权威、可靠的信息源,并多方核实信息,确认信息的可靠性,便成为电视媒体发布信息的一个可以保证的途径。

第二,上文提及的方式实际上是权宜之计,作为媒体机构,如果只是依靠其他媒体，发布第二手信息，或者简单地以信息拼贴画面的方式形成电视消息，显然不具有权威性。曾担任美国哥伦比亚广播公司驻伦敦记者站长达25年的资深记者汤姆·方登也就此提出过警示：越来越多的美国电视媒体为了节约开支，改变了传统脚底板下出新闻的严谨方式，采用所谓的“外包”新闻制作方式，即以“包裹”新闻的形式——综合其他人拍摄的图片以及相关新闻社匿名来源的新闻信息，打包成电视新闻，这是一个潜在的危险。哥伦比亚广播公司前主播丹·拉瑟在《60分钟》因引用未经证实的备忘录——小布什在得州服兵役获特别优待，而导致他作为哥伦比亚广播公司晚间新闻主持人不得不提前退休便是一个例证。[①] 作为深度报道的《60分钟》，在信息来源上尚且如履薄冰，更何况一般的消息类电视新闻，其信息来源的鱼龙混杂可见一斑。因此，电视记者应尽量多做现场新闻，挖掘新闻的第一落点。一方面，能够保证信息的可靠与准确，另一方面，更能从记者现场的观察与思考中找到独特角度和有新闻价值的信息，使消息具有现场感和可视性。

在现代电视媒体的工业化操作模式下，许多杂志型电视新闻节目纷纷问世。比如，中央电视台改版后新闻频道晚间播出的《共同关注》、深夜播出的《24小时》(图3－3)等新闻节目，它们增加了“声音”、“面孔”等主题性报道，其中也大量增加了图片和网络新闻。这无疑使节目更加丰富、鲜活、生动，但在实际操作中，其信息来源的可靠性、准确性以及二手信息的现场再加工都成了新闻信息处理时必须首先考虑的问题。

图3—3 中央电视台《24小时》栏目

4.突出明确的画面信息量

为什么在消息类电视新闻里要强调突出画面信息量这一要求呢？这是由消息的特性决定的：消息简短、篇幅小，3分钟左右的容量很难顾及更多的东西。正因为简短，其信息量才弥足珍贵，要求在单位时间里有更多具体的信息阐明事件、厘清问题。现场信息、声音信息、字幕信息等互为补充，多向度提供解释和说明，画面、声音等各种信息都具有明确的指向性。相比之下，有些消息类电视新闻主题单一，其明确的信息量都是为确切的主题服务的。

---

① Tom Fenton, *Bad News, the Decline of Reporting, the Buisness of News, and the Danger to Us All*, Regan Books, 2005, p. 12.

比如《二环路改造工程竣工》[①]，行进画面信息与采访信息、二环路立交桥的字幕、图表信息相互配合，信息具体、饱满，在短短2分钟时间里，把改造后的二环路的性质以及带来的影响阐释得深入清楚。相对而言，很多消息类新闻尤其是会议新闻、主题报道，画面信息空洞、单调，缺乏信息量。

5.把握叙事节奏

消息虽短，但同样也应当注意叙事技巧和节奏。电视消息是媒体每日必须采制的信息形态，需求量庞大，为了赶时效，以画面加解说制作电视消息便成为提高效率的最常见的方式。但是，需要强调的是，这种简单节奏的处理方式只是权宜之计。电视消息同样要注意现场画面、过渡空镜头、采访、同期声、解说词等各种元素的相互搭配，注意叙事方式和叙事节奏，以免同一种信息形态堆积、重复、拖沓，缺乏吸引力。比如，电视消息《刘翔夺冠，创造历史》[②]，作品题材重大，现场感较强，但是在具体的电视表现上却存在瑕疵，尤其是事件现场叙述、对刘翔及其教练的同期采访，基本上是靠堆砌完成的，没有形成很好的电视表现力，不能不说是一个遗憾。

第二节　电视新闻现场直播

一、电视新闻现场直播的界定及发展历程

1.电视新闻现场直播的界定

所谓电视新闻现场直播，是指记者在新闻现场采集画面声音信息、现场报道、现场采访等活动与节目播出同步进行的一种节目体裁。现场直播最能体现新闻的时效性，是最能发挥电视新闻及时传播优势的播出方式。

现场直播打破了传统电视新闻画面加解说词的制作方法，直接在新闻现场发回报道，带领观众在第一时间获得第一现场的最新信息。报道与播出同步进行是现场直播的最大特点。电视新闻现场直播对新闻事件进行现在进行时的采访报道，直接展现最生动的新闻现场，具有强大的表现力和吸引力。由于报道和播出同步，电视新闻现场直播也是对电视综合运作能力的考验，它要求前方记者、电视播出部门、节目部门之间有力地配合，在新闻事件发生的同时将新闻报道给观众。这也是电视新闻时效性和现场感优势发挥的最大化。

---

① 关于电视消息《二环路改造工程竣工》的详细分析，参见曾祥敏:《电视采访》(第2版)，中国传媒大学出版社2010年版。

② 中央电视台播出，获2004年度中国广播电视节目奖长消息类一等奖。

2. 电视新闻现场直播与电视新闻节目直播的区别

现在,越来越多的"直播"出现在我们的电视荧屏上。前面我们讲到的电视新闻评论节目、电视新闻访谈节目就有很多采取直播方式,如央视的《新闻1+1》《今日观察》就是直播节目,每天及时评论最新发生的新闻事件。在消息类新闻节目中,直播节目就更多了,如《朝闻天下》《新闻联播》《新闻30分》《新闻直播间》等(图3—4),对于追求时效性的电视新闻来说,直播节目可以随时插播收到的最新消息,及时提供最新信息,因而越来越受到消息类电视新闻节目的宠爱。

图3—4　中央电视台《新闻直播间》栏目

那么,同是直播,电视新闻现场直播与电视新闻节目直播有什么区别呢?

电视新闻现场直播指的是记者在新闻现场拍摄采集新闻,在新闻转播车上由导播选择画面直接切出信号或将信号及时传回电视台,由电视台的导播切换画面,通过卫星将信号同步传输进行播出;电视新闻节目直播指的是新闻节目实现了直播,但主要是演播室直播,即新闻节目主持人在演播室主持、播报与节目播出是同步的,而节目中播出的一条条视频新闻或图片新闻则是提前录制好的。现场直播与节目直播最大的区别就在于新闻事件的报道是否是直播的。

当然,多数情况下新闻现场直播与节目直播是相结合的,通常是现场直播与演播室直播结合在一起,既有主持人在演播室及时播报、及时述评,又有记者在新闻现场采访拍摄、做现场报道,演播室与现场相互配合,实现电视新闻传播效果的最大化。在新闻节目直播中,可以随时插播对新闻事件的现场直播,直接把信号切到新闻现场,如果没有新闻现场的图像信号,还可以通过电话连线的方式插入记者的前方报道。所以,我们既要分清电视新闻现场直播和电视新闻节目直播的区别,又要明白它们之间的联系。

3. 现场直播的发展历程

从西方电视新闻界来看,"最早的现场直播始于1948年夏天的美国。当时,正逢四年一度的美国总统大选,电视实况转播了民主党与共和党两党提名大会的召开。美国选民坐在家中,通过荧屏亲眼目睹这一历史事件的始末。在电视发展的早期,由于磁带录像技术尚处在萌芽阶段,昂贵的电影胶片是主要的录制手段,因此大部分节目都是现场直播的”[①]。20世纪60年代，随着磁带录像技术的不断发展和完善，电视新闻开始进入录播阶段。录播可以有效地保证节目质量，工作人员可以在节目播出前对节目进行比较仔细的修改、检查，避免了直播容易出现的失误。但是，录播节目的截稿时间往往在节目播出前的两三个小时，录播节目一旦录制完成，就很难再插入新收到的消息，所以，最新消息就很难在节目中播出，这大大限制了电视新闻的时效性，直播的优势又逐渐显现出来。1983年，美国有线电视新闻网曾因对韩国航空公司007号班机被击落事件、美国在贝鲁特的海军陆战队全部被炸和美国入侵格林纳达的报道而荣获皮博迪奖。1985年，美国有线电视新闻网中断了广告，向观众现场报道了美国民权运动领袖弗农·齐丹遭暗杀未遂事件。此外，美国有线电视新闻网还分别在1986年和1991年对美国“挑战者号”航天飞机不幸失事、海湾战争这两件重大历史事件做了现场直播。现场直播报道以“第一时间、第一现场”的强烈震撼力使美国有线电视新闻网名声大振。这之后相继诞生的美国有线电视新闻网(CNN)，微软全国有线广播公司(MSNBC)等新闻频道也都以现场直播作为主要手段。

我国最早的新闻现场直播是在电视新闻诞生之初，1958年10月1日，我国就现场直播了国庆庆典活动，而我国的电视新闻节目最早采用的也是直播方式。随后，掀开我国现场直播新的一页是在1985年，中央电视台现场直播了第六届全国人大三次会议开幕式，“它第一次打开了我国高层领域的直播大门，为此后新闻现场直播拓展多层和深层领域奠定了决定性意义的基石”[②]。这期间，随着录像技术、录像设备的完善，电视新闻节目逐渐进入录播阶段。

1995年，中央电视台午间新闻节目《新闻30分》以直播的方式播出，开启了我国电视新闻节目新的直播阶段。紧接着，1996年，央视《新闻联播》节目也变为直播播出。同时，现场直播也开始逐渐成熟起来，1997年，我国对香港回归这一重大历史事件进行了长达72小时的直播报道。而适应于直播的卫星新闻采集系统也不断发展，“这种系统在可移动的运载转播车上安装了小型地面卫星发射和接收装置。卫星新闻采集车到达现场后，只需稍做调整便可在短时间内播出现场的新闻图像。新闻车这种新的电视新闻采集、编播方式的产生，直接推动了电视新闻的直播化”[③]。

我们可以看到，2001年，凤凰卫视对“9·11”恐怖袭击事件及时进行的直播报道为凤凰卫视赢得了全世界的瞩目。2003年，中央电视台一套节目和四套节目分别推出的伊拉克战争直播报道大大提升了央视的收视率。电视新闻现场直播逐渐发展成

① 张婷、李光辉：《从“直播”到直播——论电视新闻现场直播的发展阶段》，《福建师范大学福清分校学报》2008年第5期，第53页。

② 沈忱：《中国电视新闻现场直播——导演手记》，中国广播电视出版社2004年版。

③ 顾鲲：《直播：电视新闻竞争力的体现》，《新闻前哨》2009年第8期，第58页。

熟,成为让观众第一时间“走进”新闻现场、最大程度接收现场信息的平台。

二、电视新闻现场直播的类型及特点

电视新闻现场直播虽然都是在新闻现场对新闻事件进行报道并同步播出,但是报道的题材不同,报道方式也有所不同,电视新闻现场直播一般分为现场实况转播、策划型现场直播报道、突发事件现场直播报道三种类型。

1. 现场实况转播

现场实况转播是依葫芦画瓢,原样照搬。

现场实况转播是指对新闻事件进行全程直播,基本上使用的是公用信号,基本实现对新闻事件的完整记录,一般配以主持人、解说员的画外音解说。现场实况转播一般用于重大仪式、重要会议、重大比赛的现场直播,如“两会”开幕式、国庆阅兵、奥运会开闭幕式、世界杯比赛等。这些新闻事件本身意义重大,无需新闻媒体再做过多的解释说明,因此基本不插入现场报道,而是以画外音解说为主。人们观看实况转播,更多的是想了解新闻事件发展进行的过程、亲历重大的历史时刻,所以,这类事件的现场直播会尽可能完整地记录、展现事件的发生、发展,不过多地介入,一般采用多机位拍摄,由导播选取最好的画面,争取为观众提供全方位、多角度的报道。

现场实况转播记录下了大量的珍贵镜头,为不能到达现场的观众在第一时间“亲历”现场、见证历史时刻提供了可能。如在2008年北京奥运会开幕式的现场实况转播中,一幕幕美丽的卷轴向我们展开,现场千人整齐有力的击缶而歌更是给我们留下了深刻印象,“有朋自远方来,不亦乐乎?”的洪亮声音向全世界诉说着中国古老的东方文明,电视机前的观众朋友虽未在现场,一样可以通过现场直播感受现场强大的震撼力。电视镜头还拓展了观众的观看视野,观众若在现场,只能从座位的角度观看,而电视直播采用航拍、特写等不同视角的拍摄,扩大了观众的视野,给观众带来了超越日常观看习惯的视觉体验。由于事件具有未知性,观众可以通过直播与事件同步感受现场,所以实况转播能满足观众强烈的好奇心和求知欲,让观众可以一起亲历事件过程。又如,在体育比赛的现场直播中,大量采用的是现场实况转播的形式。很多时候,观众都会熬夜看比赛,就是为了体验比赛正在进行的过程,这种充满未知的过程具有强烈的刺激感和吸引力。如果球迷在第二天知道比赛结果的情况下再看比赛,由于没有了那种充满未知的好奇、兴奋,同样的比赛,观众的观看体验便会大打折扣。所以,体育赛事一般都采用现场实况转播,带领观众同步体验比赛。

2. 策划型现场直播报道

策划型现场直播是锦上添花,在原事件基础上增加多维的解读视角。

策划型现场直播报道是指对于可预知的重大新闻事件提前进行大量的策划准备，通过记者的采访报道和对新闻事件的记录进行现场直播的报道方式。在这里，现场直播不仅是客观记录，更多的是一种主动报道。策划型现场直播的策划是指在可预知的新闻事件发生之前，对如何做现场直播做出安排和计划，主要包括搜集报道资料、预测新闻事件、提炼报道主题、制定报道方案、制作背景短片、部署报道人员、联系采访对象、安排摄像机位、前期宣传、后期收尾等活动。

策划型现场直播的前期策划非常重要，制片人、记者和编导首先要对事件做出前瞻性的预测，预测事件的内容、规模、地点、参与者、发展过程、高潮、结局等要素，运用平时的经验和积累，结合已掌握的资料，对新闻事件做出分析和预测，制定好报道方案。

策划型现场直播报道往往在事件发生之前就做了大量的宣传推广工作，让观众了解将要发生的重大新闻事件，与观众建立“约会”意识，让观众对将要重点报道的事件产生一种心理期待。这种宣传推广活动包括“倒计时”、提前播放广告、历史回顾、制作专题片介绍相关背景等。前期策划还要预测实际直播报道中可能遇到的困难，提前踩点、演练，进行技术和心理上的准备。比如，2008 年央视珠峰火炬传递直播，“珠峰火炬传递活动的筹备最早始于 2003 年，在 2005 年、2007 年经过多次直播演练，从直播技术、工作人员、直播方案等多方面进行磨合和调整；从 2008 年 4 月 25 日开始播出每天 15 分钟来自珠峰现场的报道，为登顶当天的直播进行情绪上的预热和引导；登顶前日(5 月 7 日)晚 9 点 58 分，中央电视台播出了次日登顶的预告消息，‘邀请’亿万观众一起来见证历史的瞬间”①。前期的策划和筹备为直播奥运火炬珠峰传递活动进行了充分准备，不仅在技术上克服了直播难题，还为直播营造了声势，燃起了观众的收视欲望和收视热情。前期不断的宣传预告使最后的登顶直播成为整个报道的高潮和观众关注的焦点。

除了前期的预热，策划最重要的作用还是为现场直播的顺利进行奠定基础，使多点报道能够有条不紊地进行，让直播报道有深度、有角度、有亮点，这样在直播过程中遇到突发情况也可以沉着应对。

比如，在对神舟七号载人航天飞船发射的直播报道中，央视制作播出了《神七问天》直播特别节目，主持人张羽在北京演播室内主持整个节目，请专家讲解“神七”与“神五”、“神六”的不同及火箭发射、舱外活动等各个环节，回答观众提问；张泉灵在北京航天飞控中心演播室报道飞控中心情况；记者刘庆生、白岩松等人在酒泉卫星发射中心为观众报道发射现场的情况，采访有关专家和工作人员；节目还穿插着记者从航

---

① 谢漪珊:《略论媒介事件理论在珠峰火炬传递电视直播中的运用》,《科技信息》2010 年第 4 期,第 177 页。

天员家乡发回的现场报道，让观众从报道中既可以了解航天员家乡关注“神七”飞天这一事件的情况，又可以从航天员的家人那里了解航天员的一些背景信息。直播始终贯穿着“神七”的舱内镜头，让观众实时了解舱内情况，在翟志刚出舱的时刻，整个直播达到了高潮，舱内直播与舱外直播并行，让观众共同见证了我国航天员出舱行走的重大历史时刻。前期策划为做好《神七问天》的现场直播打下了坚实的基础，演播室主持人与现场记者实时连线，让节目既有演播室的专家解读，又有新闻现场鲜活的报道采访。节目还加入了模拟动画、背景短片等资料，使直播报道更加充分、形象，增强了新闻的可视性，让观众对报道内容有了更加深入的认识。

另外，策划型现场直播报道一般还会在现场直播结束后“制作很多后续节目，例如‘解读……’、‘台前幕后’、‘……的花絮’，或者再制作些深度访谈之类的，希望事件的热度能够持续”[①]，进一步满足观众了解事件的需求，使策划报道的效果实现最大化。

总之，策划型现场直播报道一般可以预知事件的发生时间和大致内容，可以在直播前做大量的准备工作。多点现场直播是它的基本特点，记者在新闻事件的多个现场向观众做直播报道，整个报道为观众进行信息整合，既让观众同步了解事件的最新情况，又融入记者的采访、解析和体验。

3. 突发事件现场直播报道

突发事件现场直播报道是灵活应对新闻事件的直播报道，是真正意义上的电视新闻现场直播。

突发事件现场直播报道，顾名思义，就是对突发事件所做的现场直播报道。所报事件事发突然、不可预知，来不及做好详细策划，只能一边直播一边策划报道方案。突发事件现场直播报道向观众传递突发事件现场的最新情况，用电视特有的声画结合的报道让观众了解事件真相，能够有效地抑制谣言的传播，起到稳定民心的作用。突发事件具有强烈的不可预知性，事件发生之初，是谣言最容易传播的时候，也是观众最渴望得知真相的时候。所以，突发事件现场直播把握了最佳的报道时机，把观众第一时间带到新闻现场、了解事件发生的真实情况。2007 年 11 月 1 日，我国出台了《中华人民共和国突发事件应对法》，这也为媒体报道突发事件提供了可靠的法律保障。

可以说，突发事件现场直播最能检验媒体的直播报道能力，它要求媒体建立快速反应机制，迅速制订报道方案，派出记者赶往事发地，通过各种方式了解事件发生的最新情况，收集资料，了解事件背景，联系专家、评论员对事件进行解读，还要保证技术设备正常运转，将前方信号实时传输过来，这对媒体的团队合作、报道能力、技术能力都

① 石明:《媒介事件中潜伏的力量——浅析媒介事件的垄断性》,《渭南师范学院学报》2010 年 3 月，第 70 页。

提出了重大挑战。

突发事件现场直播展现事件过程，将突发的真实的现场及时报道给观众。2008年5月12日，汶川突然发生8.0级大地震，中央电视台迅速播出了《抗震救灾 众志成城》直播特别节目，对汶川地震做了大量现场直播报道。直播中，记者及时报道武警战士抢修通往汶川国道的最新情况，记者深入解放军搜救被困群众的第一现场，记者来到地震灾民临时安置区……这场抗震救灾直播报道牵动着每一个中国人的心，让人们见证了一个个生命奇迹和一个个感人的救援故事。“英国《卫报》援引中国驻英国大使傅莹的话说：‘一切都在聚光灯下进行，让世界各地的人都能看到中国是在如何应对困难的。’”①有人说，未来电视新闻的竞争是直播的竞争，在现代电视媒体竞争中，一个媒体对事件的快速反应能力、对新闻资源的有效整合都体现在直播当中。获第21届中国新闻奖电视新闻现场直播一等奖的《王家岭矿透水事故救援报道》②，第一时间报道了山西华晋焦煤集团王家岭矿发生的透水事故以及对井下153名矿工的营救工作，并全程直播了115名被困工人获救升井的过程。这次突发事件的报道及时、准确、真实、客观，其救援现场和医院救治的直播信号还被美国有线电视新闻网、路透社、半岛电视台等国际媒体广泛转载，真实地反映了中国政府为救援付出的努力和对生命的尊重。

总之，无论是现场实况转播、策划型现场直播报道还是突发事件现场直播报道，现场直播都为观众带来了与事件发生同步的最新消息，在新闻时效性上实现了最大化。现场直播的魅力来源于现场，电视直接用画面、声音、记者的现场报道等形式将人们带到事件发生地，这种优势是报纸、广播的报道所无法比拟的，现场给新闻带来了最直接的真实感和感染力。另外，现场直播伴随着事件的发生发展进行同步报道，报道的过程充满未知。奥运会开幕式上火炬将如何点燃？翟志刚将如何出舱？地震中被废墟掩埋的妇女能不能被救出？这一切充满未知数。观众在收看现场直播的过程中，其实也是在见证历史、参与历史。

三、如何做好现场直播中的现场报道

现场直播因记者的现场报道而更加生动，记者在现场，仿佛是一个新闻见证人，给观众一种“我在现场”的真实感。记者仿佛是观众的延伸，通过记者的现场报道，观众可以产生一种身临其境的感觉。那么，应当如何做好现场直播中的现场报道呢？

---

① 时统宇：《央视抗震救灾直播的历史意义和传播价值》，《中国广播电视学刊》2008年第7期，第64页。

② 中央电视台新闻频道2010年4月2日播出。

1.记者要有敏锐的观察力和发现力

记者到达现场后,首先要熟悉现场情况、搞清楚新闻事实,这样才能向观众做好报道。报道什么?怎么报道?这都需要记者有敏锐的观察力和发现力。在做策划型现场直播时,记者一般有充分的时间提前到报道现场看一看,这时候,记者可以仔细观察现场有什么特别之处,提前和当地人聊一聊,了解所在地点的背景信息。这些都可以帮助记者做好现场报道。如果是突发事件的现场直播,记者到达现场后也要仔细观察现场,了解事件进展,虽然时间紧迫,这些准备工作却可以让现场直播更有表现力,取得更好的传播效果。

在1997年香港回归直播报道中,白岩松就临时改变了现场报道的地点,他在直播前一天到预设的现场报道点——连接深圳和香港的深圳皇岗口岸查看时,发现在前面离香港更近的落马洲大桥上有一条标志性的管理线,这条线的一边是深圳,另一边就是香港,于是白岩松将报道地点由原定的皇岗口岸改为了落马洲大桥上的这条管理线。我们来看一下白岩松的现场报道:

“各位观众,我现在是在落马洲大桥上,大家可以看一下,这儿有一个铁的这样的一条线,在桥的中央。可以这样说吧,我现在左脚一面就是香港,那么在右脚的这一面就是深圳,刚才水均益也说了,按理说这条线是不应该存在的,因为深圳和香港自古就属于同样的一个县志,但是150多年前,英国人侵入之后,后来便有了这样一条线,便拥有了这条深圳和香港之间让很多人感到伤心的线。但是,再过三个多钟头,这条线就只具有区域线的意义了,一面是我国的经济特区,一面是我国的特别行政区。”当解放军驻港部队的车辆一辆辆越过管理线时,白岩松作为离这一历史性跨越最近的见证者,难掩激动之情:“越过管理线!第二辆车越过管理线!……”当驻港部队先头部队的车辆一辆辆越过管理线后,白岩松向观众报道:“各位观众,这条线并不长,车速也并不快,但是今天驻香港部队越过管理线的这一小步,却是中华民族的一大步,为了这一步,中华民族等了百年”①。

在此,白岩松的现场报道得益于他前期的了解和观察,当他得知有这样一条标志性的管理线时,便立即决定改变了报道策略。香港回归、驻港部队跨过管理线,这条线的性质有了根本性改变。白岩松正是抓住这一重要的变化,进行了精彩的现场报道,也是记者为事件找到的形象化载体,从而提升了事件的意义。同时,也正是因为见证了驻港部队跨越管理线这样激动人心的时刻,才有了白岩松后面说“今天的一小步是

① 根据1997年香港回归直播报道整理而成。

中华民族的一大步”这样的有感而发。

2.记者要具备良好的语言表达能力

现场报道的重中之重是把现场的信息告诉观众，记者不仅要准确、真实地传达信息，还要力求让自己的报道给观众留下深刻印象。另外，如果记者描述的只是现场能看到的信息，那么观众完全可以通过摄像机镜头自己去了解，所以记者出境报道要增大报道的信息量和力度，把观众能看见的和不能看见的信息结合起来，捕捉现场细节。

“把刚刚在现场了解到的新闻，在直播过程中进行客观转述，这在突发事件类直播中尤为常见。央视的张泉灵锻炼这种能力的方法有两个：一是经常把听到和看到的新闻复述给别人；二是加强写作训练，让遣词造句成为下意识，这样在现场才会有足够的精力去考虑内容。”[①]所以，想要做好现场直播中的现场报道，我们就要在日常的生活中去锻炼自己叙述事实的能力和遣词造句的能力。直播不允许重来，只有日常多积累、多练习，才能够在关键时刻厚积薄发。

3.用亲身体验进行报道

为了让观众对现场事实有一个更加直观形象的理解，出镜记者还可以用自己的行动、自己的切身体验去报道。比如在报道暴风雪的现场直播中，记者在描述完周围的道路被大雪覆盖及车辆行驶状况之后，为了让观众对雪之大、雪之厚有一个形象认识，亲自用手去丈量身旁围栏上雪的厚度。一拃、两拃、三拃，记者用手量了三下，通过这样的动作，观众可以非常清楚地了解雪的厚度。向观众说一个雪厚度的数字，不如亲自用手量一量雪有多厚。这就是说，在现场报道中，记者要增加观众的形象性认识，可以用自身的体验来告诉观众现场情况。

4.适当有感而发

记者要感受现场、融入现场，可以在报道中适当地有感而发。记者做现场报道，本身就是一种个人化的报道方式，报道要客观真实，也可以加入自己的个人感受。这种真实的现场感受是远离现场的演播室报道所无法达到的，也是用解说词转述的方式表达不出来的。

比如，央视主持人张泉灵“在5月14日发回的《都江堰幸福新村拯救被困妇女》的现场报道片段：‘在被废墟整整掩埋了56个小时之后，这位妇女终于被成功地救起了，现在担架已经过来了，而大夫已经准备好了止血的绷带和夹板，要处理她的腿，现在护着她身体的是数十个消防官兵。现场一片欢呼之声，大家在说‘成功了，成功了！’这欢

---

① 王小蓓：《出镜记者在电视新闻直播中的现场控制》，《视听界》2009年第2期，第103页。

呼是对生命的礼赞。事后张泉灵自己回忆说:‘我在现场用最大的力气喊着:‘这欢呼是对生命的礼赞!’外面的人不抛弃,里面的人不放弃!救人的是英雄,被救的同样是英雄!这,就是我们一线记者要传递的精神:以人为本。”[①]试想,如果记者没有全身心地感受现场,怎么会有如此具有感染力的报道,怎么会有这样发自内心的赞叹!

不过,需要注意的是,现场报道记者的感慨和评论不宜多,毕竟这不是记者发表个人感言的时候,还是应当以客观报道为主,记者在报道中可以适当地加入自身感受,但是要适宜,还要真实、发自内心。

5. 出镜记者与摄像记者相互配合

出镜记者和摄像记者要相互配合,摄像记者要有编辑意识,将现场情况用良好的影像语言向观众传递出去。要做好现场报道,出镜记者和摄像记者在拍摄之前就要相互沟通,出镜记者要说哪些内容,需要摄像记者拍摄哪些内容,摄像记者觉得应当选择什么景别,能否拍到想要的镜头,这些都需要出镜记者和摄像记者事先沟通、默契配合。此外,记者在做出镜报道时,必须依照由近及远或由远及近的方位逻辑进行介绍。如果一会儿远一会儿近,一会儿左一会儿右,摄像记者要跟着出镜记者的指示和描述拍摄,镜头就会非常晃动,观众看起来也会很不舒服。所以,要取得良好的传播效果,出镜记者和摄像记者的沟通配合必不可少。另外,摄像记者在拍摄时,要有编辑意识,因为直播拍摄是一种无剪辑拍摄,摄像记者的拍摄内容将直接转化为电视信号播出,这就要求摄像记者在拍摄时就形成大概的拍摄思路,和出镜记者相互配合,将出镜记者的报道和自己的影像报道有机地融合在一起。

本章小结

快速是电视新闻的重要特质,如何快中求准,是电视消息要着重注意的问题。而随着电视媒体的发展,消息类电视新闻不断发展,从简短到逐步增长,现在的趋势是,4分钟以上的长消息已经开始成为消息类电视新闻的主打。

当前,直播正逐步成为电视新闻报道的一种理念。无论是新闻节目直播还是新闻现场直播,都是为了第一时间传递消息,追求新闻的时效性。电视新闻现场直播带领观众走进新闻现场,以其独有的现场感、参与感、真实感、共时性吸引着观众。重大突发事件的现场直播在国际新闻传播中也发挥着重要作用,它是新闻事件发生发展的第一时间记录,让全世界最先通过影像和记者的专业报道了解事件真相,能够有效地抑

---

① 节选自“抗震救灾英模事迹首场报告会”张泉灵发言,中央电视台2008年6月12日第一套节目播出,转自马迟:《抗震救灾众志成城　直播报道现场主持人的特质》,《中国广播电视学刊》2009年第4期,第81页。

制谣言和虚假报道的产生，对于树立良好的国家形象、把握报道的主动权有着十分重要的作用。

思考题

1. 消息类电视新闻的界定及特点是什么？

2. 一条好的电视消息有哪些要素？

3. 电视新闻现场直播有哪些类型？分别有哪些特点？与一般的新闻报道相比，新闻现场直播有哪些优势？

4. 观看、分析优秀记者的现场报道，选择一些新闻事件，假设自己是现场记者，练习做现场报道。

扩展阅读

1. Bruce D. Itule，Douglas A. Anderson，Chapter 4“Summary Leads”，Chapter 5“Special Leads”，Chapter 7“Broadcast Writing”，*News Writing and Reporting*，6th edition. 新闻传播学英文原版教材，中国人民大学出版社 2003 年版。

2.〔美〕梅尔文·门彻:《新闻报道与写作》，展江译，第九章“广播电视新闻写作”，华夏出版社 2003 年版。

第四章 电视新闻节目类型化操作(二)
——快与深的平衡

本章重点

1. 组合式报道的角度
2. 做好连续报道的要诀
3. 连续报道与系列报道的差异

消息主要传达事件“是什么”,但如何把这个“是什么”说透,有时候靠简短的消息是无力支撑的。当单一的电视消息无法承载新闻信息量的时候,深度报道便应运而生,其中的组合式报道、连续报道和系列报道更是突破单一消息类电视新闻的容量限制,对新闻事件进行多角度、多层次的深入挖掘,利用多条不断跟进事件发展的连续报道或者多侧面的系列报道,对事件进行较为完整的剖析。西方电视新闻界并没有连续报道、系列报道的提法,没有单独区别出来的独立体裁形式,只是将其统称为“深度报道”(in-depth reporting)或者“进展报道”(developing story)。

消息类新闻追求时效性,强调首发,而对事件深度不做更多的要求。但是,当面临具有重要性和有影响力的事件时,短、平、快和深度便形成了矛盾。如何有效地利用和平衡这二者之间的关系?组合报道、连续报道和系列报道能兼顾消息类新闻的时效特点,又能组合不断深入的消息,从而形成合力,使新闻报道兼顾新、快、短与深等特点,于是组合报道、连续报道和系列报道便顺其自然地成了新闻的主力军。电视新闻这样的发展,一方面得益于传播技术的发展,倚仗现代传播科技,媒体能在最快时间内从不同信息源中获得素材并加之及时传播;另一方面也与后现代社会信息密集的状态密不可分。

第一节　组合报道

一、组合报道的界定

广义上讲，组合报道是围绕同一主题、现象、人物、事件，在同一时期、同一板块内播发的不同体裁的报道的集合，在西方电视新闻界又被称为“包裹式(package)”新闻或矩阵式新闻。从狭义的角度分析，组合式报道和包裹式报道又略有区别，请参见本书第八章第二节“组合式编排”。按照中国新闻奖的评奖细则，“组合报道是指围绕同一主题、现象、人物、事件在同时期同一板块内刊发的不同体裁的报道，单篇作品不少于三篇”①。组合报道是电视新闻资讯栏目特有的新闻处理方式。尤其是现代电视媒体杂志型新闻节目的出现，更强化了组合式报道的形式。组合报道强调同一时间的角度延展，一般用于重大突发事件或者重大主题性报道中。

组合报道可以称为“新闻套餐”，是把重大事件和主题化整为零，采用各个击破的方式，从而通过简短新闻信息的组合形成合力，把重大主题或事件落到实处。组合报道是在快中求深，在追求消息类新闻快的基础上对深的进一步把握。与新闻专题不同的是，它并不严格强调组合报道内各报道之间的体裁完全统一，也不要求新闻报道之间的严密逻辑性，而是追求对事件报道与诠释的多视角、多观点、多形态的灵活组合。因此，在现代电视媒体中，这种组合报道越来越成为媒体短时间内增大信息量的重要手段。从这个意义上说，组合报道既具有消息类新闻的特点，也具有自身的特色。

二、组合报道的特点

1.集群优势

组合报道是集束炸弹，至少由三条以上的消息构成，每条消息捆绑在一起形成新闻包，单条消息无法解释的角度，靠其他新闻相互补充，以确保每条新闻都有一个明晰的角度，组合在一起形成立体结构。这就犹如互联网上的新闻链接，只不过组合报道的链接是线性的、有限度的。从传播效果上讲，单条电视消息少则一分钟、多则四分钟，很难在线性收看的环境中给观众以深刻印象；而组合报道则通过量大面广的集合优势，不仅延长了新闻主题的时间，同时也拓展了角度，反映了把关人对当日新闻事件

---

① 《中国新闻奖、长江韬奋奖评选办法》，2011年。

关注的重点。比如,中央电视台的组合报道《大蒜市场调查》[①]是在2010年新蒜上市前的采访报道,虽然大蒜不是大宗商品,但由于当时大蒜涨价,引发了涨价是否属炒作的社会关注。该报道的组合新闻为:

旧蒜高位运行 新蒜延迟上市(时长2分05秒,事件由头)

游资难见真身 囤积憋出高价(时长2分14秒,事件由头)

多种因素推高蒜价(时长3分37秒,原因分析)

业内分析:蒜价或继续维持高位(时长1分34秒,未来走向)

这个组合报道通过四条新闻的结合,由动态报道引入调查分析,调查大蒜涨价的原因,分析其背后的原因是游资炒作还是市场短缺,并论及未来走势,由表及里,层层深入,而形式则相对松散、灵活。

2.矩阵式角度

从一个比较简略的形态模式来分析,组合报道是"动态消息+关联报道+背景报道+趋势报道+主持人穿插分析",形象地说,就是组合拳。组合报道要求多角度地揭示事件性质,寻求事件产生的影响。做到动态、背景、问题、趋势等多点信息相互支撑。所谓"横看成岭侧成峰",多个角度互涉,相互补充,使主题深化。它不仅展示"已经或正在发生什么"、"将要发生什么",还要就"为何发生"、"如何发生"、"最新进展如何"、"将要发生怎样的变化"、"与观众的切身关系程度"等问题做灵活深入的阐释。因此,从这一点来说,它已经在短时间内去触碰深度报道的视角了。一般而言,我们说,理解一个事物,角度越丰富、越立体,就越能抓住这个事物的深度与本质。西方新闻界称组合报道为矩阵式新闻,也体现了这其中的含义。组合报道一般以动态的现场事件为头条,然后拓展信息源,继之以背景分析、各方反应及评论,有时候还有未来的发展趋向。

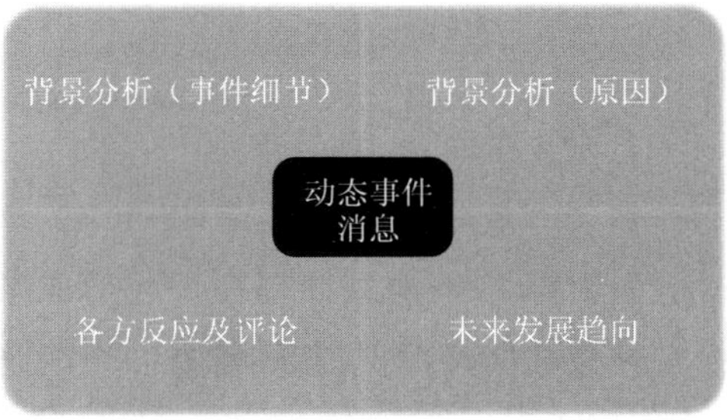

图4—1 组合报道矩阵

在西方的电视媒体中,有赖于传播技术的发展,组合报道运用得越来越多,尤其是重头事件报道,大都通过连线采访、访谈等形式形成贯穿组合报道的主线,在这其中,主持人(Anchor)作为"锚"的固定角色及串联作用体现得更加充分。另外,随着新

① 中央电视台《朝闻天下》2010年5月16日播出,获中央电视台新闻中心经济新闻部2010年第二季度组合报道类一等奖。

闻节目的大时段编排及杂志型新闻节目的盛行,形式灵活、反应快速的组合报道便成了惠而不费的体裁形式。

3. 形式灵活、体裁多样

组合报道不严格要求节目的样态,动态消息视频短片、记者连线报道、嘉宾评述、主持人串联、图片新闻等都可以成为组合报道的组成部分。因此,组合报道也不要求由一个记者一力完成,而是编辑部合力的体现,它往往能体现电视新闻媒体迅速整合新闻资源的能力。

值得一提的是,随着电视新闻杂志资讯类节目的发展,组合报道日益成为电视新闻杂志的主力军。我们不妨思考一下一本杂志的构成,既称之为杂志,便意味着既有图片新闻,也有文字新闻;既有简短消息,也有重头报道;既有数据解读,也有综合信息;既有名人名言,也有市井新闻。可谓五味杂陈,色彩斑斓。中央电视台新闻频道改版后的《24 小时》《共同关注》等栏目都呈现出比较灵活的信息样态。这就为组合报道的发挥提供了更大的腾挪空间。

下面,我们对美国全国广播公司的《晚间新闻》(Nightly News)与哥伦比亚广播公司的《晚间新闻》(Evening News)就利比亚前总统卡扎菲被击毙事件的组合报道做一分析(2011 年 10 月 20 日播出)。在当晚的新闻中,两家电视台都把卡扎菲被击毙事件放在了头条(见下表)。

表 4—1　全国广播公司《晚间新闻》、哥伦比亚广播公司《晚间新闻》卡扎菲被捕及死亡事件报道

	全国广播公司	内容分析	哥伦比亚广播公司	内容分析
序号	卡扎菲死了(Khaddafy is Dead)		卡扎菲的败落及其恐怖行为(The Fall of Qaddafi and Qaddafi's Terror)	
1	卡扎菲之死(Death of Khaddafy)	消息,主持人口播加卡扎菲死亡画面,介绍四位记者连线及访谈。	主持人口播卡扎菲之死的消息,介绍四位连线记者。	消息,主持人口播卡扎菲之死的消息。
2	捕获及被杀(Captured and Killed)	主持人演播室访谈常住中东记者 Richard Engel,介绍卡扎菲被抓及死亡的过程和相关细节。	卡扎菲被抓现场视频	引用半岛电视台卡扎菲被捕及死亡的完整视频,现场摄影记者通过 Skype 叙述卡扎菲被抓的细节。
3	美国在事件中的作用及细节	主持人连线五角大楼首席记者 Jim Miklaszewski,介绍美国在卡扎菲死亡事件中提供的情报及无人战机轰炸的细节。	卡扎菲的败落(The Fall of Qaddafi)	主持人连线利比亚的黎波里前方记者 Kitty Logan 介绍当地的反应及新政府的组建。

续表

	全国广播公司	内容分析	哥伦比亚广播公司	内容分析
4	当地对卡扎菲之死的反应	主持人连线利比亚 Misrata 前方记者 Adrienne Mong，介绍卡扎菲尸体运送及存放地点，利比亚当地电视台的反应；当地民众的反应；事件对利比亚战争的意义。	最后的几小时(The Final Hours)	连线驻五角大楼国家安全记者 David Martin，详细介绍卡扎菲被轰炸及被捕过程，动画详细演示过程。
5	美国总统奥巴马的态度	短片，美国总统奥巴马谈美国及欧洲国家对利比亚未来发展的支持。	独裁者的一生(Life of Dictator)	卡扎菲 42 年执政的回顾及制造的恐怖事件回顾。
6	痛苦的记忆(Painful Legacy)，卡扎菲生前对美国制造的恐怖事件回顾	背景介绍，连线华盛顿外交首席记者 Andrea Mitchell，讲述 1988 年的洛克比空难，采访三位遇难者的家属；1986 年的柏林爆炸案；后来的美国与利比亚政府关系的缓和；正在利比亚出访的美国国务卿希拉里的反应及评论。	103 航班的家人(Flight 103 Families)	洛克比空难遇难者之一的家属采访，一位在空难中失去兄弟的被访者讲述其感受。
7	卡扎菲之死对局势的影响	主持人演播室访谈美国反恐中心前主任 Michael Leiter，卡扎菲之死对中东乃至全球局势的影响。	白宫反应(White House Reaction)	美国总统奥巴马谈对利比亚民主发展的期望及支持。
8			获得消息(Getting the News)	在利比亚访问的美国国务卿希拉里的反应及访谈评论。

美国全国广播公司的《晚间新闻》与哥伦比亚广播公司的《晚间新闻》都在头条用 11 分 30 秒左右的时间对当日卡扎菲被捕及死亡的事件做了多角度、多形的组合式报道。从对比分析中我们看到，两组报道的内容相似，都表现为事件快报、事件细节、事件反应、事件背景、事件走势这一组合方式。分别为卡扎菲被捕的简短资讯、卡扎菲被捕及死亡的细节、美国在这其中的作用、当地人的反应、美国总统奥巴马及国务卿希拉里的反应、卡扎菲制造的恐怖事件回顾及遇难者家属的反应。从事件本身的描述，到事件所产生的影响与反应，做了一个快速而综合的报道。这两组报道的主要形态都以四路记者穿插其中的连线展开，辅之以部分短片，可谓英雄所见略同。不同的是，各条报道的排列顺序略有差异，全国广播公司的《晚间新闻》把奥巴马的反应放在前面，而哥伦比亚广播公司的《晚间新闻》则将之放在后面。这两组报道各有所长，前者相对较软，后者相对较硬，并引用了半岛电视台更多的关于卡扎菲被捕及死亡的视频画面及细节。全国广播公司的《晚间新闻》对卡扎菲死后的时局分析更胜一筹，而哥伦比亚广

播公司的《晚间新闻》对卡扎菲被捕及死亡的动画演示更清楚、形象。值得一提的是,《晚间新闻》选取了一位遇难者家属,做了较为深入的访谈,令人印象深刻。另外,我们也可以看到,两组报道引用的奥巴马发言及观点都非常相似。

三、组合报道的类型

组合报道主要用于重大突发事件报道以及重大主题性、非事件报道中。不同的报道主题对组合式报道提出了不同的要求。

1. 重大突发事件报道

组合报道可以为重大突发事件形成合力报道优势。由于事件的不可预测性,电视媒体很难在很短的时间内有比较完整的策划、拍摄、制作流程和周密计划,而观众又迫切想了解事件的背景及多点信息,"需要在多点汇集出一个整体印象以后再根据个人需要进行下一步的深入理解"①。这就对组合报道提出了一定的要求,即怎么在瞬息万变的情景下对事件形成一个清醒的判断。

(1)重要性与全面性的结合

组合报道是媒体放大事件、形成议程设置的一种形式。当突发事件发生以后,放大主题还是一带而过,这首先需要我们做出判断。编辑部应当审时度势,迅速判断事件的性质及可能形成的影响,确定组合报道的意图,在此基础上多方调集新闻资源,形成对事件的综合报道。这也是考验电视媒体在应急状态下,其议程设置效用及迅速判断选题和整合资源的能力。

(2)实时性与全时性的结合

充分发挥电视媒体即时、快捷的优势,形成及时报道跟进优势。通常,可以将事件现场发回的报道按相关顺序与结构组合打包,并及时补充资料,插播背景和事件分析,迅速给观众提供一个全面、详细的信息组合。比如中央电视台《24 小时》栏目《尼日利亚独立日庆典遭炸弹袭击》的报道②:

①现场:尼日利亚:独立日庆典遇炸弹袭击(事件由头);

②尼日利亚:独立日庆典遇炸弹袭击(事件细节):

- 至少 14 人死亡,庆祝活动未中断;
- 尼最大反政府武装宣称负责;

③新闻背景:尼日尔河三角洲——非洲主要原油和天然气产地(事件背景)。

---

① 叶倩:《论"组合式报道"的潜在功能》,《声屏世界》2005 年第 2 期,第 24 页。

② 中央电视台新闻频道《24 小时》2010 年 10 月 2 日播出。

这条报道把事发现场、事发影响、事发原因、事发背景等信息呈现出来,层层递进,逻辑性较强。

另外,在现代电视媒体直播的实际操作中,电视媒体新闻编辑部往往处于开放式的形态,随时面对新信息的进入,新闻编辑部要与演播室之间形成一个及时互动、随时插播最新背景资料和信息的信息场。有的时候,由于突发状况,这些组合报道会按照媒体获得信息的先后顺序呈现在观众面前,“先到先得”,似乎没有什么逻辑性,但是从组合报道的整体来看,其实时性和全时性就是一种随机应变的关联报道方式。在这样的操作环境下,灵活应变是关键,不必拘泥于特定的结构方式,因为这本身就体现了现代电视媒体与事件进程同步的理念。

2.重大主题报道

新闻栏目在特定工作领域或纪念日往往也通过组合报道形成一定的报道规模,扩大影响力。一般而言,这种报道具有一定的可预测性,能够有一定的提前策划和准备。这类组合报道往往具有很强的适宜性,由于编辑部采取了集中编排、组合播出的方式,往往能够扩大报道的覆盖面,增强传播效果。

但是,除了全面以外,恰恰由于这一类报道的常规性,其难点和关键点往往表现在时新性上,强调在报道的常规性中追求创新性和独特新闻价值点,并根据当下的新闻由头而非应景式地组织新闻报道。对于类似题材的报道,的确有一定的难度。下面我们以 2010 年 10 月 2 日中央电视台中午的《新闻 30 分》以及《共同关注》《24 小时》为例来分析,当日恰逢国庆黄金周和“嫦娥二号”卫星发射升空两个重大事件,前者为节假日常规性报道,后者为提前预知的策划性报道,这三个栏目都采用了组合报道来分别反映这两个事件。

《新闻 30 分》对“嫦娥二号”的组合报道如下:

①“嫦娥二号”卫星发射成功:

- 新闻特写:成功这一刻;
- 欢呼之声响彻祖国;
- 测控数据显示,“嫦娥二号”卫星一切正常。

②人类与月球:

- 独特资源,地理位置吸引人类探月;
- 我国探月不是简单重复而是新探索。

《共同关注》对“嫦娥二号”的组合报道如下:

聚焦“嫦娥二号”卫星发射成功:

- “嫦娥二号”卫星成功实施首次中途修正;
- 发射成功,精彩回放;
- 新闻特写:成功这一刻;
- 新闻特写:火箭飞去之后。

《24 小时》对“嫦娥二号”的组合报道如下:

主播关注:“嫦娥二号”卫星发射成功:

- “嫦娥二号”卫星成功实施首次中途修正;
- 长征火箭高密度发射,走向产业化。

午间的《新闻 30 分》选取“嫦娥二号”发射升空的动态新闻、反应性报道和跟进性报道,并组合了事先策划拍摄的背景性新闻。下午的《共同关注》插播了“‘嫦娥二号’将实施首次中途修正”的新闻,更多地强化细节。晚间的《24 小时》简略叙述了“嫦娥二号”的最新进展,又增加了长征火箭产业化发展的角度。

在当日常规的国庆节假日报道中,《新闻 30 分》从官方宏观的角度形成了以下组合报道:

①国庆佳节礼花艳,神州大地不夜天;
②中国驻古巴大使馆举行国庆招待会;
③中国驻奥大使馆举行国庆招待会;
④中国驻多伦多总领馆举行升旗仪式;
⑤“十一”全国道路旅客运输安全有序;
⑥“黄金周”特别行动:吃海鲜,需防“价格差”。

下午的《共同关注》对国庆节假日的组合报道更多地从平民化的视角去表现与国庆长假相关的一些交通、安全及旅游的新闻及信息组合,主要为:

①记者体验:感受长假交通:

- 江西庐山:旅游观光车缓解景区拥堵;
- 安徽:公路客流高峰持续,秩序井然;
- 深圳:出游坐高铁,交通更便捷。

②重庆:长假动车组:

- 特警“闪电突击队”亮相街头;
- 队员身怀绝技,轻松以一敌十;
- 飒爽英姿吸引大批市民拍照留念。

③广州:长假动车组;广州塔开放,468米高空鸟瞰广州。

④江苏南京:长假动车组;台湾“办桌宴”,千人享饕餮。

⑤黄山:龙腾虎跃庆佳节,传统民俗乐开怀。

⑥我的长假我做主:

- 国庆长假,网络旅游新时尚;
- 交流互动,足不出户游遍天下;
- 网络沟通,结伴游天下;
- 宅在家里做墙绘,个性又艺术。

⑦香港:国庆假期香港严防“强迫购物”。

《24小时》则以图片的形式体现主题,体现了新闻杂志节目的灵活性和栏目本身的独特视角,这组报道主要为:

图说今天:①万众瞩目;②放心食用;③给足“面子”;④千年之城;⑤“何处是我家”;⑥崭新的面容;⑦风雨60年。

从中我们可以看到,受政策限制,《新闻30分》更多地从宏观的角度,蜻蜓点水式地常规报道国庆,仍然没有跳出宣传的窠臼;《共同关注》更多地从平民化、个性化的视角切入,以交通出行为切入点来关注国庆,有点有面;《24小时》则以自己独有的提炼方式来呈现国庆节日,令人感到亲切。

组合报道是集中思维的体现,能够找到一定的规律,但组合报道也往往会根据事件态势而临时应变,这就需要记者和编辑具有丰富的新闻报道与编辑经验,需要开放的思维方式,即能达到寻门而入、破门而出。

第二节 连续报道

连续报道是传统电视新闻的主要体裁形式,但是在电视新闻直播发展中,它的形式和内涵也在发生变化。

如果说组合报道强调同一时间的角度延展,是横向延展,那么连续报道则强调不同时间的角度延展,是纵向开拓。

一、连续报道的界定

连续报道是对正在发生、发展的新闻事件进行及时、持续的报道,从而追踪事态发展,分析事件原因及影响,形成对事件相对完整的深度报道。中国新闻奖评选细则规定:“连续报道是指围绕正在发生的新闻事件连续刊发的‘跟踪式’报道,单篇作品不少于三篇。”[①]连续报道具有“发现—跟进—探究”[②]这一清晰、明确的报道传播链。传统狭义的连续报道是指在固定栏目播出的形态相对统一的报道,而随着电视媒体的发展,广义的连续报道包括对事件不同时段的跟进报道和最新事态的跟踪报道,其形态已经扩展成不同的样式。

中国电视新闻界真正开始重视连续报道是在20世纪80年代电视新闻改革之时。在1984年第二届全国优秀电视新闻评选中,首次设立了连续报道类评奖项目,当年获一等奖的连续报道是广东电视台的《广州市民踊跃献血》。1987年,东北大兴安岭发生重大火灾,中央电视台就这一突发重大事件连续做了一百多条报道,追踪火灾发展及扑救工作,充分发挥了连续报道快捷深入的功能。[③]

随着电视媒体的发展,连续报道的功能和影响力不断拓展。过去,频道播出时段有限,对事件的连续报道大多是隔天播出,而随着频道播出时段向全天候扩张,尤其是新闻频道的建立,整点新闻与不同新闻栏目的直播不断发展,连续报道的连续性、跟进性、发展性得到了很大程度的体现。中央电视台新闻频道、美国有线电视新闻网、微软全国有线广播公司、福克斯新闻频道、英国广播公司、卡塔尔半岛电视台等全天候新闻频道充分利用节目时段和频道容量的优势,对重大、突发事件及时跟进,追踪事态发展,最大限度地发挥了电视传播媒介的优势。比如,电视连续报道《关注海地大救援》[④]是中央电视台成立以来调动距离最远、进入国际重大突发事件现场最快的新闻报道。在半个月的时间里,记者冒着生命危险发回一百多条新闻报道和直播报道,其中39条独家报道被美国有线电视新闻网、英国广播公司等一百多个国家和地区的媒体转播、转载,彰显了中国电视媒体的国际传播能力以及中国电视记者的专业水准和报道精神。这种连续与直播的状态已经成为现代电视媒体在连续报道上的拓展方向。

二、连续报道的特点

1.题材重大、突发、动态发展

连续报道的选题多是媒体机构所服务的地区、社会中有影响力的突发事件,报道内容丰富,有细节,有冲突,有波折,单篇消息无法承载,才需要连续报道这样大体量的

---

① 《中国新闻奖、长江韬奋奖评选办法》,2011年。

② 吴煜:《连续(系列)报道的信息化传播——2003年度全国电视新闻奖连续(系列)报道获奖作品述评》,《电视研究》2006年第2期,第33页。

③ 叶子:《电视新闻节目研究》,北京师范大学出版社1999年版,第198页。

④ 中央电视台综合频道、新闻频道《新闻联播》栏目2010年1月播出,获第21届中国新闻奖电视系列(连续、组合)报道类二等奖。

新闻体裁进行深入跟踪,从而集合数条乃至几十条、上百条单个的简短消息形成连续报道,形成报道合力优势。因此,连续报道的选题题材往往是"牵一发而动全身"的、有影响力的事件,涉及面广,报道人物众多,角度丰富,以此提升电视媒体的影响力、公信力与舆论监督的能力。但如果题材过于空泛、平常,缺乏延展的空间,仍然滥用连续报道,甚至不遗余力地挖掘琐碎细节,或者勉强拉长周期,则效果将适得其反。

连续报道事件延续的时间较长,具有较强的持续性与延伸的空间,其"新闻要素'how'和'why'在发展之初未充分展开,尚不明朗"①。如2010年的《智利矿工井下被困》,33个人被困,事件持续时间长达69天,美国有线电视新闻网、英国广播公司等国际电视媒体几乎每天都有最新进展的报道,而事件发生之初这些都是很不明朗的,随着时间的延续,其相关信息才逐渐丰富起来。

由于事件的动态发展,报道具有不可预测性。从连续报道的整体来看,每一篇报道都在为下一篇报道设置悬念,每一篇报道都是上一篇的发展和延续,从而为连续报道形成动态的内在张力。

2.快速反应

连续报道不是有了事件结果才报道,而是充分体现事件过程化的报道。快中求深度,连续报道实际上也是多条消息类电视新闻的集合,因此,它也兼具消息类电视新闻快速反应的特点,是通过相对分散的消息集合成对事件信息的相对完整的报道。它不需要等待新闻事件完成其自身发展的过程,或新闻的所有本质因素都有所体现了才进行完整的报道。它首先从事件的一个最外显的重要事实、一个横断面切入,抢先报道事实,而对事件的深究细查或完整展示则在后续报道中完成。比如,2010年8月的"菲律宾人质事件",中央电视台英语频道、香港凤凰卫视、美国有线电视新闻网国际频道、英国广播公司等电视媒体都在第一时间进行了直播,而在随后时段里才不断追踪事态发展。中央电视台在2010年"陕西舟曲泥石流"、"伊春坠机事件"等突发事件报道中,也都是在第一时间发布消息,然后在当天以后的时段或后续时间里不断跟进事件进行报道。

3.持续跟进

连续报道具有时间上的连续性,揭示事件的最新进展。连续报道不是一蹴而就的,因此,对于正在发生、发展的事件,要善于及时跟进最新的事态发展,做到边报道、边核实,边报道、边交代,第一时间发布新闻。组成连续报道的体裁形式也相对灵活,无论是口播简讯、标题新闻,还是电视消息,只要新闻事件事态有发展、转折、变化,都

---

① 黄钦:《连续报道如何选题》,《青年记者》2006年第10期,第37页。

需要连续报道及时跟进,比如陕西电视台的《决战109》[①]。2008年5月12日,四川汶川大地震使宝成铁路109隧道发生塌方、起火,造成线路中断,陕西电视台109隧道直播报道组是全国第一个赶到现场进行现场直播和连续报道的电视媒体。在随后的12天里,特别报道组和抢险队员们一起深入隧道现场,冒着余震不断、12节油罐车随时爆炸的危险,每天不间断地进行直播和连续报道,在42篇连续报道中,既有及时、权威、现场的动态消息,也有反映抢险队员不怕牺牲、奋勇拼搏抢险精神的新闻特写,内容扣人心弦,题材丰富多样。比如,第25集《第一节油罐车成功拖出·抢险指挥部调整抢险方案》,以富有现场感的鲜活的信息呈现现场的事态发展:

【导语】几天来,宝成铁路109隧道的抢险队员们冒着生命危险与时间赛跑,我们刚刚得到最新消息,在受损机车头被成功拖出之后,第一节油罐车今天也被拖出。

(以上)导语突出事件发展的连续性,并着重突出事件的最新进展。

【字幕】打上时间字幕

【记者出镜报道】我身后就是宝成铁路109隧道的南口,我们可以看到第一节油罐车了,油罐车的前部已经受损。据我们了解,由于着火,油罐车内现在已经没有油料,但是车体已经严重变形,不过车体目前具备水平拖出的条件。现在抢险人员正在给铁轨上抹上黄油,减少摩擦阻力。

(以上)体现记者第一现场报道的权威姿态和能力,为导语补充现场细节。

【同期声】拖出现场

【解说词】第一节油罐车的顺利拖出,为下一步抢险工作打开了关键的通道,但隧道内剩余的油罐车是否具备拖出的条件?该怎么拖?当务之急是要有人进入隧道,靠近燃烧区进行近距离侦查。紧要关头,宝鸡消防支队特勤中队勇敢地扛起了这项艰巨的任务。

(以上)事件进一步发展——拖出第一节油罐车以后的未来发展。

【同期声】现场穿衣、进入

【字幕】宝鸡消防支队特勤中队抢险人员

【同期声】注意洞里面的情况,有没有坍塌?看看什么情况?上面有没有堆石或者塌方?明白了,明白了。

---

① 该节目获2008年度(第19届)中国新闻奖电视连续系列组合报道类一等奖。

【解说词】隧道内酷热难耐，头顶有不断坠落的碎石，脚下是滚热的石头堆，100 摄氏度以上的高温和滚滚浓烟让消防队员难以靠近，更危险的是隧道内的油罐在高温的烘烤下随时都有可能爆炸。两名消防特勤队员却在隧道里一直持续侦察了 37 分钟，为抢险提供了最宝贵的第一手资料。

【同期声】我们走到第四节第五节，先出来，先出来。第一节是空的，中间两节是实的，给你说那两个罐声音不一样，那个声音当当当，一个声音就是空的。

【同期声】根据侦查情况，指挥部立即部署了新的救援方案——一方面继续在隧道上方注水降温，另一方面实施泡沫强制冷却。目前抢险人员正在打开北隧道口的封堵墙，准备实施南北双向同时拖车的方案，这样一来随后的抢险进度将大大加快。

(以上)补充现场的信息和动态细节。新闻结尾为事件的未来发展和后续报道做铺垫。

随着电视媒体直播的发展，在不断跟进的基础上，实时更新应该成为连续报道的最高要求。实时更新是电子传播媒介的优势，是媒介信息发展的必然趋势。从电视媒介到网络媒介、再到未来的新媒体融合媒介，信息传播的实时更新无疑已经呈现出其比较成熟的形态。

三、做好连续报道的要诀

1. 动态策划

从电视媒体的发展来看，连续报道的策划组织往往需要调度编辑部的众多力量来进行。由于连续报道是进行时的报道，聚焦事件动态发展、报道量丰富、结构复杂，因此，这里提出一个动态策划的概念。动态策划是根据报道对象与报道环境的变化而不断调整报道方向和方案，以应对重大突发事件的发展、变化的灵活策划方式。[①] 发展中的新闻事件是不可控的，尤其是事件影响和结果，处在不断变化之中。“客观事物是在逐渐释放它的信息，这信息可能第一次释放就反映了事物的本质，也可能这一次并没有反映本质，而是要多次释放后才能反映出来。”[②]当新闻事件在递进发展中逐渐呈现出其本质时，连续报道的动态策划便是根据这一特点不断调整报道角度、报道方向

① “动态思维”概念参见李颖、王玉水:《动态思维在新闻采写中的运用》,《采写编》2001 年第 1 期,第 20 页;俞小艳、陈艳:《连续报道和记者的动态思维》,《广西大学学报(哲学和社会科学版)》,2006 年 11 月 S2 期,第 1 页。

② 梁衡:《新闻原理的思考》,人民教育出版社 2002 年版,第 3—5 页。

乃至报道方式。

当我们讨论这个问题时,作为跟进事件的伴随式策划活动,动态策划似乎是一个不可预测、不可操作的模式。这就要求我们报道新闻事件时深入分析研究事件的客观发展进程,掌握报道的主动权。而其关键点是从一开始就要确定策划报道的初步目标和大致着眼点。下面,我们来看看中央电视台新闻频道 2009 年 10 月 24 日《长江大学生勇救落水少年》的连续报道工作流程:

> 2009 年 10 月 24 日,湖北荆州两名少年落水,长江大学的九名大学生舍生救援,最后两名少年安然无恙,但三名救人的大学生却都献出了年轻的生命。事发后,地方电视台的影像资料很快就传送到央视,但只是一条一分钟左右的消息。就这样的事件,是简单处理还是需要跟踪放大,央视新闻中心迅速作了一个评估。在这个消息里有两个关键词:第一,大学生,其实就是 90 后的孩子——这个关键词蕴含的,是中国下一代社会精英的集体人格和价值取向,当然也是他们承担民族使命的资质。第二,舍己救人—— 换个词就是舍生取义,它是中国传统美德的最高境界,也是我们的民族多难兴邦的一种精神力量。有了这两个关键词,这条消息的思想价值已经确立了。
>
> 从技术层面来看:
>
> 虽然第一时间已经错过,但媒体依然有很大的操作空间:事件结果有待追踪,有很多人可以采访,有很多场景可以表现,有很多细节可以展示,有很多故事可以挖掘,有很多警示值得发出。
>
> 10 月 24 日下午两点的新闻编前会上,新闻中心决定放大这一消息,持续跟踪事件进展:
>
> • 半小时后,新闻频道与地方电视台记者做了直播电话连线,插播最新画面。电视观众开始跟着报道一起关注救人大学生的下落。
>
> • 一小时后,传来了落水事故现场的最新画面、手机拍摄画面以及目击者采访。网络媒体开始纷纷转载央视视频。
>
> • 紧接着,《东方时空》栏目电话直播连线遇难学生的同学姜美淋,她回忆现场并评价遇难同学。悲剧的细节开始呈现出来。
>
> • 荆州电视台中断正常节目播出,让参与现场拍摄的荆州台记者李哲通过直播视频连线,透露了落水事故的背后鲜为人知的细节。比如为救落水少年,九名大学生落水,当时正在附近的三名冬泳老人赶去救大学生,而三位老人英雄不留名,记者几番寻找发现他们正是普通市民,其中一位是卖早点的老人,另一位老人在救学生时脑部缺氧,上岸后呕吐不止,而他说的第一句话

则是:太懊恼了,我水性这么好,还是没有把那三名大学生救上来。

- 《东方时空》主持人张羽在连线完后点评说这是从青年到老年,普通民众关键时候的道义担当,收到了画龙点睛之效。
- 当晚11点,中央台记者王涵直接进入遇难学生的宿舍,进行直播视频连线,还原平民英雄的真实面目,遇难学生生前的球鞋和NBA海报等细节无不感人至深。新闻因为细节的力量而感动观众,触动人们内心最柔软的部分。
- 新闻频道还配发了一条短片,讲解溺水急救的科学常识,包括互救、自救和抢救三个方面,向观众介绍基本的救人常识,体现了媒体对公众的服务作用。①

2. 立足动态事件

立足动态事件,完整地报道事件的发生、发展、影响、结束等过程。对于电视媒体而言,事件发生、发展的现场报道跟进尤为重要,这是电视连续报道的基础。

电视新闻的完整性,要求电视新闻做到有始有终,不仅事发时要开始投入兵力,在事件延续的过程中和结尾时也应做好工作。一般而言,对于事件性新闻,连续报道着眼于"事件开始—发展—过程—结束"等事件链条。比如,上文提及的陕西电视台的《决战109》,在12天的报道中,以隧道塌方、列车出险开始,以隧道抢通为终结。

尤其是当媒体对事件的连续报道形成了充分影响力的时候,观众已形成习惯性收视,因而其发展和收尾报道工作也值得关注和重视,否则就会引来疑问。比如,中央电视台《新闻联播》2007年关于我国首颗月球探测卫星"嫦娥一号"发射升空的连续报道。从10月24日开始,《新闻联播》播出"嫦娥一号"第一条新闻,在将近20天的时间里,央视持续不断地播出了27条报道,基本上都是对"嫦娥一号"最新情况的跟踪报道,使观众形成收视习惯。但自从11月10日播出了一条《"嫦娥一号"展开各项在轨试验》的消息以后,中央电视台关于"嫦娥一号"的新闻报道就基本不见了,于是"嫦娥失踪了"这样的疑问便开始在观众和网友间流传。

为此,有人提出了连续报道中"终结淡出"的问题——以主体事件终结报道为收尾,"逐步淡出",即逐步减弱报道力度,间隔报道时间,使观众逐渐遗忘,形成收尾。②比如,2001年4月的"中美撞机事件"。从2001年4月初开始,许多媒体都对这一事件进行了连续报道,其大致模式是从撞机这一"突发"事件开始切入,最后到"美方道歉,我方放人"为止。一方面交代事情的始末,严正表明我国的立场;另一方面稳定全

---

① 根据梁建增:《学会有取有舍 才能有声有色——在"责任媒体"论坛上的发言》及相关资料整理而成。

② 曾庆江、李燕群:《从常态到非常态,连续报道的"淡出"问题——以央视"嫦娥一号"报道为例》,《采写编》2008年第5期,第21页。

国老百姓的"恶美"情结,做到有理、有利、有节。

3. 取舍得当,找准"关节点"

连续报道基于事件,但并不是没有提炼和选择,连续报道要注重抓问题的主要矛盾和关键信息,善于找"关节点"。"关节点"是事件发展的关键点、转折点或变化点,是组成连续报道的每一篇报道成立的理由。连续报道就像接力赛跑,一棒接一棒,每一棒都是整体报道的推动力。因此,每篇报道不是可有可无的,每篇报道都必须有一个"关节点"。"一个有效的办法,就是遵循信息传播系统性的规律,注意运用和设置悬念,在单位时间内布置一个又一个信息点阵,都是新闻事实中能够扣人心弦的情节,将它从平淡的生活流程中提取出来,并作为一个'关节点',让观众带着问题思考,带着悬疑寻找答案。"①

组成连续报道的每一篇报道都要有一个重点,其报道的依据既可以是事件的变化和新的由头,也可以是解释事件性质的新的证据或新的事实,从而形成每篇连续报道的价值点。每一篇报道都要做到环环相扣,既有对上一个悬念的解释,也要有对下一个悬念的设置。下面我们以上海东方卫视播出的连续报道《新疆兄弟紧急求援,上海各界伸出援手》②为例,东方卫视《热线传呼》栏目以新疆库尔勒地区 12 位工人因误食带菌豆豉而中毒、病情危急为报道线索,派出记者进行了跟踪采访报道:

第一集,《1 人死亡 11 人垂危,新疆兄弟紧急求援》,新疆求助电话打到上海后,上海东方卫视《热线传呼》做出呼应,向全市求助。广大市民紧急行动,寻找救命的治病血清。当抗肉毒杆菌血清还在寻找中,新疆兄弟已有 1 人不幸身亡,其余 11 位生死未卜,能否脱险,令人牵肠挂肚。

第二集,《上海医生送医 3000 公里,新疆兄弟有望早日痊愈》,上海袁慧英大夫打来电话,不但提供了抗肉毒杆菌血清,还要亲自日夜兼程 3000 公里到库尔勒抢救中毒兄弟,但是当袁大夫赶到乌鲁木齐时,又遇风雪阻路。此时,她和记者日夜兼程赶赴库尔勒挽救中毒兄弟。袁大夫能否按时赶到?能否挽救垂危病人?观众也为之捏把汗。

第三集,《挽救新疆兄弟送医千里遇车祸,上海医生袁慧英不幸因公殉职》,64 岁的袁大夫彻夜难眠,在车上连吃两粒安眠药,还好,12 个小时紧赶慢赶,血清终于送到,袁大夫和当地医生迅速开始了抢救工作,11 位病人转危为安,新疆当地关注事态发展的市民皆大欢喜,栏目组和市民都做好了摆庆功酒的准备。然而事态又急转直下,袁大夫在由新疆返回上海的途中遭遇

① 王胜文:《电视新闻连续(系列)报道必须守望的法则》,《旗帜》,人民日报出版社 2007 年版。

② 获 2001 年度第 11 届上海新闻奖连续报道类一等奖;2001 年度中国广播电视新闻奖连续(系列)报道类一等奖。

车祸,以身殉职。结局突转。

题材可遇而不可求,事发突然,进展曲折,结尾突转。虽然事件本身具有连续性,悬念感强,跌宕起伏,但是也离不开编辑记者在选题把握和处理上的敏锐、独到以及在重点梳理、层次推进上的思考,这样使整篇报道才有轻有重、环环相扣、层层递进、共同诠释出"生命高于一切"这一思想主题。在三集编后语中,编辑将库尔勒轮台县与上海——西气东输的起点与终点巧妙地衔接在一起,指出"将两地紧紧联系起来的不仅是这一重大工程,更有两地人民之间的深厚情谊"。编后语把这次报道提升到了思想和情感的高度。

有的时候,事件的变化和发展不是那么明显,这时候不妨适当减少播出量,或者寻找一些新的细节,以使报道内容形成时断时连的走向,反而能取得意想不到的效果。

4.注重互动传播

连续报道题材涉及面开阔、群体性广,与百姓的切身利益、兴趣接近性强,信息密集的连续报道有较大的时间和空间的延展度,往往能在报道过程中不断形成影响力。此外,连续报道还能针对某个尚未解决的社会问题或尚无定论的社会现象进行报道。就这方面而言,连续报道最能形成与观众之间的互动传播。因此,在对事件进行连续报道的过程中,不仅要关注事件,更要随时收集各方专家、职能部门、意见领袖和普通观众的反馈,在报道中不断补充新的信息、新的观点,回答观众的疑问,从而解释社会问题,促使问题得到解决,担当起媒体应有的责任。

下面我们来看美国加利福尼亚州奥克兰市 KTVU－TV 播出的《奥克兰车站枪杀案》(Oakland Bart Shooting),它是一组典型的体现互动传播的连续报道。2009 年 1 月 1 日,在美国加利福尼亚州奥克兰市海湾地区快速电气火车站(Bart)的一个站台上,在解决争吵纠纷时,白人警察梅塞勒(Johannes Mehserle)向黑人青年奥斯卡·格兰特(Oscar Grant)开枪,并致其死亡。KTVU－TV 在事发后做了及时报道,随后,奥克兰市于 7 日晚爆发街头骚乱,KTVU－TV 及时跟进、追踪事态发展,采访了许多现场目击证人,从多个角度深入调查事件,并提供分析。在随后的报道中,大量的跟进性连续报道集合了游行市民的观点、律师陈词、政府当局及警察的陈词。而在 KTVU－TV 的进一步持续报道中,许多现场目击者向电视台陆续提供了用手机拍摄的现场视频,为报道提供了多视角的现场的解读。"由于对其所在社会地区发生的危机事件的全面、详细的报道"①,该报道因此获得 2009 年美国广播电视文化奖(Peabody A-

① Peabody Awards 官方网站,http://www.peabody.uga.edu/winners/search_results.php?f=sf&keywords=news&description=1。

wards,皮博迪奖)。在这里,我们节选了部分报道并对此进行分析①:

1月1日凌晨,记者克劳汀·翁(Claudine Wong)现场报道,目击证人采访;

1月1日,带着观众问题"为什么会出现这样的事件?"记者迈克·米巴奇(Mike Mibach)现场采访目击证人,KTVU-TV事发后的独家现场镜头,官方发言人称没有现场视频监控资料;

1月2日,记者克劳汀·翁报道受害者在枪击前是否被铐,回答观众提出的质疑;

1月3日,记者塞吉奥·昆塔纳(Sergio Quintana)采访新的目击证人;

1月4日,目击证人卡丽娜·瓦加斯(Karina Vargas)提供的新的视频片段;

1月5日,Bart警察局长出面回答大众对事件的质疑;

1月6日,播出新的枪击案目击者的手机视频素材;

1月7日,三条新的视频,其中一条是由匿名目击证人提供给受害人律师的,提供更清楚详细的视频细节;

1月8日,记者肯·威尼(Ken Wayne)和约翰·萨萨基(John Sasaki)报道游行示威演变为暴力行为;

1月9日,记者杰西·格里(Jesse Gary)报道市政府的回应;

1月9日,记者克劳汀·翁报道Bart董事会证词;

1月10日,记者克里斯汀·卡夫顿(Christien Kafton)采访骚乱中被捕的示威者之一安德鲁·刘易斯(Andrew Lewis),Bart总经理德里琴·达格(Dorothy Dugger)就枪击事件的回应;

5月19日,记者大卫·斯蒂文森(David Stevenson)采访目击证人卡丽娜、马加蒂亚·卡里佐(Margartia Carazo),他们提供证词,受害者在被枪杀前很合作;

5月20日,听证会审阅了更多的现场视频;

6月16日,记者克劳汀·翁分析枪击时警察的拔枪行为规范及其平时训练。

……

这是当代电视媒体典型的连续报道的案例,报道数量庞大,反应及时迅速,随时插

① 所分析的节目来自KTVU-TV官方网站,http://www.ktvu.com/video/24880871/index.html。

播新的信息。作为充分接地气的地区性电视台,KTVU－TV 能够迅速做出反应,采访、报道该社区的各方意见,并持续关注。在这个典型案例中,大量的报道采访收集了目击证人的证词、视频信息以及市民、政府、行政当局、司法机构的舆论观点。这些信息的集合不仅共同构成了连续报道,而且也推动了事态的发展,促进了问题的解决。值得一提的是,在这组报道中,也出现了所谓的“市民新闻”、“参与式新闻”、“社区新闻”等新的新闻样态。

5. 注重体裁形式的多样性

在电视媒体发展初期,连续报道一般在同一栏目固定持续播出,而且体裁、形态稳定。随着新闻频道以及直播方式的出现,连续报道的播出更加密集,形态逐渐多样,不仅在每日的固定栏目中播出,同时也可以根据事态的发展情况,在当日不同栏目,以消息、评述、口播简讯、访谈等不同节目形态进行跟进报道,实时更新事态的最新情况。比如 2007 年美国女星安娜·妮可·史密斯服药过量死亡,数人争夺其子的亲生父亲身份。美国许多媒体做了大量连续跟踪报道,美国有线电视新闻网也在其列,其中仅《拉里·金访谈》就连续做了十几期跟踪安娜死亡调查及其子亲生父亲身份争夺的访谈报道,它反映了现代电视媒体在处理突发事件时的灵活性和便捷性。

第三节　系列报道

一、系列报道的界定

系列报道也属于深度报道的一类,它围绕一个主题,以外在形态和内在规律为序,多角度、多侧面、多层次、多方式地进行系统性、规律性报道。按照中国新闻奖评奖细则,“系列报道是围绕某一主题或已经发生的新闻事件所做的多角度、多侧面报道,其单篇作品不少于三篇。作品策划性强,单篇作品间关联性强,成系统”。[①] 有专家认为,系列报道是中国新闻媒体特有的体裁形式,其实,西方新闻界虽然没有系列报道的称谓,但是当面对重大主题时,也会以自成序列、自设规律的报道形式出现。比如 2009 年,美国有线电视新闻网国际频道在其新闻栏目中设置的《复苏之路》(Road to Recovery)子板块,就以华尔街金融风暴为背景,以围绕经济复苏而展开的政府工作重点、社会热点为主题,集中报道了美国经济振兴计划和历程。美国全国广播公司《晚间新闻》2011 年常设的公益性板块《改变世界》(Making A Difference)、美国有线电视新闻网的《英雄》(Heros)等,都是以某个主题为重点的系列主题报道。中国电视新闻界

① 《中国新闻奖、长江韬奋奖评选办法》,2011 年。

的系列报道的最初功能主要是主题宣传，但随着电视媒体的发展，其新闻性正逐渐增强，新闻视点越来越聚焦于社会关心的事件或人物，这是当前系列报道的一个重要发展趋势。

二、系列报道与连续报道的差异

系列报道与连续报道虽然都是对同一个主题的多角度报道，但它们在报道题材、报道序列、报道形态上都有各自的特点与规律。

1.报道题材的差异

连续报道偏重于对正在发生发展的事件进行报道，注重时效性和事件的阶段性与过程感，是事件性报道；系列报道偏重于策划性的主题，是对主题的系列诠释和报道，注重适宜性，对时效的要求并不很高。形象地说，连续报道是根据事态打灵活的阻击战，而系列报道则是集中优势兵力打歼灭战。

2.报道序列的差异

连续报道的组成部分之间是时间承接关系，是应对客观事物的发展而做出的顺序排列。每一篇报道都是对上篇报道的进一步解释、深入或发展，每一篇报道都按照事件的持续发展而“连缀”，在时间轴这一个维度上展开，其前后自然顺序不能颠倒互换，每一篇报道之间都应该有时间和悬念等因素的考虑；系列报道则按照一定的逻辑关系组合起来，或并列，或总分，或递进，可以在多个维度顺序上展开，有的时候，每一篇报道可以纵横跳跃。相对于连续报道的互为犄角，系列报道单篇抽出来都能独立成章。

3.报道形态的差异

连续报道的形态比较灵活，或述评或新闻短片，尤其是随着当代电视直播的发展，连续报道形式日趋灵活；而系列报道则有固定的形态、结构。形象地说，连续报道是形散而神不散，系列报道是形神俱合。一般来说，系列报道会规定特别的片头、设计版式和报道方式，而连续报道则相对灵活一些。比如，参评第21届中国新闻奖系列报道类作品的山西电视台的《山西右玉：60年绿色接力发展之路》，把连续两天、每天播出一个专题和一个评论的两组作品集纳在一起。其实，这只是一个简单的集合，缺乏一定的规律性和系列性，不属于系列报道的范畴。

三、电视系列报道的特点

1.主题性强

系列报道基本上是围绕国家和政府当前的中心工作、重大宣传题材、重要成就、先

进典型或英模人物进行报道,主题统一,所有的报道工作都围绕同一主题展开。系列报道的主题主要分为:

(1)重大事件、主题活动报道

这类报道围绕国家和政府当前的中心工作展开,其中包括重大活动,如2010年中央电视台新闻中心就“上海世博会”策划设计的不同主题的系列报道:“我与世博”——世博会的建设者、参与者的特写;“世博寻宝”——世博会上各个国家馆的珍藏;“影像世博”——世博会上的高科技影像技术和艺术。每年的“两会”等也是系列报道的重要时期。

除重大活动外,这类系列报道的主题也包括重大节日,如国庆、春节等重大节日,国庆60周年之际,中央电视台《新闻30分》推出的“我和我的祖国”就是一组系列报道。

(2)成就报道

这类报道指对重大工程或社会发展阶段性成就的报道,如中央电视台《新闻联播》2008年10—12月播出的《经典中国 辉煌三十年》——改革开放30周年系列报道。

(3)典型报道

这类报道根据某一时期的宣传重点,推出典型人物、典型事迹。比如2010年中央电视台《新闻联播》配合中宣部典型人物宣传而做的系列报道“时代先锋”。在西方电视媒体中也存在这一报道类型,比如2010年美国有线电视新闻网《拉里·金访谈》在节目最后环节中有一个《英雄》(Heros)板块——介绍由组织或个人推荐的世界各地乐于助人、服务社区和社会的人物。

2. 策划性强

这就是我们经常说的“做新闻”或者把某个题材“做大”。系列报道有较强的计划性,是典型的策划性报道,其报道主题相对稳定、可以预知。电视媒体一般可以提前进行预测和策划,根据国家、政府、社会等相关方面的信息和计划,提前制订重点报道计划。从传播学的角度来看,系列报道是典型的媒介事件。

由于系列报道的空间和时间宽容度较大,从某种程度上说,它也会考验电视媒体机构的统筹能力以及对主题的提炼、策划、设计、电视呈现等能力。比如《新长征路上的浙江人》[①],报道巧妙的一点是沿着红军长征的路线策划组织选题,跨越江西、湖南、广西、云南、贵州、四川、甘肃、陕西八个省份。报道切入点是长征路线,实际是“沾亲带故”、“以新带旧”,重点突出浙江在中西部地区发展合作的新战略、新举措,突出浙商在

① 浙江电视台2006年播出,获第17届中国新闻奖电视系列报道类一等奖。

“走出浙江、发展浙江”过程中的新做法、新思路，突出长征路上浙江人融入当地生活、与当地人民共同构建和谐社会的新面貌和新风采以及浙江统筹区域发展的新成就。不得不说，此次报道组织策划周密、全面，把政治、经济、文化等因素都纳入了其中。

3. 逻辑性与系统性强

系列报道注重整体性和系统性。系列报道是按照一定的组织、逻辑关系排列起来的。“系列报道从词条上来分析：系，即连缀；列，即排列。也就是说报道是按一定的‘连缀’来排列的。”[①]

因此，系列报道体现了系统性。它虽然就一个主题纵横捭阖，尽量横向拓展，强调多维度展示，但每一部分都是有机组合，是对主题的共同诠释，其表现视角和叙述方式、节目形态都呈现出一致。比如中央电视台的《直击华尔街风暴》[②]，报道把复杂的金融危机事件分解为许多相对独立的层次，然后对这些不同的层次进行专门的研究，不断地剔除假象，由表及里，由浅入深，以挖掘新闻事件的深层信息。

系统内的每一部分都体现了逻辑关系。系列报道看似独立成章，每条报道围绕主题从不同侧面、不同角度进行报道，次序前后似无大碍，实则是按照一定的逻辑组织关系有序地组合的，每一条报道之间或是并列关系，或是总分结构，或是递进关系，是“无序”中的“有序”。比如，中央电视台的《再说长江》《香港十年》《澳门十年》等大型纪录片，从某种意义上讲，它们都是系列报道的集合，《香港十年》以总分和并列的关系呈现香港回归后不同领域的成就，而《再说长江》则是从源头到入海口依次道来的递进关系。主题是一条藤，每一条报道就是藤上的瓜，以藤带瓜。

四、做好系列报道的要诀

1. 时事判断

系列报道更多的是一种宣传性报道，它充分反映了“政治家办台”的思想，需要有高瞻远瞩的统摄思维能力。其组织、策划与实际操作要通过对当下国家、社会时政局势、政策走向、经济形势和某种社会现象的认真研读、分析、梳理和归纳，提炼出有深度报道价值的选题。

---

① 叶子：《电视新闻节目研究》，北京师范大学出版社1999年版，第221页。

② 《直击华尔街风暴》是中央电视台在2008年华尔街金融风暴席卷全球时特别策划的直播节目，节目由访谈、新闻短片等构成，虽然该节目是针对事件的及时报道，其中也不乏最新跟踪报道。因此，该节目更多地呈现出连续报道与系列报道的关联性，但其内在关联更多地是从不同视角去审视、分析这次事件。因此，笔者将之列为系列报道进行分析。

2. 化繁为简、分而治之

孙子曰:"凡治众如治寡,分数是也;斗众如斗寡,形名是也;三军之众,可使必受敌而无败者,奇正是也。"[①]这是讲分而治之的道理,系列报道就是把一个复杂的母题化为几个子题,把一个复杂的问题化为几个相对简单的问题。因此,在同一个"母题"统领之下,既要让每一个单篇"子题"鲜明、独立成章,又要统筹把握,使整组报道环环紧扣、层层深入,形成单篇之间既各自独立又内在关联、互相依托的叙述张力。

3. 报道生动

系列报道大多是主题性、策划性很强的报道。由于是主题报道,因此,系列报道的最大难点是如何用生动的表现方式去诠释主题。有人说"西方电视媒体把宣传做成新闻,中国电视媒体把新闻做成宣传",这是对中国电视新闻报道长久以来形成的既定宣传报道模式的批评。如何用平实、理性的电视语言传达信息、承载主题,这不能不成为电视媒体工作者改进报道工作而思考的重点。

新闻报道本身要观照影响力和具体表现力的结合。俗话说,小题材往往与大背景相连,大主题要寻求小切口。尤其是对主题报道和成就性报道而言,如何从大处着眼、小处着手,正是体现报道的宏大主题与细微关照相结合之处。主题报道和成就性报道由于报道题材主题宏大宽泛,往往在报道的生动性与贴近性方面表现出捉襟见肘的情况。如何让作品既有思想性、承载深层次的主题,又贴近民生、让观众易于接受,这也是多年来中国电视新闻在改进新闻报道方面的重中之重。从这一方面来说,西方新闻界提出报道的"3C 原则"[②],中国电视界提出的主题事件化、事件故事化、故事人物化等报道思路便显得尤为重要。

报道中还应当注意点面结合、微观与宏观结合、细节呈现等要素。在中国电视业界,一提到主题报道,很多人就会任意拔高、过度渲染,以宣传灌输的方式加以呈现,而实际上,更多地从人性化的角度去平实地诠释主题、解释背景、帮助社会释疑解惑或者提供新的解决思路往往更容易让观众接受。例如《再造新北川》[③]就比较全面、深刻地报道了援建北川这一新闻事件,作品具有较为宏大开阔的叙述结构,又注重细微、独到的细节抓取,将援建工作人员的艰苦生活与工作状态用充分、细腻的画面细节展现了出来,令人印象深刻。

4. 报道统筹

单篇报道的好坏无以成事,系列报道重在集团作战、聚合效应。因此,系列报道往

---

① 孙武:《孙子兵法》,"兵势篇"。

② 3C 原则,即在报道中体现出"引人注目的中心人物"。

③ 山东电视台《新闻联播》2010 年 9 月 25 日播出。

往是一个电视媒体机构的组织行为,而非单兵作战,考验的是整个栏目或编委会、编辑部的统筹能力。策划好选题,跟社会时代大背景相联系,才能形成有影响力、深入人心的报道,系列报道的效果才能得以充分地发挥。

本章小结

本章着重分析了电视新闻节目中以集群优势传播信息的报道方式。其中,组合报道、连续报道、系列报道各有侧重,又相互联系。在学习中,我们不一定要拘泥于每种类型的区分,应该着重把握不同体裁形式在信息资讯传播中的效用。

思考题

1. 找一条电视消息,运用发散性思维,分析其中可以做的角度,看其能不能形成相互补充深化的组合式报道?

2. 如何设定连续报道的关节点?

3. 如何确立系列报道的主题,并形成生动、鲜活的主题系列报道?

扩展阅读

历届《中国新闻奖作品选》,新华出版社。

第五章 电视新闻节目类型化操作(三)
——深度探究

本章重点

1. 电视新闻专题的创作规律
2. 电视新闻调查性报道原则

在上一章,我们分析了在快中求深度的体裁形式。如果说在深度报道的体裁形式中,组合报道、连续报道属于以快制胜的深度操作方式,那么,本章分析的电视新闻专题和电视调查性报道则需要一定的制作周期和时间量,其报道的整体性、统一性和逻辑性要求更严密。一般而言,一个电视节目至少应该从三个基本层面去评价它:

第一,信息层面,即一个节目是否准确明晰地运用视听语言传达了有效信息,也就是媒介的社会监测功能是否得到了发挥。

第二,情感层面,即节目传达信息的过程中,是否能通过现场的人物、叙述传达出情感,或是否能将现场信息升华到直击人心的情感高度。需要说明的是,这样的情感高度首先是以信息传达为基础的,是在信息的基础上自然牵带出情感,而不是无源之水的空洞情感,首先要有事实,然后才有情感的自然抒发。

第三,思辨层面,即是一个节目是否有多面的事实和观点呈现,形成了碰撞、冲突、交流和交锋,是否从一个事实的探讨延伸到了事件中人性的探讨,是否由此以呈现多面观点和事实为基础,给观众一个开放式的思考空间。

如果说消息类电视新闻主要是给观众传达信息,那么电视新闻专题和电视调查类报道则需要给观众一个情感升华的空间、一个思想交流和碰撞的余地,以引导人们在接受信息的过程中去升腾情感、思考问题。在西方新闻界,鲜有电视新闻专题一说,而是将它们统称为深度报道。其实,深度报道不是一种体裁,只是一种信息的深入层次。有国内专家把西方深度报道分为解释性报道(explanative reporting)、调查性报道

(investigative reporting)、预测性报道(predictive reporting)[①]。美国学者门彻把报道分为:第一层次——仔细和准确地抄写消息来源提供的材料;第二层次——求证信息,深入挖掘信息的调查性报道;第三层次——在解释与分析的领域进行工作。

由于各种分类互有交叉,为了使问题简单化,以下在论及深度报道时,主要从电视新闻专题及电视新闻调查性报道加以归类分析。电视新闻专题在中国各类评奖中都有设立,可以说它是集解释性报道、主题宣传报道于一身,因此本章将予以着重分析。而电视新闻调查性报道是深度报道中最为独特的一类,美国普利策新闻奖早在1985年就设立了"地方调查性报道"的奖项[②],中国各类电视新闻评奖虽没有单列此项,但由于其采访报道方式与资料收集的独特性,本章将之作为单独的一类报道进行分析。

第一节　电视新闻专题

一、电视新闻专题的界定

对于电视新闻专题,历史的界定表述为"电视新闻专题是综合运用各种电视表现手段与播出方式,深入报道某一重大新闻事件或某些具有新闻价值又为广大观众所关心的典型人物、经验、新出现的社会现象以及某一战线、地区新面貌等题材的新闻报道形式"[③]。实际上,随着电视媒体的发展,对电视专题的拓展越来越深入,其题材与形式表现越来越丰富。在实际的操作中,只要把握住其"专题"的核心概念即可,即对新近发生或发展的某一个专门的题材进行深入挖掘和报道,不必拘泥于其具体的形式与概念。

二、电视新闻专题的特点

1. 新闻性

电视新闻专题具有新闻性,它围绕某个新闻由头展开报道,既能抓住时事展开报道,又能契合社会的敏感神经。但是,对电视新闻专题新闻性的理解应当比较宽泛,实际上,它既有突发新闻性的特质,又不拘泥于消息类新闻对时效性的严格要求,而是对一个时期的重大社会现象、社会问题的报道。

如果要理解电视新闻专题的新闻性,我们可以将其理解为其选题应具有鲜明的时

① 季宗绍:《电视深度报道教程》,复旦大学出版社2008年版,第5—6页。
② 〔美〕威廉·C. 盖恩斯:《调查性报道》(第2版),刘波、翁昌寿译,中国人民大学出版社2005年版,第3页。
③ 杨伟光:《电视新闻分类与界定》,中国广播电视出版社1994年版,第14页。

代特色，人物具有契合社会大背景的深刻精神气质，事实是以某个新闻由头为敲门砖和垫脚石的本质切入。

因此，对于电视新闻专题而言，狭义的新闻性是指对新近发生的事实进行的深入报道，比如突发的热点事件和问题。相较于消息报道，电视新闻专题处理这类题材的特点表现在对“快和深”的关系的处理上。快和深往往是一对矛盾，有的时候，时效性恰恰是理性与思辨的杀手。因此，在题材的处理上，当快和深无法并置的时候，电视新闻专题相对于上文分析的组合报道、连续报道，更加强调深而不是快，“滞后”和“沉淀”所带来的深度理性思考与剖析是其区别于后两者的最大特点。

而广义的新闻性是指契合于时代和社会精神气质的议程设置，这种议程设置是建立在对时代与社会变化的深刻体味与把握基础上的，否则，节目就会因为缺乏与观众同声共气的节拍而很难有影响力。随着电视栏目的定位逐渐细分化，作为电视栏目的重要支撑内容——电视专题也由过去单一的新闻故事扩展为不同领域和题材的新闻故事，这种细分与拓展又必须兼顾新闻性。不管题材怎么拓展，细分怎么深入，节目在选题的考量上都会着眼于其与当下社会的契合度。比如中央电视台农业频道《致富经》的选题就围绕一个“创富”与“人生自我实现”的定位，一下就把一个本来只具有乡土味的栏目做成了一个符合时代发展的栏目。

2. 题材重大性

电视新闻专题以较大的篇幅集中展现社会关注的重大事件、焦点与难点，深入剖析问题的来龙去脉与前因后果。因此，其选题一般着眼于重要的新闻事件与问题。从另一个角度来看，具有议程设置功能的电视媒体在聚焦与呈现某个问题的时候，本身就是对这一问题的放大。因此，对题材的选择以及所选题材与社会神经的契合度，常常是电视新闻专题前期策划要考虑的问题。而具有重要性的题材往往能够提供一定的故事承载量，形成较有深度和影响力的电视新闻作品。

需要说明的是大主题与小切口的问题。例如，电视新闻专题《来吧、来吧》①，通过记录普通农民吕文广竞选上海世博会唯一乡村馆馆长的故事，从一个微观的视角和一个普通百姓的世博情缘来反映上海世博会这一举世关注的重大事件，选题独特，报道具体、生动，中心人物突出，情感真挚而充沛。尤其是吕文广“来吧、来吧”的吆喝声构成了贯穿全片、提升主题的重要元素，充分体现了作者的电视视听形象意识。作品以小见大地呈现出中国世博会、中国普通百姓欢迎世界人民参与世博的热情，也向世界人民展示了中国新农村建设的成就以及不断与世界接轨的生态环保理念。

---

① 宁波电视台社会生活频道 2010 年 10 月 27 日播出，中国电视新闻奖国际传播一等奖作品。

3. 叙事统一严密性

与组合报道、连续报道物理捆绑式的信息集合不同,电视新闻专题对信息的整合与梳理是化学效应,信息的逻辑建构缜密,段落层次丰富,叙事关系层层递进、互为勾连,表现手法和风格统一有序。从电视新闻的发展来看,电视新闻专题越来越重视故事叙事与表现,以便能持续不断地吸引观众。

4. 内容专题性

电视新闻专题要求内容取材专一、集中,把握"五点"进行选材,即着重社会中有影响力的重点、焦点、热点、难点、疑点等问题进行深入集中的挖掘报道,并针对这些问题的某一事实进行专门的阐释、分析、说明、解释。在报道中,不仅仅要有呈现事实的纵横捭阖,还要有理性思辨和哲理提升的高屋建瓴。正是这样的专门性要求,才能把一个问题分析得力透纸背,从而体现出"专"的特质。

当我们把这种专题特质与社会、媒体发展的大背景联系起来的时候,对专题的理解便会更透彻。随着电视媒体向专业细分、分众传播的发展,这种专题性也有了更高的要求。而随着媒体生态的多样化,电视新闻专题也在向看似相悖、实则相辅相成的"广"和"专"的方向发展——题材越广,挖掘越专:一方面逐渐跳出过去狭义新闻专题的概念理解,向更广的题材拓展;一方面向更细分、更纵深的领域拓展。这种专不仅仅是专门的事实,而且也指专门的领域。正是这样契合社会化分工的时代大背景的理念,使电视新闻专题可以涉及社会领域的方方面面,成为诉诸不同领域的主要内容,因为,每个领域都有新的信息。新闻时政类如中央电视台《东方时空》的"岩松看日本"、"岩松看美国"等,经济类如中央电视台的《经济半小时》,法制类如中央电视台的《今日说法》、北京电视台的《法制进行时》,医药类如中央电视台的《中华医药》,历史讲述类如北京电视台的《档案》,故事讲述类如江西电视台的《传奇》,科教类如中央电视台的《走近科学》,农业类如中央电视台的《致富经》,人物类如中央电视台的《人物》等,它们都可归于广义的电视新闻专题。

5. 表现形式多样性(形成多样性)

与内容专一相对应的是表现手段的丰富。由于电视新闻专题容量庞大,随着电视媒体的发展,现代电视新闻专题更呈现出一种形式杂糅的状态,即强调在非虚构的基础上包容更丰富的表现形式,除了传统的访谈、纪实,还出现了讲述、真实再现等多种表现手法。在表现元素上,画面、同期声、解说、音乐、特技、动画、字幕多种元素和手段并用,以增强感染力。电视新闻专题虽然强调记者的亲身挖掘,但也不排除资料的整合与拼贴。

在与电视媒体栏目的关系上，电视新闻专题可以是一个电视栏目的整体架构的内容，即一个栏目由一个新闻专题构成，比如中央电视台的《人物》栏目，每一期讲述一个人物个案故事，《致富经》每一期讲述一个创业财富故事，《看见》以纪实专题加深度访谈构成；也可以是栏目的组成部分或子板块，如《中华医药》中的“健康故事”板块每期播出一个人物康复故事；还可以是栏目中的系列节目，比如中央电视台《东方时空》播出的“岩松看日本”系列节目。由于西方电视媒体没有电视新闻专题的提法，其对应的体裁形式往往是纪录片或者调查性报道，因此，中国电视新闻专题同样也可以是栏目化的纪录片。比如美国公共广播公司(PBS)《前线》栏目播出的调查性纪录片“麦道夫丑闻”等，都可以纳入新闻专题的范畴之中。

三、电视新闻专题的创作规律

1.重视叙事结构

电视新闻专题体量大、时间长、叙述层次丰富，不像简短的消息类新闻报道开宗明义、叙事简洁，而是既注重对问题的层层深入、递进式的剖析，同时也讲求叙事的操作策略，讲求开端、发展、高潮、结尾的设计与考量。

结构之于故事就像骨骼之于人体，它支撑着整个节目的内容，是长篇电视节目展开报道的支架。报道是报道者本人的工作，叙事结构则可以起到线索的作用，将事实连缀在一起，使报道更浑然一体，显得更有故事性和人情味，同时也体现报道的真实感和客观性。

电视专题节目注重叙事走向的多维性，一般来说，我们可以从问题线、时间线、空间线、点面线、访谈线等方面去思考叙事的走向。

(1)问题线

如果对一个新出现的社会热点问题、社会现象进行深入剖析，叙事走向可以采取“出现问题—发现问题—了解问题—分析问题—得出结论”这样的方式往前推进、层层深入。在调查性报道中，这样的叙事走向模式表现得最为明显。

(2)时间线

按照事件发展的时间顺序来叙事，在人物专题中，这样的模式最为普遍。但需要着重注意的问题是，这种叙事绝对不是从事件或人物的陈芝麻烂谷子说起。新闻的新，在于当下出现的新的结点或现实意义，其新闻的切入点是从一定的新闻由头说起，从现实出发，在具体的叙述中，以历史为主线，现实穿插其中，形成一个现实牵带历史、历史观照现实的叙事方式。

(3)空间线

这是一种并别式的结构,从此地到彼地,从此人到彼人,或穿插叙述,或各个陈列。《香港十年》的第一集《十年见证》,为了用影像阐明“一国两制”这个概念,并能为整部系列片提供一个具有吸引力的开篇,创作者分别选取了7月1日这天早晨具有仪式感的事件:“回归宝宝”张心柔所在学校的升旗仪式、香港紫荆花广场的升旗仪式、参加过1997年香港回归仪式的警官柴家辉所在的香港警察学院的升旗仪式,进行铺陈叙述。利用同一时间不同空间的升旗仪式,为观众展示出香港回归以后,变化的是他们在升旗仪式中所用的国旗、国歌,不变的是传统的风笛和手鼓声,以具有象征意义的视听形象呈现出“一国两制”的面貌。最后,这三个场景的升旗仪式都回到1997年7月1日香港政权交接仪式上的升旗场面。叙事纵横捭阖,空间腾挪,具有很强的代表性和说服力。

(4)点面线

从点到面,由个案故事到全体,这是主题性电视报道中一个惯常使用的叙事走向模式。比如中央电视台改版前《共同关注》栏目中的《轮椅上的舞者》。节目关注的是残疾人这一群体,但是节目首先是从在轮椅舞蹈大赛获奖者陈思这个人物,在讲述了陈思从绝望到寻找到希望的人生蜕变后,笔锋一转,视角转到轮椅舞者这个群体,进而到残疾人这个群体。再如,《再说长江》中的《水火山城》一集,分别以李曦、李娜、尹明善、苏欣荣,由点到面,牵带出重庆城的“变”、重庆人的“美”、重庆人的“韧性”以及重庆人的“麻辣”性格。

在以上叙事线的基础上,从叙事结构上,电视专题节目还可以分为单线结构和复线结构,既可以按照一种线索推进节目,也可以按照两条线索结构节目,不同线索相互交织,共同推进节目的发展。

(5)访谈线

访谈线以访谈为主轴贯穿于整个节目的结构,这类节目基本上是以纪实专题的形态呈现出来,但每个事件或话题都是通过大量记者对被访人的访谈引出的。因此,在这类专题型节目中穿插了大量的人物专访。最典型的莫过于中央电视台的《看见》周末版栏目(见图5—1),其纪实场景是主形态,但访谈却是穿插其中的魂,记者对新闻人物的心灵探寻成为串起每个事件或故事的主要支撑点,事件成为叙述和印证,而访谈则成为直击被访者灵魂的

图5—1　中央电视台《看见》栏目

桥梁,使观众对新闻人物与事件有深度而立体的理解。

2. 叙述方式故事化

随着叙事时长的延展,一个节目的叙事应该从单纯的“事实呈现”(fact telling)过渡到“故事讲述”(story telling)。这是许多节目在实际操作中总结出的经验,也是西方电视新闻长盛不衰的做法。笔者认为,电视新闻故事化的叙事方式,其内涵操作大致有以下几点:

- 放大必要的情节点,延展情节点,无论是从时间量上还是镜头量上都充分延展。情节点就是兴奋点,是持续吸引观众眼球,创造收视曲线高点的必要环节。
- 强调矛盾和冲突,用镜头和解说突出矛盾和冲突的对应关系,突出强化这种关系。矛盾冲突往往是故事的高潮,是最能吸引人的地方。虽然我们不会刻意在新闻报道中植入矛盾因子,但是,好的新闻故事本身通常会存在冲突点,而这些冲突点最易出现在记者采访调查的过程中。在真相被遮蔽的事实下,记者试图依靠自己的采访调查获取更多的证据和细节,这样被揭露出和隐藏的矛盾就会爆发。适当利用这些冲突点,可以使新闻叙事更加精彩,激发观众的心理参与。
- 不做平铺直叙或者顺坡直下的叙述,要异峰突起抑或马踏乱石、突然收摄。

因此,报道者要善于结构悬念、设置埋伏,利用事件或人物命运本身的曲折性创造叙事曲线。从心理学上讲,悬念能够刺激人的好奇心和窥视欲,对问题产生了好奇就想要寻求答案,这种心理会促使人们继续看下去。在电视节目中,悬念的适当设置会抓住观众的眼球,也能提高整个节目的紧张感和节奏感,让观众同步了解事件发生的来龙去脉,使过程性价值要素得到体现。具体而言,应注意以下几点:

- 捕捉并刻画细节,不断用独一无二的细节强化主题,刻画人物、展示证据等。
- 善于结构开端、发展、高潮与结尾,注意起承转合,形成相对完整的故事情节。尤其是在开篇设置叙事动力,在结尾能点题并找到落脚点。
- 把握节奏,张弛有度,注意铺垫和闲笔;铺垫为高潮积蓄动力,闲笔为叙事提供路径,所谓闲笔不闲。

电视新闻专题为故事化的叙事方式提供了容量和空间,比起消息类电视新闻,其叙事也更加复杂。[①]

3. 操作模式标准化

电视新闻专题体量大,叙事复杂,对记者的专业水平和经验要求高。如何保证其

---

① 关于故事化的叙事方式,请参见本书第三章及曾祥敏:《电视采访》(第 2 版)第四章,中国传媒大学出版社 2010 年版。

节目质量的管控,这就把标准化提到了日程上。随着电视媒体栏目化的日渐成熟,电视新闻专题作为栏目的组成部分日渐向标准化模式操作发展。电视节目栏目化本身就是顺应社会化大生产的趋势而形成的,形象地说,它就像大工业产品一样,每件产品都符合一定的质量标准,统一而严格控制次品率的发生。因此,每一期新闻专题也都是遵循一定的标准形成的。由于电视新闻专题的制作周期相对比较固定,因此按照一定的标准打磨节目产品便成为可能,这样的操作模式有利于电视栏目的风格统一、叙事水平相当和节目质量稳定。虽然从另一个角度来看,这种操作模式有可能抹杀节目的个性,容易形成一个比较程式化的节目模式,但在现有节目周期逐渐压缩、制作人员有可能水平不齐的情形下,它至少可以保证节目在一定质量水平上正常、稳定地运行。

下面,我们对中央电视台《中华医药》的《健康故事》作一分析。《中华医药》栏目中的《健康故事》每期讲述一个从得病到康复的故事,叙事具有相对稳定的模式,一般分为两个层次:一是康复线,在这条线中有得病前、得病时、康复过程、康复后这四个结点;二是情绪线,这条线的结点与康复线紧密吻合。因此,在节目的操作过程中,创作者把每一个结点的故事讲述完整清楚,就能达到一般标准要求。比如《赤脚铁金刚》一集中,从吴佳色赤脚锻炼引入故事,第一个结点为吴佳色早年贫血、未老先衰,第二个结点为主人公探索赤脚锻炼的方法,第三个结点为赤脚锻炼后的康复过程,第四个结点为康复后参加国际马拉松比赛,入选奥运会火炬手等活动。其情绪点也配合这样的历程而逐渐变化。编导在把握这个基本脉络和结点的基础上,叙述好每个阶段的故事,达到了基本要求。在此基础上,如果能有理性思辨或情感的提升,节目的可视性也将得到进一步提升。

图 5—2 中央电视台《中华医药》栏目

再如,中央电视台《今日说法》栏目在从 20 分钟扩版到 30 分钟的时候,提出了节目相对标准化的叙事操作模式——“五、四、三、二、一”模式。即在一个节目中,大致有五个人物、四个情节点、三处细节、二波高潮、一个落脚点。这样一个相对标准的叙事操作模式为节目提供了可以把握的依据。

4. 重视节目导视

顾名思义,节目导视是位于电视节目主体内容之前,引导、吸引观众进入节目正文的形式和手段,以达到“最大限度地吸引受众,并防止意外的受众流失”①的目的。一般而言,节目导视可以放在上一个节目之后,利用“承接效应”(inheritance effects)或“收视惯性”(tuning inertia)引导观众收看下一个节目。除此之外,节目导视还是放在节目正文之前的提示内容。

就功能意义而言,我们要认识到导视的主要功能是“提示、吸引”,只要把握住这两个关键点,便可以灵活处理节目导视。由于电视新闻专题的内容容量大、时间长,这就需要一个言简意赅的信息提示为观众铺下一块垫脚石,让观众对节目产生兴趣。节目导视的好坏将直接决定观众对节目的收视兴趣。因此,导视的视听安排有一定的规律。一般而言,导视要起到振聋发聩的作用,至少应该通过节奏、气氛、情绪、关键信息等方面的展示给观众呈现一个精彩的开篇。

第一,节奏把握。导视的节奏要“硬”而不能软,节奏要简洁、明快。其中的解说语言或访谈信息应该是只言片语,只给观众一个线头,不必追求信息的完整。在声音系统上,尤其依赖解说词、现场采访声、后期音效、音乐的交替搭配,以形成简洁、明快的节奏感。

第二,气氛把握。导视的节奏诉诸张扬,体现冲突,加重气氛,以给观众形成一个十分重要的信息提示,吸引观众进入节目正题。

第三,情绪把握。严格而言,节目导视是情绪性的渲染,要选择被访者或采访者情绪最激扬、最有戏剧性、最富张力的场景,穿插其中。

第四,关键信息把握。要在导视中透露关键信息,这些信息可以提示观众并能够吸引观众。关键信息往往是节目内容中最重要的信息,但关键信息不必完整,点到为止才能成为富有吸引力的“钩子”。美国哥伦比亚广播公司《60分钟》栏目强调,一般应将最精彩、最有代表性的镜头作为节目的开始,次精彩的分镜头放在节目结束,要求从一开始就要有足够的吸引力抓住观众,在结尾则给人以余响。②

下面,我们来分析美国公共广播公司《前线》的调查性专题《麦道夫丑闻》(The Madoff Affairs)的节目导视。

1.镜头:会计事务所工作人员、财务报表

嘈杂的同期声,音乐

解说词:它美好到几近虚幻。(It was too good to be true.)

(提示节目内容,富有悬念意味的解说词用“它”引起观众兴趣,解说词为

---

① 沃尔特·麦克杜威尔、约翰·萨瑟兰、黄桂萍、杨芳秀:《电视新闻的品牌资产与节目导视的效果分析》,《新闻大学》2004年第1期,第73页。

② 根据美国哥伦比亚广播公司《60分钟》原制作人斯蒂夫·谢帕德(Steve Shepard)2003年在中国传媒大学电视与新闻学院指导的工作室中的讲座整理而成。

画面而写,简洁有韵味。)

2. 镜头:财务报表,被访者一

被访者一同期声:你相信吗? 财源如何滚滚而来。(Would you believe it? How the money rolled in?)

音乐

(被访者富有情绪、关键性话语。)

3. 镜头:麦道夫肖像

解说词:但是没人站出来质疑。(But nobody wants to ask questions.)

(至此,1、2、3 段的同期声与解说词形成一个整体,对事件性质有一个初步的提示,提出事件的问题所在,声画错落有致,形成节奏感。)

4. 镜头:暗示财富的珠宝项链

被访者二同期声:人们故意装作无知,没有人会自断财路。(You see a willful ignorance,nobody wants to get in the way of all this money.)

(被访者的关键性语言,突出事件性质。)

5. 镜头:被访者三向记者出示报表纪实场面

被访者三同期声:这是报表。(This is the statement.)

解说词:无论是小型投资者,还是大型对冲基金经理们。(From small time investors to sophisticated hedge fund managers.)

6. 镜头:空镜头,被访者四

被访者四同期声:他们只是一味地往里边扔钱,从不做尽职调查,只坐收盈利,令人咂舌。(All these guys did was just dump money in,do no due diligence,and count their money. It's amazing.)

(引用被访者的关键性话语,进一步阐明事件问题所在。)

7. 镜头:麦道夫肖像,记者采访被访者五的正反打镜头

记者采访同期声:麦道夫有没有跟你说过,不要在招股说明书里提我的名字?(Did Madoff said to you,don't put me in your prospectus?)

被访者五同期声:是,他说过。

记者采访同期声:你觉得这样对吗?(Do you think that's right?)

(记者与被访者富有戏剧性的访谈段落,对事件主要责任人的提示。)

8. 镜头:法庭审讯镜头

解说词:监管者何在?(And where were the regulators?)

9. 镜头:法庭检察官,被告

检察官同期声:回答我的问题,你们为什么没查出他?("Why didn't

you find him?"is the question.)

(对事件监管者的提示,采用检察官富有情绪、语气凝重的语言,体现冲突,吸引观众注意。)

10. 镜头:被访者六

被访者六同期声:我谴责政府! 我严厉谴责!(I blame government, I really truly do.)

(最后引用一位被访者具有强烈情绪的语言收尾,简短有力。)

11. 镜头:记者马丁·史密斯行走镜头

解说词:今晚,记者马丁·史密斯揭露麦道夫丑闻。(Tonight, correspondent Martin Smith unravels Madoff Affairs.)

这段节目导视节奏鲜明,剪辑了相关被访者的关键性话语以及带有情绪的语言,突出事件的重要性和紧迫性,提示出事件的问题所在,从而收到吸引观众注意力的效果。

需要着重说明的是,节目导视的内容安排也是有核心点、有主题的,它的突出点也就是节目的主题。只有知道如何用核心主题统筹节目导视的内容安排,才能避免导视内容的随意性和一盘散沙,从而吸引观众去关注节目。比如,原阳光卫视《人物志》栏目迈克·华莱士(Mike Wallace)的案例,这是一部关于美国CBS主持人迈克·华莱士的人物传记片,节目导视围绕着华莱士个性非凡的性格这一主题来结构:

1. 画面:迈克·华莱士主持的节目资料片段

华莱士:你们将见到的均未经彩排亦未经审查,我叫迈克·华莱士,我手上拿的是菲利普·莫里斯香烟。

2. 画面:被访者一,插入迈克采访资料片段

被访者一同期声:迈克的处事方式与其他人截然不同,他总是引来争议。

3. 画面:华莱士采访资料片段

华莱士(手拿录像带)同期声:这些东西是哪里来的?

片中被访人(抢夺录像带)同期声:我不知道,与你无关,这是我的影片。

4. 画面:被访者二(华莱士的儿子)

被访者二同期声:他是巡逻中的警察,挥舞警棍,捉拿疑犯。

5. 画面:华莱士采访资料片段

被访人(面对华莱士)同期声:你真卑鄙,这不可出镜,我要你马上离开这里。

6. 画面：华莱士采访资料片段

华莱士(追随被访人)同期声：可否与你说两句?

7. 画面：被访者三

被访者三同期声：他喜欢制造麻烦，他喜欢惹人反感。

8. 画面：华莱士采访影星芭芭拉·史翠珊德的资料片段

华莱士(面对芭芭拉)同期声：30 年前，我实在不喜欢你，我亦不认为你喜欢我。

9. 画面：被访者四

被访者四同期声：他一直以来顽固好胜，我想这是与生俱来的。

10. 画面：华莱士打网球资料片段

华莱士：你不知道这是在界内还是界外。

11. 画面：被访者五(哥伦比亚广播公司《60 分钟》原制片人唐·休伊特)

被访者五同期声：可以给我介绍一些没有脾气的人吗? 一些毫无才华的人?

12. 画面：被访者六

被访者六同期声：无惧、无耻、但棒极了。

图 5—3　阳光卫视《人物志》“迈克·华莱士”

从以上导视段落可以看出，编导者以最能体现华莱士穷追猛打、制造冲突的采访方式与性格统摄导视，无论是他人的评价还是华莱士作为调查性记者的具有冲突性、戏剧性的采访段落，都呈现出华莱士“斗牛犬”(bulldog)的性格和采访作风。尤其是导视结尾，被访者六对华莱士的评价，可谓一针见血、精彩之极。

第二节　电视新闻调查性报道

在探讨了电视新闻专题以后，现在我们来看看电视新闻调查性节目中的电视新闻调查性报道这一特殊的类型。严格意义上说，电视新闻调查性报道属于电视新闻调查性节目这一类；但从广义上讲，电视新闻调查性节目又可归于电视新闻专题节目，其创作规律与上节所述相同。但是作为电视新闻调查性节目中的特殊一类，电视新闻调查报道有自己特有的方式和规律。这一节不谈电视新闻调查性节目，只探讨电视新闻调查性报道。

一、电视新闻调查性报道的界定

形象地说,电视新闻调查性报道就是揭盖子与捂盖子之间的角力,之所以把它独立出来讲,在于相对于其他报道,这类报道的记者所做的工作往往存在着与事件对象之间的“揭”与“捂”的角力和较量,存在着“真相”与“假象”之间的较量。对于此种含义,中外对调查性报道的界定概莫能外。我们来看看一些有代表性的陈述:

“调查性(揭露性)报道的目的在于揭露被隐藏起来的情况”;“它指的是一种更为详尽、更带有分析性、更要花费时间的报道,因而它有别于大多数日常报道。”①美国调查性报道的全国性行业联合会——调查性报道记者编辑协会则将调查性报道定义为:“它是通过某人的原创性工作而发现的关于一些人或组织企图隐瞒的重大事件的报道,”②“调查性报道一般是报道某些人或某个组织企图掩盖的新闻,”③“一些调查性报道的记者,主要聚焦于不道德行为的揭露,处理这种与记者敌对的报道关系。”④

由此看出,调查性报道具有事件的隐秘性,调查内容资料的原创性,调查的独立性以及调查的揭露性等特点。

根据以上综述,电视新闻调查性报道可以界定为**记者运用电视媒介手段,对一个问题或事件所进行的亲自、独立调查,以揭露、分析、解释事件和问题**。在这里需要辨明的是,作为记者,对事件和问题的调查本身就是其采访报道的任务。严格意地讲,电视新闻调查性报道有别于一般的调查性节目。有学者把电视新闻调查分为三个层面:一为调查性报道;二为调查性(栏目);三为广泛应用于电视新闻中的调查方法。⑤中央电视台《新闻调查》栏目(见图 5—4)制片人曾就调查性节目和调查性报道做了区别:“调查节目,第一它是对问题的报道,就是解决某种问题;第二

图 5—4　中央电视台《新闻调查》栏目

---

① 〔美〕布莱恩·布鲁克斯、达于·莫昂、乔治·肯尼迪:《新闻写作教程》,唐兰雷、褚高德译,新华出版社 1986 年版,第 384 页。

② Silvio Waisbord, *Watchdog Journalism in South America*, New York: Columbia University Press, 2000, p. 17.

③ 〔美〕布兰特·休斯顿等:《调查记者手册:文件、数据及技巧指南》,张威、许海滨主译,南方日报出版社 2005 年版。

④ Bruce D. Itule, Douglas A. Anderson, *News Writing and Reporting*, 6th edition, 中国人民大学出版社 2003 年影印版,第 23 页。

⑤ 谭天:《中美电视调查性报道比较——以〈60 分钟〉和〈新闻调查〉为例》,《湛江师范学院学报》2007 年第 4 期。

就是事实的印证;第三就是它有调查的行为,采访手段的多样化。比如正面报道如果用调查的手法来做的话,它可能是调查节目,但它不是调查性报道。而调查性报道,只是调查节目中的一个部分,它就是揭露黑幕和内幕,就是一个独立调查,而且这个调查有一个完整的过程。”[①]换言之,电视新闻调查性节目更宽泛,可以是正面报道,可以是揭露性报道;而电视新闻调查性报道则聚焦于揭露和批评。

由于电视新闻调查性报道是深度报道,以打歼灭战为主,影响力大,因而往往是各个电视媒体新闻立台的主力军。这其中,美国哥伦比亚广播公司的《60 分钟》,中央电视台的《新闻调查》,美国公共广播公司的《前线》,美国有线电视新闻网的《未告知的故事》等都以大量的电视新闻调查性报道而闻名于世。

二、电视新闻调查性报道的原则与方法

1.第一手材料与记者型主持人

电视新闻调查性报道首先要做到消息来源可靠、报道皆有出处。但又不局限于此,它强调记者必须通过亲身的调查获取第一手资料,因为第一手资料的获取既有助于新闻的准确性和可信度,同时也可以为记者的“深入独家发现”奠定基础。记者只有在亲身调查的基础上,才能发现新的角度、新的事实和新的证据。这是电视新闻调查性报道的魅力所在。

就电视媒介的独特性而言,电视新闻调查性报道除了具备所有媒介调查性报道的特质以外,最重要的是它通过电视视听语言呈现出的形象性,其中之一就是作为节目“门脸”的记者型主持人。但记者型主持人绝不仅仅是节目的“门脸”,更是节目的“灵魂”与“核心”。“他是调查行为的实施者,调查过程的表现者,是这个栏目的外化标志和品牌形象,一个没有调查记者出现的节目,不应该是《新闻调查》节目,而调查记者缺乏良好表现的节目,也绝不是好的调查节目。”[②]记者型主持人既要担负记者调查、采访的职责,同时也要通过他的形象、语言、行为动态向观众传递信息、揭示矛盾和问题。从《新闻调查》《60 分钟》《20/20》等节目中,观众可以看到主持人穿梭于各类事件现场,他们的行为动态和语言向观众呈现出一个个看似平淡的事件下喧闹非凡的世界。在电视调查性报道中,记者型主持人强化了第一人称的调查叙述视角、调查过程的现场感和揭开隐秘世界的进行时态。比如《双城的创伤》《透视渗灌工程》等,都是通过记者型主持人的亲身调查,才呈现出一个个鲜活生动的场景。正是在这样的调查场景

---

① 张洁:《“新闻调查”:从调查节目到调查性报道》,《新闻记者》2005 年第 10 期,第 36 页。

② 张洁、吴征:《调查〈新闻调查〉》,文化艺术出版社 2006 年版,第 34 页。

中，主持人非常有说服力地在镜头前用自己的动态行为向观众揭示了许多现象背后隐藏的本质。《双城的创伤》中，记者穿梭于不同当事孩子的住家、校园，通过与孩子的交流与碰撞，逐渐揭示出该地孩子集体自杀的原因。《透视渗灌工程》中，主持人在渗灌池亲自挖掘和调查，把渗灌池下面的秘密在镜头前充分展开。

可以这样说，记者型主持人是把严密的调查过程形象化、外在化的最后一棒，他不仅要以缜密的思维、精准的判断去组织事件调查的逻辑链条，同时要以生动、可视的表现手段去呈现这个逻辑链条。这对主持人电视意识以及采访能力和分析能力都提出了全新的要求。

2. 问题意识

问题是调查性报道的灵魂与魅力，是节目的推动力，有问题意识，调查性节目才不会归于平淡与乏味。正如前文所言，电视新闻调查性报道就是揭盖子与捂盖子之间的角力。因此，调查性报道比其他采访更要求记者有问题意识，带着问题去探寻事实真相。这个问题是记者对事件的疑惑，也是观众对事件的疑惑。记者对真相要有刨根问底的精神，要不断挖掘事件真相。因此，调查性记者要以质疑的眼光就事件提出一个个问题。比如央视就 2011 年的“郭美美事件”所做的《被质疑的红十字》节目，即是以民众关注与猜测的郭美美与中国红十字会的关系及背后可能的种种黑幕为问题，展开调查，以此为观众释疑解惑。还有《双城的创伤》《钱云会之死》等节目，无不以观众关注的问题为出发点展开调查。

图 5—5　中央电视台《新闻调查》栏目《钱云会之死》

所谓调查中的质疑，意味着这些问题不是顺向问题；而是逆向问题，不是“顺毛捋”，而是反向思考。在这些问题的求证与解答中将节目自然往前推进。

3. 调查过程的形象化展现

(1)用视听语言展现调查过程

电视调查性报道用视听语言说话，这是由于电视媒介具有再现性特点，诉诸视听形象的信息语言便成为电视调查性报道的基础。当然，这种视听语言是为揭示问题服务的，不能成为噱头而沦为形式主义。

手法可以分为两种：第一种是借视听语言直接展现调查过程；第二种是对抽象的

调查证据和逻辑链条赋予形象化的视听展示。

借视听语言直接展示调查过程的做法，也可以概括为两种。第一种是访谈型调查，这是记者与调查对象智慧的较量、思想的碰撞。比如《新闻调查》最早的一期访谈型调查报道《从市长到囚犯》，便是开中国电视调查报道访谈之先河的作品，后来的《命运的琴弦》《双城的创伤》《与神话较量的人》《阿文的噩梦》等都以大量精彩的访谈揭示出事件的本质。央视后来的《面对面》节目也有很多调查性报道的特质，美国哥伦比亚广播公司的《60 分钟》对总统、娱乐明星、新闻热点人物等新闻当事人的访谈都可归于此类。除此之外，很多调查性报道都用精彩的访谈段落去揭示事件真相。在这样的访谈中，记者依靠严密的提问，有时候步步追问、层层深入，有时候与调查对象展开揭盖子与捂盖子的角力，破解诡辩与谎言，逐步挖到事件本质，有时候则与调查对象展开思想碰撞，激发对方展现思想，触碰对方的潜意识，通过双方的碰撞，把问题挖掘至前所未有的深度，从而与观众一起在调查对象的思想中来一次远游。第二种是通过记者的动态行为去展现调查过程，在动态揭示中用动态细节去呈现事实、挖掘真相，比如《透视渗灌工程》中记者亲自挖开水管的动态细节。

某些抽象的调查证据和逻辑链条，在文字报道中只需依靠叙述即可完成，但是在电视调查性报道的语境下，事事皆需直观、具体地展示，这也是记者需要着重训练的。比如，在《新闻调查》的多期节目中，《一只猫的非常死亡》前半部分对网友搜索虐猫对象的背景讲述得生动、形象，悬念感极强；《透视渗灌工程》对渗灌池下面隐藏的假象揭示得具体而真实、力透纸背；《派出所的坠楼事件》中，记者在事发派出所的推断与求证形象而具体。

下面我们以中央电视台《新闻调查》的策划案《揭秘亿霖神话》第一部分为例，探讨分析它的视听方案①：

第一部分　现象篇(3 分钟)

【调查要点及质疑点】

1.亿霖广告：葛优广告出现，此广告以各种形式飞遍千家万户，很多人做起了绿色的梦，而广告主就是位于长安大戏院的亿霖公司。除了做宣传林业托管项目的广告外，亿霖公司还大打招聘广告，其承诺的高薪让海淀区的退休教师韩素兰动心了。

2.韩素兰：为什么要去工作？广告的内容是什么？是怎样去应聘的？谁接待的？进入之后的经历是什么？……决定买林地时的梦想和目标？买地

① 本方案节选于《新闻调查》节目策划案《揭秘亿霖神话》，策划王猛，编导武卿，节目于 2007 年 5 月 23 日播出；本案全案参见曾祥敏：《电视采访》(第 2 版)，中国传媒大学出版社 2010 年版，第 83—94 页。

时有没有去看过？买的人多吗？不久后发现的问题？(沙砣子、无托管)之后的心情如何？

3. 张清平：与她命运相似的还有张清平。(韩、张二人故事可并列、可交叉)

4. 报案立案：韩、张二人都到公安局报了案。公安局经侦处的工作人员老王，到内蒙后调查发现：林地确实很差。随着报案的人越来越多，2006 年 3 月，北京市公安局成立专案组，开始对“亿霖”进行秘密调查。在大量访问侦察的基础上，他们发现了很多疑点……

悬念 1：亿霖到底是怎样的公司？以葛优为广告代言人的公司难道有假？韩、张二人的利益能否得到保障？

【附】

(1)受访人物：韩素兰、张清平、经侦处侦察员

(2)视听表现：附于“日程安排”

葛优广告视频，网页和报纸上的葛优广告(做特技)，亿霖公司招聘广告(要细节)，梦想：绿色的大森林；亿霖公司长安大戏院；韩老师走在繁华的街道上(特技绿色)，韩进电梯，主观镜头从电梯俯视脚下，仰视金融街的高楼大厦，韩仰视镜头：一脸憧憬，金融街的花，向上生长的欲望，极尽繁华的金融街街道。什么可以暗示金融秩序的紊乱(人，银行的特技)？亿霖公司里巨大的葛优照片、漂亮的公司内景和细节，赵等人坐过的地方，收藏品，拍队买地的人，公司文件画册，所订立的合同，坐火车去内蒙，沙驼子林地，草和树的对比，韩等三人在内蒙所拍照片、所拍录像，大把钞票(要两种拍法——不同的手数一下)，亿霖视频，颓丧；韩默默地缩在高大建筑物的后面，张清平书房说明是高级知识分子，张的工作证，家里的绿色植物，在玉渊潭被包围，和老头闹矛盾(特技灰色)，公安局经侦处刚开始注意(窥探感觉)，公安局报案的人多(高处俯视、平视报案材料)，老王出动，通辽：林景及林地细节，当地林业局，串场；成立专案组，秘密调查(办案人员隐在繁华街市中)；音乐：命运感强，侦探片常用悬疑感强的音乐。

从以上策划文案分析可以看出，电视用形象说话，它不同于报纸或杂志的文字描绘和分析。因此，策划和编导要在分析问题的基础上，给出节目能够落到实处的视听方案，即怎么用视听语言来表现这些分析和调查，而不是简单地用解说词叙述。

(2)着重调查方法与调查过程

调查过程越完整，越具有说服力。这个过程，不是简单地展示事件和事态的过程，

而是记者能动性调查的过程，即记者与事件互动所产生的调查过程。“《新闻调查》记录和展示的，是我们如何通过各种各样的手段进入事实本身，一步步获取真相，而不是报道一个事物单纯的发生、发展的过程。从这个角度上我们可以认为，《新闻调查》实际更多的时候在‘拍摄自己’。拍摄的那个‘自己’，是谁呢？”[①]是事件中折射出的记者的调查思维、分析思维、结构能力与人文精神。这个调查的过程也是记者质疑的过程，它不是一个简单的事件表象的展示，而是一环扣一环的分析与逻辑演进过程，在这个过程的推进中揭示事件深层的本质。

与其他媒介的调查性报道不同，电视新闻调查性报道需要相对完整、形象的展示过程。怎样将一个问题抽丝剥茧地呈现在镜头前，这对电视记者来说是一个挑战，也就是记者要意识到所有关键的证据都不仅需要记者本人抓住，更重要的是将它们呈现在镜头前。

(3)注重证据链的完整性

调查过程的完整性取决于证据链的完整性，它也是一个节目可信度和说服力的保证。尤其是每一个关键证据——视听关键点——都不能缺失，这一点尤为重要。缺失就意味着整个节目的支撑点不牢固，就有可能崩塌，这样的案例和教训在实际操作中比比皆是。比如，乌鲁木齐电视台的连续报道《洗煤厂污染农田调查》[②]，记者虽然对洗煤厂排出污水之事做了详尽的调查，但是最后的证据却没有影像作为支撑——没有确切的洗煤厂的排污口的影像证据，由此下结论不能不说是一个遗憾。再如中央电视台的《治理超载、岂能一罚了之》[③]，记者虽然蹲点一天，记录了公安和路政部门利用职权乱收费的情况，但缺乏乱收费场景的关键镜头——收了吗？怎么收的？没有捕捉到这些影像细节，镜头被汽车遮挡，这就很难体现出电视调查的特质，缺乏说服力。以上两例从篇幅上说不属于调查性报道，但它们都具有电视调查性报道的特质，也应该遵循电视调查性报道的原则。《新闻调查》的《命运的琴弦》中，为了证实二胡演奏家宋飞针对考试中表现不好的学生反而得分比较高这个质疑，记者仔细观看了宋飞提供的录像带并步步求证、层层追问，让宋飞向观众证明表现不好的学生的失误之处，在此基础上还寻求其他专家的旁证，具有很强的说服力。其编导在创作中这样谈道：

>……但一个青年音乐家揭自己所在的中国民乐的最高学府有招生腐败，她有私人利益吗？有足够的证据吗？调查能成立吗？我们带着疑问和兴奋

---

① 《新闻如何调查》，《三联生活周刊》，http://business.sohu.com/20060429/n243066830.shtml，2006年4月29日。

② 乌鲁木齐电视台2010年7月13—21日播出，本片获中广协会2010年度(第22届)城市台电视新闻节目评析会连续类、系列类一等奖。

③ 中央电视台《新闻直播间》2010年5月27日播出。

火速赶到宋飞家。

我们在她家见到了据说“才华横溢,但是因为评委集体打低分而落榜,没有文化考试资格”的三个学生。又一个疑问产生了:这三个学生都是宋飞曾经指导过的,宋飞自己也是评委,为自己的学生落榜鸣不平,这里面是不是有私人偏爱的因素呢?

一盘偷录的考试现场录像带解决了我们所有的担心。宋飞这次是有预感的。因为历届考试都有类似现象,所以,她录下了考试现场的大部分过程。公平和不公平,不是宋飞说了算的,录像带虽小,铁证如山。

但是还有一个问题,就是艺术的审美标准是非常有弹性的,如何评判一个考生到底是有才华还是资质平庸呢?所幸的是,录像带里提供了一个连普通人都能做简单判断的案例:一个出现了严重技术失误、拉断了三次的考生居然分数并不低,而且榜上有名。

宋飞在采访时是非常动情的,为了艺术的公正和孩子的未来,她潸然泪下,眼泪晶莹透明。但是仅有宋飞的指控和录像带的证据依然是不够的。我们又找到了中央音乐学院的器乐系系主任赵寒阳,在不告诉他考生分数的情况下,让他对考生的表现进行点评和打分。他的判断与宋飞完全一致:“肯定是评委串了分”。

赵寒阳主任的结论让我们的调查更有底气,但中央音乐学院和中国音乐学院毕竟是竞争关系,出于谨慎,我们想再找一个中立的第三方。我们又去了上海,请到了上海音乐学院的老教授林心铭。这是第三道保险……[1]

图 5—6 中央电视台《新闻调查》栏目《命运的琴弦》

再如,电视评论类节目《假酒真相》[2],作者历时两个月,对河北制售假酒企业进行了深入调查,首次揭露了完整的假酒产业链条。作品还揭露了当地一些正规的大酒厂用“大厂里套小厂”的方式造假酒,规避监管,而相关执法部门的一些监管措施也形同虚设。作品调查深入、严谨,证据链完整,产生了很强的监督效果和社会影响。

---

① 范铭:《抢救三个孩子的音乐梦想——“命运的琴弦”后记》,央视国际,2006 年 4 月 18 日。

② 中央电视台《焦点访谈》栏目 2010 年 12 月 23 日播出。该节目虽然被归于评论类,但其调查品质呈现出很突出的调查性报道特质,故笔者以此为例。

表 5—1　《假酒真相》分镜头案本

序列号	画面	声音	备注
1		演播室解说词:您好,观众朋友,欢迎您收看《焦点访谈》。如果问葡萄酒多少钱一瓶,您可能会说几十块钱的也有,成千上万的也有,那要看品牌、品质和产地了。那您听说过 5 块钱、10 块钱就能买一瓶葡萄酒吗?这样的酒属于什么品牌?它有什么样的品质?它的产地在哪儿?这样的酒是怎么造出来的呢?记者在北京的酒类批发市场看到,这里就有这样的葡萄酒。	
2		画面解说词: 城北回龙观交易市场是北京市主要的酒类批发市场之一,这里有几十家摊位批发各种葡萄酒。记者发现,这里销售的葡萄酒价格相差非常悬殊。贵的五六百块钱一瓶,便宜的一瓶还不到 10 块钱。	
3		同期声: 记者:一瓶 30 多(元)? 摊主一:一箱(6 瓶),一箱。 记者:一箱 30 多(元)? 摊主一:对。	呈现第一层次的证据
4		解说词:至于这些酒为什么这么便宜?摊主们往往都闪烁其词。	
5		同期声: 摊主二:其实让我说我也说不清楚。 记者:什么地方生产的? 摊主二:昌黎的。	
6		解说词:据了解,北京市场上很多低价葡萄酒都来自河北秦皇岛市昌黎县,记者前往那里进行了调查。一进昌黎县,就看到这里密集分布着众多葡萄酒生产企业,大大小小加起来有近百家。在昌黎县更好酒业公司,记者看到了这种出厂价才 5 块钱一瓶的葡萄酒。	
7		同期声: 王敬宇(昌黎更好酒业有限公司销售经理):我这是 30 一件。 记者:30 一件? 王敬宇:合 5 块钱一瓶。	
8		解说词:在秦皇岛丘比特葡萄酿酒公司和昌黎韩愈酒业公司,记者也发现了几块钱一瓶的低价葡萄酒。	
9		同期声: 马剑飞(秦皇岛丘比特葡萄酿酒有限公司总经理):合 5 块钱(一瓶)吧。 阎中雨(昌黎韩愈酒业有限公司销售经理):6 块钱的质量争取让它能够合格。	步步求证
10		解说词:在记者的追问下,更好酒业公司的销售经理终于透露了葡萄酒如此便宜的秘密。	

续表

序列号	画面	声音	备注
11		同期声： 记者：是不是全汁啊？ 王敬宇：最低档的不是全汁，我们灌的汁是水多酒少。 记者：酒汁少，这个酒汁啊占50%？ 王敬宇：占不上。 记者：大概能占百分之多少？ 王敬宇：占20%差不多，20%汁。 记者：其他的是啥呢？ 王敬宇：其他的是水呗。	关键证据，第二层次的证据链
12		解说词：他告诉记者，酒汁里酒少水多自然便宜，但要当真酒卖，仅仅掺水还不够。从外观到口感，还要用特殊的原料调制。	
13		同期声： 记者：那颜色怎么弄呢？颜色不淡了吗？ 王敬宇：颜色用色素嘛。 记者：那口味怎么弄？ 王敬宇：味嘛，要加辅料，全靠辅料调呗。 记者：啥叫辅料呢？ 王敬宇：这就是里面加酒的成分，调酸、调色的往里加。	关键证据，第二层次的证据链
14		解说词：按照我国2003年公布的《中国葡萄酿酒技术规范》规定，葡萄酒必须用100%的葡萄原汁，经过发酵酿造而成。像这种用少量葡萄原汁加水和各种添加剂勾兑出来的葡萄酒，说白了就是假酒。而记者在进一步采访中又有了惊人的发现，原来居然还有比这些掺水假酒成本更低的假酒。这家对外没有挂牌子的厂子叫昌黎嘉华葡萄酿酒公司，车间里的大红标语上写着，这个酒厂采用的是同行业最先进的酿酒工艺。而就在调酒车间的角落里有一个小屋，里面堆满了各种包装袋和塑料盒，厂里的技术员说这里面的东西都是勾兑葡萄酒用的原料。这种柠檬酸用来调酒的酸度，而这种苋菜红色素则是用来调酒的颜色。在所有这些用来生产葡萄酒的五花八门的原料中，唯独没有造葡萄酒必须具备的葡萄原汁。	
15		同期声： 记者：就是一点(葡萄)原汁都没有？ 昌黎嘉华葡萄酿酒有限公司技术员：没有。	
16		解说词：那么这些用水、酒精、香精、色素调制出来，甚至不含一点葡萄原汁的假葡萄酒，对消费者的健康又会带来哪些影响呢？	
17		同期声： 黄卫东(中国酿酒工业协会葡萄酒技术委员会教授)：由于它这种不规范的生产，那么它就可以更容易造成一些有害微生物的污染，甚至一些有害物质的进入，它会引起我们头痛、心率的不正常，甚至致癌。	
18		解说词：随着当地葡萄酒造假生意的越做越大，一些看似与葡萄酒完全无关的企业，生意也随之火爆起来。临近昌黎县城的秦皇岛龙山泉酒业公司的主要产品是白酒和食用酒精。让人意想不到的是，这个白酒厂的主要客户居然是昌黎县的一些葡萄酒厂。	

续表

序列号	画面	声音	备注
19		同期声： 记者：昌黎的话，有多少家葡萄酒厂在你这进酒精？ 杨洪玉(秦皇岛龙山泉酒业有限公司总经理)：反正有七八家，不都从我这进，有时候我也忙得送不过来。 记者：你一年卖葡萄酒厂的酒精你一年能卖多少吨？ 杨洪玉：卖四五百吨。	关键证据，第二层次的证据链
20		解说词：原来，酒精正是愈多葡萄酒厂用来勾兑假酒的原料之一。被造假葡萄酒带火的不仅是白酒厂，还有当地的食品添加剂买卖。在昌黎县城汽车站附近的鑫亿食品添加剂店，老板告诉记者，由于不少葡萄酒厂从她这儿进货，卖的时间长了，连她都知道造假葡萄酒的主要配方了。	
21		同期声： 鑫亿食品添加剂经销处经理：低档的使用我的东西多，像这个色素、酒石酸、柠檬酸、柠檬酸钠、丹宁、香精。	
22		解说词：假酒调制好了，想要卖得出卖得火，还需要一个重要的环节。在嘉华酒厂，销售经理从一个立柜里搬出一个纸箱，里面全是假冒的各种国内外名牌葡萄酒的标签。	
23		同期声： 程和明(昌黎嘉华葡萄酿酒有限公司销售经理)：(仿真度)95%以上，一模一样不可能，咱们人家的真软件。谁说做得一模一样，我跟你说，那是谁也做不出来。 记者：一般的消费者？ 程和明：消费者看不出来。	
24		解说词：假酒贴上假标签，摇身一变成了名酒，销量自然不成问题。	
25		同期声： 记者：你这儿一年大概能走多少酒？ 程和明：40 万箱。 记者：40 万箱啊？都是贴标的吗？ 程和明：对。	
26		解说词：按照 1 箱 6 瓶计算，仅嘉华这么一个小酒厂，一年就能销售 240 万瓶假冒的名牌葡萄酒。那么这些假商标又是从哪里来的呢？这里离昌黎县城不到 5 公里的抚宁县留守营镇凡南彩色包装公司。车间里机器轰鸣，正在印刷假冒的名牌葡萄酒包装和标签。	
27		同期声： 记者：你印这些大牌的标没事吗？ 常磊(秦皇岛凡南彩色包装有限公司业务员)：没事，现在拉菲啊、长城啊、张裕。 记者：都能做？这事会不会有风险？ 常磊：有呗，现在查得相当严。	关键证据

续表

序列号	画面	声音	备注
28		解说词:公司业务员告诉记者,他们生产的假酒标在当地供不应求。虽说查得严,但公司做这种生意已经十几年了,没有出过什么大事。从各种勾兑原料到假商标、假包装,昌黎县及周边已经形成了一个造假酒一条龙的完整链条。经过这样的产业链,最终出炉的假葡萄酒经过批发,再销售到零售市场,利润相当惊人。	
29		同期声: 知情人:它的原汁的成本不会超过 1 块钱,但是到市场之后就不一样了,如果采取贴牌或者傍名牌,或者纯造假的情况下,它的利润的比例就会在几倍几十倍甚至上百倍。	
30		解说词:据调查,这些生产假酒的工厂一般都有正规的生产许可证,但是要找到他们却不是一件容易的事。这是当地一家知名的葡萄酒企业,野力葡萄酿酒公司。绕过野力公司的两个大车间,又经过一道小门,最后进入一个院子,制造假酒的更好酒业公司的车间就设在这个院子的深处。那么作为一家当地著名,在全国也小有名气的公司,野力怎么会允许一家造假企业在自己的厂子里生产呢?	
31		同期声: 记者:你这个更好和野力具体是什么关系? 王敬宇:它们是什么关系呢? 我说了嘛,就是一个公司注册三条(生产)线,野力是做品牌的,卡斯特(公司)和这更好(公司)是做贴牌的。 记者:是一个老板吗? 王敬宇:其实老板就是一个。 记者:其实是一个? 王敬宇:对。	关键证据,第三层次的证据链
32		解说词:原来更好公司和野力公司本来就是一家,用野力公司的名义来生产真酒,用更好公司来做假酒,谋取更大利润。	
33		同期声: 知情人:就是一个工厂有几个名称,私自注册的公司是看不到的,又没有牌子,这就是规避打击的一种办法。	
34		解说词:对于制造假酒的行为,当地有关部门并不是没有监管措施,在不少葡萄酒厂的车间里都安装着这样的监控摄像头。	
35		同期声: 王敬宇:是昌黎县技术监督局安的,它就是监视你啥呢? 就是监督你做假货。 记者:它能 24 小时监控吗? 王敬宇:24 小时监控。	
36		解说词:据了解,这些摄像头都连通到了当地的质监部门,还设有专人监控。但在不少酒厂记者看到,工人们就在这些摄像头底下,毫无顾忌地灌装着假冒的名牌葡萄酒。在嘉华酒厂,成批的假冒长城牌葡萄酒就直接堆放在监控摄像头的下面。	

续表

序列号	画面	声音	备注
37		同期声： 记者：那监控的话，那再这贴标，它不都看得一清二楚吗？ 程和明：没事没事，我们都不怕你怕啥呀？	
38		演播室解说词： 演播室主持人敬一丹：在昌黎县，一些葡萄酒厂的老板造起假来似乎已经没什么顾忌，您听这话“我都不怕你怕啥”，表面看起来是那些安装在造酒车间里的探头成了摆设，可是实际上是当地各个部门的监管成了摆设，成了空壳，这就纵容甚至催生了一条造假酒的产业链。大量假葡萄酒就这样源源不断地被制造、被销售，坑害着消费者。那么造假者为什么不害怕？监管体现在哪儿？昌黎县的监管部门面对着这样的问号。	

这个新闻作品的证据链挖掘完整，很有层次感，作品叙事形成螺旋式的上升，不仅揭示出这个产业链的关键环节，还最终进入到问题最核心的地方——正规企业的造假行为。这实际上就上升到了诚信这一价值被颠覆的高度了。如果说那些非正规的造假企业是管理中的漏网之鱼，那么，正规企业的造假就是对政府、对监管部门诚信的巨大挑战，其影响力和杀伤力很大，不能不引起重视。这也正是这个新闻作品严谨的调查作风和方法所体现出的价值。

4. 平衡报道原则

平衡报道原则是指记者在报道时，给事件各方当事人均衡的采访与报道。虽然平衡意识应该成为所有新闻报道的原则，但相比其他报道类型而言，由于调查性报道多是对问题的深入分析与调查，体量较大，因此，它比其他节目类型更注重报道的平衡意识。

(1)事件及问题的多方观点展示

让双方有足够的话语权。在调查性报道中，记者应该充分利用报道篇幅展示多元视角，呈现正方、反方以及中立方的意见，给记者的调查过程和调查结果提供一个立体、丰富的事件全貌，避免形成一边倒的局面。比如“2004 年 4 月，《新闻调查》播出的节目《命运的琴弦》调查的是中国音乐学院在高考招生中存在的不公平现象，节目从头到尾都是记者在采访过程中指正不公平一方的老师、学生，而缺失了校方的身影。虽然整个调查过程翔实、证据充足而有说服力，并且一旦校方得知就定能阻挠节目的正常播出，但有些业内人士还是认为节目表达过于偏颇，缺乏公平的话语权”①。平心而论，从节目本身来看，《命运的琴弦》在调查与求证过程的严密、态度的客观与公证方面没有任何问题，但是它仍然在某些地方受到诟病，就是因为反方观点缺失之故。

① 吴乐珺、唐泽：《解构深度——中外电视调查性报道研究》，湖南人民出版社 2007 年版，第 136 页。

美国全国广播公司推出的制度为FAB[①],即公正(fairness)、准确(accuracy)和平衡(balance)。美国自由论坛主席查尔斯·L.奥弗比(Charles L. Overby)也曾提出过“新闻公正性公式”[②],即:

A(Accuracy) + B(Balance) + C(Completeness) + D(Detachment) + E(Ethics) = F(Fairness)

准确+平衡+全面+客观+伦理=公正

因此,可以说平衡报道是求得节目公正的一个基石。

(2)辩证分析与理性思考

调查性记者应该对问题进行理性思考与辩证分析,不以先入为主的方式对事件进行评判,也不要把事件简单地处理成一个“二元论”的善恶对立,而要有充分的分析与人文关怀。比如,在《新闻调查》之《一只猫的非常死亡》片尾,记者并没有单纯地抛出结论,而是说:“一只猫在这里死去,引起了前所未有的关注,当事人受到强烈的谴责,他们甚至被称为恶魔,并且为此失去了原有的生活。但是在调查中我们发现,其实他们和我们是一样的普通人,在虐猫事件中,他们所透露出来的对仇恨的宣泄、利益的驱动,或者内心深处某种隐秘的欲望,也许在很多人心里也都存在着。猫死去了,但人的生活还要继续,该怎么样去化解仇恨,怎么样权衡利益,欲望满足的界限究竟在哪?这可能是每一个人都需要去面对的问题。”从这段话中我们看出,记者并没有一味地对虐猫者进行强烈谴责和道德审判,而是在揭开黑幕的同时进行理性思考与辩证分析,从相对中立的角度与高度,以一种人文关怀和悲悯之心去体察人的心灵、窥见灵魂,从而避免了节目观点的偏颇。

本章小结

本章着重分析了电视新闻深度操作的方法与原则,就报道题材而言,这类新闻最难把握,既需要报道者缜密的逻辑思维能力、独到的叙事方式,又需要对电视意识的深刻理解。从这一点来说,我们需要细心揣摩,借助文字媒介深度报道的方法与规律,发挥电视媒介的独特性。从另外一个角度来说,恰恰是这类报道能把电视媒介的过程、动态、人际交流等优势发挥得最为充分。

---

① 〔美〕罗伯特·海曼、埃夫·韦斯廷:《最佳方案:公平报道的经验》,郭虹、李阳译,汕头大学出版社2003年版,第88页。

② 陶涛:《电视纪录片创作》,中国电影出版社2004年版,第173页。

思考题

1. 如何结构节目导视?

2. 电视调查性报道中,如何用视听语言呈现证据链?

3. 如何把握电视新闻专题的叙事结构?

扩展阅读

张洁、吴征:《调查〈新闻调查〉》,文化艺术出版社 2006 年版。

第六章 电视新闻节目类型化操作(四)
——深度操作与观点碰撞

本章重点

1. 电视新闻评论与电视访谈节目的界定
2. 电视新闻评论的类型与特点
3. 电视访谈节目的类型与特点

巴赫金(Mikhail Bakhtin)说:“一切莫不归结于对话式的对立,这是一切的中心。一切都是手段,对话才是目的。单一的声音,什么也归结不了,什么也解决不了。两个声音才是生命的最低条件,生存的最低条件。”真理越辩越明,评论与访谈的目的不是制造噱头,不是简单地制造矛盾与冲突,而应该是对问题真知灼见的展示与交流。

第一节 电视新闻评论

一、电视新闻评论的界定与形成、发展

1. 电视新闻评论的界定

新闻评论是对新闻事件或人们普遍关心的社会现象、热点问题发表意见、表达观点的一种新闻体裁。电视新闻评论是新闻评论在电视媒介中的运用,是评论的电视化。电视新闻评论结合电视视听兼备的传播特性,用形象、具体的表达方式对当前的新闻事件、热点问题进行议论、阐发观点和意见。

与报纸评论和广播评论一样,电视评论也要有“论点”、“论据”和“论证”,评论要有理有据,要有较强的新闻性、思想性和导向性,要在评论中表明自己的观点。不同的是,电视评论具有可视性,更加形象化,可以运用多种表现手法进行评论。声音、画面、

文字、图表等多元素的运用以及电视新闻的纪实性都为电视评论增加了强大的说服力。例如运用电视镜头记录下的所评事件中的细节信息，可以成为电视评论中最为直观形象的论据；又如电视新闻评论员在评论时和观众“面对面”的交流，所产生的人际效应更容易使观众理解评论中的观点和意见，让观众信服。电视新闻评论这种可视性强、综合运用多种表现方式的独特优势是其他媒介所不能比拟的。

图 6—1　中央电视台《新闻 1＋1》栏目

2. 电视新闻评论的地位与作用

电视新闻评论与消息类电视新闻、深度报道的任务不同，重在表达观点，是电视新闻的旗帜与灵魂。电视新闻评论及时对新闻事件做出解释和点评，影响着人们对事物的认识与判断，帮助人们更加深入地认识事物本质。在争取新闻第一时间发布越来越难的今天，媒体纷纷打响了争夺“新闻第一解释权”的战争，争取抢先向观众解读新闻事件，为观众解疑释惑，扩大媒体影响力。

同时，电视新闻评论节目又是人们交流观点、表达意见的平台。电视新闻评论不仅直接发出电视媒体自己的声音，还邀请各行各业的专家学者进行评论，请普通百姓发表意见，不断通过新的通讯方式如手机短信、网络留言等增加百姓观点。电视评论正逐步成为保障人民“知情权、参与权、表达权、监督权”的有力途径。

3. 电视新闻评论的兴起与发展

在中国电视新闻发展初期，我国的电视新闻一直处于传递新闻信息的阶段，缺乏具有电视特色和评论深度的评论节目。我国最早的电视新闻评论是“编者的话”、“编后语”这样的电视小言论，一般配合新闻报道播送，由播音员在节目中口播，类似于报纸和广播的评论方式。在很长的一段时间内，电视缺乏自己的言论。1980 年，中央电视台《观察与思考》栏目创办，它通过专题报道的形式观察当前的新闻事件、社会问题，引发人们思考，遂成为我国评论性节目的一个起点。随后，中央电视台成立了新闻评论部，并于 1994 年创办了《焦点访谈》栏目，以述评结合的方式进行评论，在对社会焦点进行深度报道的过程中让观众明辨真相、进行价值判断，运用主持人评论、嘉宾访谈等方式进一步表明观点。《焦点访谈》在社会上引起了强烈的反响，成为我国电视节目进行舆论监督的一股重要力量，推动了我国电视新闻评论的发展，地方电视台也纷纷

图 6-2　中央电视台《焦点访谈》栏目

开办新闻评论性节目。

《焦点访谈》等评论节目的兴起标志着我国拥有了具有电视特色的新闻评论节目，提升了电视评论的地位和作用。但是我们也看到，这类述评结合的评论节目将观点寓于报道之中，是“立片言以居要”，主持人直接发表评论的比重很小，“述”远大于“评”，观点和言论的表达依然缺乏。1999 年，凤凰卫视开办的《时事开讲》节目开启了电视新闻评论的新形态，节目采取主持人与评论员对话问答的方式进行评论，以评论员的言论为节目主体，向观众解读当前的时事热点。中央电视台也于 2003 年推出了《央视论坛》节目，“它不采集新闻，而是对各种媒体提供的新闻事实中最引人注目、最具谈论空间的内容进行评论、分析和解读。”[①]节目取得了一定成绩并受到观众的喜爱，但也出现了一些问题，例如主持人的定位不明，评论员对事件的描述依然多于见解和议论等，背离了节目创办的初衷，2006 年《央视论坛》停播。2008 年，央视推出了更多的以言论为主的新闻评论节目，如《新闻 1＋1》《今日观察》等。《新闻 1＋1》在《央视论坛》的基础上进行了优化改革，主持人和评论员的定位更加明确，观点更加鲜明和多元。对话交流的评论方式改变了以往的述评型评论，使评论节目做到了以言论为主。

同时，电视评论也延伸到新闻题材的各个领域，更加专业化，如央视财经频道的评论节目《今日观察》就侧重经济领域，新闻频道的《环球视线》和中文国际频道的《今日关注》都主要关注国际新闻，凤凰卫视的《财经点对点》《金石财经》都进行专业的财经评论，《军情观察室》则重点分析军事问题。另外，我们也看到，电视新闻评论节目的形式也越来越丰富，电视评论越来越多元化，凤凰卫视的《一虎一席谈》《时事辩论会》使评论节目的观点交锋更加激烈，采用辩论的形式让不同的观点、见解相互碰撞；读报节目的出现使报纸媒体的观点融入电视节目中，主持人边读报边评论，对新闻信息进行整合并评说自己的见解。

电视新闻评论逐渐成为电视新闻节目中的新秀，越来越多的“正在评论”出现在电视屏幕上，发挥着电视评论的旗帜作用。

---

① 赵振宇、王婧:《电视评论该怎样做》,《中国广播电视学刊》2008 年第 3 期,第 43 页。

二、电视新闻评论的类型及特点

从目前电视评论的形式来看,电视新闻评论大致可以分为两大类,即电视短评和电视评论节目,电视评论节目又主要有述评式评论节目、对话式评论节目、辩论式评论节目、读报节目和脱口秀式新闻评论节目这五种类型。

1. 电视短评

电视短评是电视评论最早的形式,一般配合重要的新闻消息播发,以播音员、主持人的声音为信息传播的主要载体,主要包括编前话、编后语、本台评论、新闻节目中主持人和评论员对新闻的点评议论等。

消息的任务是传递信息、报道事实,不能直接表达观点,对于具有重要意义、需要阐释点评的新闻,一般配发电视短评加以评论。电视短评用简洁的语言对重要的消息发表议论,表达观点,向观众解释新闻的重要性、蕴含的启示和现象背后的本质。短评篇幅虽小,但往往开门见山,直接表明观点,起到引导社会舆论的作用。它的不足之处在于缺乏形象性,没有充分发挥电视可视性的优势,并且深度不足。

编前话、编后语、本台评论一般由电视台的编辑记者先写好评论稿件,由播音员在节目中播送。编前话出现在消息播出之前,一般是对消息内容的提示,阐释一条消息或者一组系列报道播出的原因、背景,评价其意义;编后语则出现在消息播出之后,一般对新闻的启示加以总结,对新闻暴露出的尚待解决的问题引起社会关注。

2011年,中央电视台《新闻联播》改版,在新主播欧阳夏丹和郎永淳首度亮相的同时,也增设了"联播快讯"和"本台短评"两个板块。作为《新闻联播》新设的常规性栏目,"本台短评"的设计初衷就是为了改变《新闻联播》以往单一、简单的新闻播报形式。例如,2014年初,央视《焦点访谈》等多档节目报道某高校MBA考试作弊事件,1月13日《晚间新闻》节目在播出这条新闻后,就配发了《本台短评:拔出萝卜带出泥》:

> 对培训作弊的机构请工商管理部门来调查,对作弊的考生视情节处分甚至追究刑事责任,对相关责任人严肃问责。这说明我们其实是有充分的手段处理此事的。很显然,严惩作弊的相关制度设计并不是今天才有的。但是如果监管员打盹了,相关制度就会休眠。考试作弊是对社会公平的侵蚀。久而久之,诚实守信的人、敬畏规则的人会遭到淘汰。所以,必须让休眠的制度重新激活。拔出萝卜还要带出泥。那些违法违纪的人必须挖出来。或许比还其他考生一个公道更难的,是重建公众对规则公平的信仰。而这远不是处理一个个案就能实现的。

“本台评论”比编前话和编后语更加正式、权威性更大,相当于报纸的社论,代表电视台直接表明立场和态度,评论对象的重要性也更强。例如,2013 年 3 月 17 日“两会”结束当天,《新闻联播》就在报道完“两会”闭幕的新闻后配发了《本台评论:中国梦归根到底是人民的梦》。

> 全国“两会”今天闭幕了。诞生于本届“两会”,服务于 13 亿国民,驾驭世界第二大经济体的最高公仆团队,开始履职了。
>
> 在闭幕会讲话中,习近平主席说:中国梦,归根到底是人民的梦;实现中国梦,必须走中国道路。这两句话,说出了人民的政治智慧和历史自觉。
>
> 国家好,民族好,人民才会好;人民好了,国家、民族会更好。必须紧紧依靠人民,必须不断为人民造福,这是中国梦成败的关键。正因为把保障人民幸福作为优先选项,“两会”议题设置才会自然向民生倾斜。
>
> 中国特色社会主义道路,是实现国家利益、民族利益和人民利益最大化的必然选择。中国梦最强大的翅膀,是人民分享发展成果,认同执政理念,对制度、理论和道路充满自信。
>
> 沿着中国道路,弘扬中国精神,凝聚中国力量,让我们携手并肩,努力实现中国梦。①

但是同时我们也看到,这种“本台评论”的形式比较呆板、枯燥,非常像把写在报纸上的文章念给观众听,“现在播送本台评论”——主持人的播送形式也比较死板,拉开了和观众的距离。观众听后也许并不能留下多少印象,评论的传播效果不强。“本台评论”如何将权威性与亲和力结合起来?如何传递给观众更多的有效信息?在做政策解读、正面评论时,如何使观众更易接受?这是需要我们探索的几个问题。

现在的消息类新闻节目,除了新闻播报外,很多在向着新闻杂志和说新闻的方向发展,新闻主播的语言更加活泼、口语化。因此,主播针对新闻阐发的一些小言论也可算在电视短评的范围内。

另外,在央视《朝闻天下》、改版后的《共同关注》等节目中还出现了特约评论员评论,评论针对新闻报道的社会现象或人们存有疑义的新闻事件发表意见,一般以连线评论的形式出现。2012 年 11 月,央视特约评论员杨禹在十八大开幕式、闭幕式和新一届中央政治局常委见面直播中担任评论员。2013 年初,《新闻联播》中也新增了评论员制度。在 2013 年 1 月 23 日播出的《新闻联播》中,评论员杨禹正式亮相,这也是该节目开播 35 年来第一次引入评论员。

---

① 央视网,http://news.cntv.cn/2013/03/17/VIDE1363520042912463.shtml。

图 6—3　《新闻联播》评论员

在节目里，央视评论员杨禹出现在与主播郎永淳的连线中，就近期社会集中关注的“舌尖上的浪费”问题进行直播评论，认为刹住浪费之风，关键要从三“公”入手：公款、公务人员和公众。虽然评论员在新闻频道亮相已不算新鲜，但郎永淳在《新闻联播》中连线评论员杨禹却是节目开播 35 年来的第一次。

总之，要做好电视短评，我们就要有较高的政治素养和敏锐的判断力，熟悉国家的路线、方针、政策，能判断哪些新闻具有评论价值。短评短小精悍，一般配合新闻而发，往往在第一时间影响人们对新闻的思考判断，所以我们要把握好评论角度，对新闻进行冷静思考，使观众在看完新闻之后不仅记住一些事实，还有自己的一些思考。

2. 述评式评论

(1)述评式评论的内涵

述评式评论将叙事与评论相结合，因而又叫做述评结合的电视评论，它往往将深度报道与新闻评论融合在一起。述评式评论节目一般在深度报道的过程中讲述事实，虽未直接发表议论，但能在无形之中让观众形成自己的判断。详细的调查采访、多方观点的展示，成为新闻评论的有力论据。主持人以个性化的语言点出论点，精辟地进行归纳总结，这样的评论往往能起到画龙点睛的作用。述评式评论可以夹叙夹议、先叙后议，也可以在节目开头就开宗明义。

(2)述评式评论的特点

述评式评论的优势在于叙述过程中的纪实性和形象性，俗话说，“耳听为虚，眼见为实”，叙述中采访调查的画面、声音、数据，以及采访调查的过程，都能给人以强烈的真实感和可信度，具有强大的说服力，是最好的论据和论证。“实践证明，一些成功的电视评论报道，绝不是强行灌输给观众一个不容置疑的结论，这些作品大都是以较强的视觉冲击力，使观众不知不觉地产生了一种油然而生的褒贬张力，这无疑加强了观众的主体意识和媒体的评论观点之间的相互联系和影响。”①

长期以来,《焦点访谈》以述评结合的方式进行评论,已成为我国评论节目进行舆论监督的一块重要阵地,节目秉承“用事实说话”的理念,将观点寓于事实之中,主持人的评论也往往点到为止,提出一些问题让观众、让当事人自己去思考。“一千个读者眼中有一千个哈姆雷特”,这种评论方式可以给观众留下更多思考评判的空间。

2014 年 2 月 11 日,《焦点访谈》播出《东莞扫黄 重拳出击》节目,节目曝光了东莞市部分酒店经营色情业的种种内幕。一时间,“东莞”成为全国上下的热门话题。在节目的片尾,暗访的记者拨打了当地的 110 热线:

> 解说词:报警之后记者在停车场里继续观察等待,酒店的桑拿中心不断地有客人出入,但是直到天黑也没有看到有警察前来调查。这一次的报警,东莞 110 仍然没有给报警人任何回馈。在东莞采访过程中发现,正是由于所谓的“安全”、“没有警察管”,大量的外地人专门赶到东莞进行卖淫嫖娼非法交易。
>
> 演播室主持人敬一丹:东莞的色情业泛滥是一个老话题、老问题,十多年来多次治理,但却是屡打不绝、不断复发,这背后的原因不能不引人深思。执法不该有盲区,发展更要重品质。良好的环境、秩序和风气显然不只关系到城市的形象,它更会影响到城市的未来。好,感谢您收看今天的《焦点访谈》,再见。

这样的内容,使得《焦点访谈》的这期节目不仅仅暗访展示了当地的地下性产业,并且对背后的深层次问题提出了质疑并表明了媒体的观点。

除了央视的《焦点访谈》外,地方电视台也出现了大量述评结合的评论节目。比如北京电视台的《第七日》、上海电视台的《东视广角》、扬州电视台的《时评新语》等,它们都用影像叙述新闻事件结合主持人点评的方式来结构节目。很多地方电视台的述评节目以民生新闻为基础,对百姓生活中的新闻事件和现象加以评论,评论方式更加轻松活泼,主持人的语言也更加口语化。一些节目选择了夹叙夹议的方式,叙述中既有影像也有主持人的话语,主持人评论贯穿于节目之中,这样的评论让民生新闻节目多了更多的人情味和可看性。

总之,要做好述评式评论,我们就要把握好“述”与“评”的结合,充分发挥影像叙事的真实性优势,使之成为有说服力的论据,在采访过程中抓住深度报道、调查性报道的要领,用细节和过程说话,使观点在事实中凸显出来。主持人评论应当结合叙述内容,

---

① 李冰、周凤革:《充分发挥电视评论的形象性优势》,《中国编辑》2009 年第 1 期,第 49 页。

从更广阔、更深入的层面进行思考，点明论点。我们应当努力使主持人评论和影像叙事、影像评论融合在一起，共同构筑整个评论节目。

3. 对话式评论

(1)对话式评论节目的内涵

对话式评论是一种以言论为主的评论方式，对话式评论节目往往以主持人和评论员的一问一答、对话交流为传播方式，评论员在节目中直接发表议论、表明观点、解析事件。凤凰卫视的《时事开讲》、中央电视台的《新闻 1＋1》《今日观察》《环球视线》等节目都是对话式评论的代表。

2014 年 2 月 18 日，上海市第二中级人民法院对震惊世人的“复旦投毒案”一审公开宣判，被告人林森浩因犯故意杀人罪被判处死刑，剥夺政治权利终身。2013 年 4 月，上海复旦大学上海医学院研究生黄洋遭他人投毒后死亡的案件发生于复旦大学枫林校区，犯罪嫌疑人为被害人室友林森浩。央视《新闻 1＋1》2014 年 2 月 18 日当天播出节目《一次投毒，两家悲剧，都该三思！》。节目播出了董倩对犯罪嫌疑人的采访。采访结束后，白岩松和董倩进行了演播室连线：

> 白岩松：整个采访我都看了，只是有点，我的感受是加着引号的淡定，甚至有一些平静。你采访的人也很多了，也可能面临着这样的场景，这一点是否出乎你的意料？
>
> 董倩：的确是出乎我的意料，因为咱们有一句话叫“人之将死，其言也善”，当然这个我们不知道，毕竟是一审宣判的结果，它到底是不是一个死刑？我们不知道。但是形容人的这样一种状态，他应当是有一点感情注入在里面的，但是让我大出我的意料之外的事情，就是说他从头到尾他是平静，后来我发现这不是平静，是冷静。而且随着谈话的展开，我才发现这个冷静的背后是冷酷。为什么这么说？因为尤其是我在问到他这个投毒的过程，还有心理状态的时候，他给我的感觉就说他不是在说自己在做的事情，而是在说比如他在做实验的时候，他面对一只小白鼠他这个实验过程会是什么样，他是在用这样一种非常冷静的口气在诉说这个过程，给人的感觉就是或者不是发生在他身上，或者就是发生在他身上，他也是在进行一个实验，而没有把对方当成一个活生生的人去对待，这是我的感受。

再如央视另一档对话式评论栏目《环球视线》。《环球视线》的节目定位为挑选当天最为重大、最具影响力的国际新闻事件或动态进行重点分析、评论，并辅以大量翔实资讯和各方观点，以揭示事件本质，让世界听到中国的声音。如 2014 年 2 月 19 日，栏目播出特别节目《2014，悬崖边的日本》。节目针对日本首相安倍晋三一系列否认历史、右倾化的行为，邀请了数位学者进行点评。

凤凰卫视的《时事开讲》也同样是一档对话式的时事评论节目，嘉宾主持曹景行、何亮亮针对当时最热门的新闻话题，以精辟见解及不凡口才，与主持人从不同角度对事件进行分析评论，更请来相关专家深入讨论事件的真相及内幕。《时事开讲》在开办之初就确定了一个非常明确的目标受众群，就是那些看了《时事直通车》以后还觉得不满足，要对当天发生的世界新闻时事热点问题做进一步了解的人群。尽管《时事开讲》在每晚的 23:00 以后播出，但《时事开讲》对观众了解“新闻背后的新闻”需求的极大满足激励着受众心甘情愿地为此付出时间和精力。

图 6—4 凤凰卫视《时事开讲》栏目

(2)对话式评论节目的特点

对话式评论为电视评论注入了新的活力，它主要有以下几个特点：

第一，以观点解析为主体，思辨性更强。对话式评论与述评式评论的最大不同，在于对话式评论改变了述评式评论“述多评少”的模式，变为以观点解析为主，评论员在节目中直接发表言论，视频叙述成为评论的辅助支撑，这就加大了评论的力度，使评论的观点更加鲜明，使媒体成了真正的意见领袖。例如，《新闻 1＋1》节目就力图将自己打造成“纯观点新闻评论栏目”，“给您不一样的解析”①。《今日观察》节目则力图请最权威的评论员带领观众看清事实真相，并在节目中穿插观众评论，倡导“让多元达成和谐”。凤凰卫视的《新闻今日谈》节目也以评论员评论为主体，邀请资深评论员阮次山为观众解读当前热门的时政问题。

第二，以对话讨论为传播方式。对话式评论虽然以观点解析为主体，但并不是强硬的观点灌输，而是以对话讨论为传播方式，主持人与评论员在演播室进行对话交流，共同对问题进行探讨，主持人掌控评论节目的节奏，提出问题请评论员解答，在评论员解读的过程中与评论员形成互动。主持人和评论员形成一个对话交流的场，这种传播方式更加口语化、更容易让观众接受，不同于述评式评论中主持人单向传播的模式。比如，开创了我国“个人化新闻时事评论节目”先河的凤凰卫视《时事开讲》，评论员是意见性信息的传播主体，主持人扮演的却是“发球者”的角色，因此评论员是此类节目

---

① 唐晓燕：《从〈新闻 1＋1〉节目的开播看央视新闻评论节目的发展》，《今传媒》2008 年第 10 期，第 28 页。

的核心竞争力。凤凰卫视也因此成就了曹景行、石齐平、阮次山这些明星评论员。

第三,时效性更强。当前的对话式新闻评论节目基本上都实现了直播,可以针对当天发生的新闻事件或近几天的新闻热点发表评论。《时事开讲》正是针对观众对《时事直通车》等新闻资讯节目中的热点新闻存有疑惑、想要得到深度解析而创办的。在一天七档新闻资讯节目之后,每天晚上 23:00 以后《时事开讲》都请评论员发表评论。

第四,观众参与度高。在述评式评论中,观众收看评论节目时只能做到思想参与,或者只能通过给栏目组来电来信进行反馈,对话式评论节目进一步加大了观众的参与度。很多节目为观众设立了短信平台、网络平台,观众可直接参与节目,观点的表达更加多元化。例如,央视财经频道的《今日观察》就充分利用了网络平台来调动观众的参与性,每期《今日观察》在评论员评论之后主持人都会带领观众一起检索网络平台上的网友留言,节目还会插入网友就事件发来的漫画,有时还有与网友的网络视频互动。

第五,表现手法多样。对话式评论充分发挥了电视媒体的特性,除演播室评论员评论外,还运用多种表现方式来丰富评论内容。例如,《新闻 1+1》《今日观察》《环球视线》《今日关注》等节目都采用视频短片来回顾新闻事件、介绍新闻背景,用电话连线的方式采访演播室之外的相关专家,《今日观察》节目还利用图片、字幕的方式制作了“媒体声音”小板块,提炼《人民日报》《经济参考报》等报纸媒体和其他知名人士的观点。

图 6—5　凤凰卫视《时事辩论会》栏目

4. 辩论式评论

(1) 辩论式评论节目的内涵

辩论式评论节目以辩论为主要评论方式,是以言论和观点为主的评论节目,节目往往设立正反两方,由持不同意见的评论员或嘉宾在节目中对论题展开辩论。观点的交锋和碰撞是节目的最精彩之处,不同见解的争辩形成了一个广阔的话语平台,观众可以听到多方观点并参与辩论。辩论式评论节目以凤凰卫视的《时事辩论会》和《一虎一席谈》最为典型,山东齐鲁电视台的《齐鲁开讲》、上海新闻综合频道的《撞击》、浙江钱江都市频道的《谁赞成谁反对》和杭州电视台影视频道的《新闻楼外楼》等节目[①]也

① 翁晓华:《新闻辩论:电视评论节目的新样式——以杭州电视台〈新闻楼外楼〉为例》,《视听纵横》2009 年第 2 期,第 41 页。

都属于辩论式评论。在下文中，我们以《时事辩论会》和《一虎一席谈》为例来分析一下辩论式评论节目的特色。

(2) 辩论式评论节目的表现特色

第一，以意见表达为主体。辩论式评论和对话式评论一样，"评"的部分远大于"述"，交代论题和新闻背景的短片只占节目的一小部分，而且辩论式评论中意见表达的分量更重。辩论比对话的节奏更快、更激烈，所以如果说对话式评论以观点解析为主体，那么辩论式评论则直接以意见表达为主体，辩论双方往往直接表明自己的立场和主张，论证在争辩中展开。

第二，以辩论为节目形式，观点表达更加多元化。事物往往具有正反两面，我们需要辩证地看待问题，"真理越辩越明"，辩论可以带领观众一起进行多元化的思考。在对话式评论的观点解析中，虽然评论员为我们提供了比较权威的意见性信息，但个人化的观点不能表达更多的不同立场。而辩论式评论就集合了众人的智慧，让多个评论员、嘉宾、观众在节目中各抒己见，形成一个议论争辩的平台。比如，《时事辩论会》一般请三位专家学者、资深媒体人进行辩论，《一虎一席谈》一般请四位嘉宾两两组合作为正反辩手，还会邀请新闻当事人和众多观众参与现场辩论。

第三，选题还应具有争论性。辩论式评论的选题都应是真问题，可争论性强，辩论的都是值得探讨、没有明确结论的话题，并且，作为新闻评论节目，选题还应具有一定的新闻性。下面我们就来看一组《一虎一席谈》的选题：

2014-02-15，东莞扫黄能否彻底"灭黄"？
2014-02-01，廉政风暴下公务员该不该加薪？
2014-01-25，2014 南海会不会再起波澜？
2014-01-18，张艺谋该不该被罚 748 万？
2014-01-11，美联储 QE 退出会否重创中国经济？
2014-01-04，2014 年中日是否必有一战？
2013-12-28，内地女孩虐童案引发争议；
2013-12-21，朝鲜政坛地震会否影响中朝关系？

可以看到，这些选题都是争论性强并具有一定新闻性的话题。在社会改革与发展的进程中，这些都是值得我们讨论，从不同立场、不同角度看有不同答案的话题。争论性强的选题是辩论式评论展开的基础。

第四，观众参与度高。辩论式评论节目会广泛吸收观众的意见和观点，调动观众参与节目。《时事辩论会》将凤凰网网友投票和网友留言融入节目之中，观众还可以通过手机短信发表意见。《一虎一席谈》则直接邀请观众到演播室，观众可以随时通过举赞成、反对牌的方式表明立场,也可以随时插话表达观点或直接与嘉宾展开辩论。

第五,表现手法多样。辩论式评论节目同样也运用视频短片、电话连线、双视窗等方式丰富节目形式,以多样化的渠道和方式增加节目信息量。

(3) 辩论式评论节目的观点交锋

观点交锋是辩论式评论节目的魅力所在。要做好辩论式评论,就要做好多元化的观点表达,从多方面、多角度分析论点,让各界人士、不同立场的人们发表意见,形成观点的交锋。

2008年四川汶川地震后,一位当地的中学教师引发了争议。2008年5月12日汶川大地震发生时,正在课堂讲课的范美忠先于学生逃生,并因此向学校辞职。5月22日范美忠在天涯上发帖《那一刻地动山摇——“5·12”汶川地震亲历记》一文,细致地描述了自己在地震时所做的一切以及过后的心路历程。此文掀起轩然大波,范美忠则被网友讥讽为“范跑跑”,并引发了一场关于“师德”的讨论。在此风口浪尖上,范美忠现身凤凰卫视《一虎一席谈》的节目现场,阐述自己的观点,与自己的反对者们展开了激烈的争锋较量。与嘉宾郭松民展开辩论时,郭用“无耻”、“畜生”、“杂种”之类的字眼对范美忠进行辱骂,事后被网友冠以“郭跳跳”、“郭道德”之类的绰号。这期节目引发了广泛的社会反响和深层次的思考,双方各有支持者。反对方认为保护自己的学生应是一种高级本能,而支持方认为范美忠只是说了实话,而这个说真话的人被道德绑架了。节目中一些精彩的辩论段落堪称经典:

■不觉得教师这个职业是神圣的

胡一虎:我不知道该怎么称呼你好,当别人在问你是什么职业的时候,你怎么回答?

范美忠:教师。

胡一虎:在你回答的时候,你感觉教师是个非常神圣的职业吗?

范美忠:我不觉得它很神圣。

胡一虎:你觉得它是什么样的一个工作?

范美忠:我觉得它跟很多工作一样,它只是众多职业之一。我更多地把教师看作是启迪大家思想、智慧的职业,包括能够让学生的才能得到创造性发挥。至于道德上,我反对“神圣”这个提法。没有人是神圣的,也没有什么职业是神圣的。

■当时确实已经无法控制自己

胡一虎:从大地震发生到现在,你还有另外一种角色,你是灾区的民众。可是你却发表了一篇博客,你说这是表达你最真实的想法的时候,没想到换来的不是大家的关怀。你说你从来不是一个勇于献身的人,只关心自己的生命,危机意识很强,当时大地震发生的时候,实际的场景如何?

范美忠:我当时确实是一个本能反应。

胡一虎:就头也不回地跑了?

范美忠:对。

胡一虎:也没有喊让学生快跑?

范美忠:对,当时确实我觉得有一种失措,因为有人也跟我说:"你要是当时喊了一声,现在指责你的声音就会少得多,你为什么不喊?"

胡一虎:你也不为没有喊感到愧疚?

范美忠:我觉得一个人面对这种猝然来临的大地震,当时头脑已经失控,那么我这个时候,已经失去理性责任的能力。从这个角度讲,我不认为有什么后悔的,不是我的责任,因为这不是说我有意不喊,或者我不想救学生,我当时确实就是已经无法控制自己。

■道德绑架还是道德底线?

胡一虎:我们听到了最真实版本的话,范美忠觉得他至少还是一个称职的老师,你能接受吗?

郭松民:如果他要是称职的,我觉得任何一个兔子都可以当老师,因为兔子遇到危险,不会做出任何反应,只会想到逃跑。

范美忠:首先中国有像你这么道德高尚的人我感到非常高兴。

郭松民:不是道德高尚,是底线。第一,你放弃了你作为一个老师的职责,你率先逃跑;第二,你连喊都不喊一声;第三,你是一个年长的人,如果你这个作为是正确的,那么士兵在前线就可以放下武器,飞行员就可以不顾自己的乘客率先跳伞,船长就可以弃船逃跑,那整个社会就会变成一团乱麻。

范美忠:教师的职业道德有一定程度是保护学生的责任。刚才你提到飞行员和军人,我首先想说教师不是军人,军人的职业规范不等于是教师的职业规范,教师主要是传授知识。另外一个也有道德的问题,就是底线道德,牺牲生命已不是底线道德,是神圣道德。那么这种底线道德可以用来责人,也可以责己,那种要牺牲生命的道德,只能责己,不能责人。如果作为职业要求的话,我认为教师没有冒牺牲生命的危险来保护学生的职业道德规范。如果学生生病了,我把他送到医院去,这个是没有问题的。①

---

① 《一虎一席谈》,凤凰网,http://vip.v.ifeng.com/viplist/0018—0003—0004/list.html。

可以看出,《一虎一席谈》集合了众人智慧来探讨当前的社会问题,激烈的观点交锋不时碰撞出智慧的火花,嘉宾、现场观众的身份不同、背景不同、经历不同,他们所代表的人群也不同,这让我们能从不同的立场中更加全面地看待问题,激烈的辩论可以让大众一起参与到对话题的思考之中。

5.读报节目

(1)读报节目的内涵

读报节目是一种特殊的新闻评论性节目,它往往由主持人对多家纸质媒体的报道和观点进行总结归纳,并加以评论,读报节目"形为读报,实为评报"。凤凰卫视的《有报天天读》、央视的《第一时间·读报》《朝闻天下·媒体广场》等节目都是读报节目的代表。

图6—6　凤凰卫视《有报天天读》

(2)读报节目的表现特色

读报节目汇集了众多媒体的报道和观点,又以主持人个性化的阅读、评论为传播形式,具有以下几个特点:

第一,信息量大,观点多元化。读报节目往往参阅多家媒体的新闻和评论,对报纸上的信息进行梳理和整合,因此,我们可以在一期读报节目中听到数十家媒体的声音,可以说看节目就是一种新闻速读和观点集纳。比如,《有报天天读》节目"每天收集播报五六十条信息,涵盖美国《纽约时报》《华盛顿邮报》《华盛顿时报》《洛杉矶时报》,英国《泰晤士报》《金融时报》等以及韩国、日本、东南亚和港台地区的报刊杂志,由于节目的讯息量大、视野较广,个性化、风格化突出,被海内外华人观众称之为'电子版的《参考消息》'"①。《第一时间·读报》则将节目分成"读报·速览"、"话题"、"留声机"、"看天下"、"读报·国际"、"读报·都市"几个小板块,尽可能使信息覆盖面广阔,国计民生均有涉及。

第二,个性化传播。主持人读报、评报是节目信息的主要传播方式,因此,读报节目具有很强的个性化表达特色,主持人的归纳总结和点评能力至关重要。主持人的风格不同,节目的风格就不同。比如,《有报天天读》主持人杨锦麟深刻、睿智,在评说报纸观点的过程中有很多自己的评判,所评新闻也多是涉及政治、经济、军事的严肃性话题,针砭时弊、见解独到,表现出强烈的社会责任感。《第一时间·读报》主持人马斌、

① 引自杨锦麟在中国传媒大学《从读报到走读——读一个真实的中国》讲座的幻灯片文稿。

王凯则更轻松、幽默，评论一般只是点到为止，以反问或疑问的方式提出质疑，评论的话题既有严肃的时政类新闻，也有轻松的民生类新闻，有时以说新闻的方式边述边评，有时以一首打油诗来总结收尾，评论整体更轻松、亲切。

第三，纸质媒体和电视媒体的有机结合。读报节目将报纸评论和电视评论巧妙地融合在一起，既可以传达纸质媒体丰富的报道和观点，又用口语化的表达方式，结合画面、音乐以及多媒体技术，将报纸观点形象地呈献给观众。观众既可以从屏幕上看到报纸上的文章，还可以看到主持人的表情、动作，节目有时还穿插着图片和音乐。读报节目以独特的表现方式将纸质媒体和电视媒体有机地结合在了一起。

(3)如何做好读报节目

要做好读报节目，首先，关键是要做好前期策划和主持人评论。

前期策划和准备是读报节目成功的基础，节目编导和主持人要对大量的报纸做好收集梳理工作，要根据节目播出地区和节目风格选择所读报纸。如凤凰卫视的定位比较国际化，力求向世界发出华人的声音，节目风格也注重新闻性和严肃性，所以《有报天天读》选择的报纸范围很广，覆盖世界各大主流媒体的报刊杂志，评论国内外的时事热点。《第一时间·读报》节目则主要面向国内受众，并且作为早间节目《第一时间》中的一个板块，风格上有新闻性，也有服务性和早间味，更加轻松，所选报纸大多是国内比较有影响力的，如《新华每日电讯》《人民日报》《法制日报》《中国消费者报》《京华时报》等，节目更加轻松。

其次，要确定重点，巧妙串联。不能什么都读，应有主有次，并巧妙地整合材料，提炼观点，这是节目个性化的保证。比如，读报节目往往将多家报纸对同一事件的报道和评论编排在一起进行对比，又往往将不同地点相似事件的报道综合在一起点评，大多数读报节目每期都会有自己的一个话题，例如《有报天天读》就开辟了“天天焦点”、“天天杨言”小板块，《第一时间·读报》一般也会挑出一两个话题进行重点解析和评论。

最后，读报节目由主持人来把握节目的评论，主持人是节目的主导，因此主持人的知识背景、语言方式、个性往往关系着节目的生死存亡。我们看到，大多数优秀的读报节目主持人都充满智慧、充满真诚，在评论的过程中闪现幽默，以个性化的语言引导观众思考，以真诚的态度与观众进行交流，力争以自己坦诚、智慧的解读为观众奉上一道评论大餐。

6.脱口秀式新闻评论节目

脱口秀节目是西方常见的电视节目，指观众聚集在一起讨论主持人提出的话题的广播或电视节目。脱口秀一般都有一列嘉宾席，通常由有学问或者对那档节目的特定问题有特殊经验的人组成。如今，一些脱口秀节目已经不仅仅是谈话节目了，还兼具新闻杂志、新闻评论的严肃功能。如喜剧中心频道的《囧司徒每日秀》(The Daily Show with Jon Stewart)、《科尔贝特播报》(Colbert Report)、HBO的深夜政治脱口秀《比尔·马什时间》(Comedy Central)、美国有线电视台TBS的夜间脱口秀《柯南秀》。本书将在以下篇幅中以《囧司徒每日秀》为案例,分析脱口秀式新闻评论节目。

(1)《囧司徒每日秀》

《囧司徒每日秀》于1996年开播。节目由乔恩·斯图尔特(Jon Stewart)主持,已经成为美国最尖锐的讽刺声音。我国台湾地区在翻译这个节目时,因其辛辣的讽刺而将其译为“辛闻”。乔恩·斯图尔特和他的搭档主持也会请一些政治人物作为嘉宾,对每天的时事新闻进行报道和分析。这档节目除了灵魂人物斯图尔特的睿智和尖刻之外,几十位集资深记者和搞笑高手于一身的伪现场连线记者也是它成功的必要因素。

图6—7　美国知名新闻评论脱口秀节目《囧司徒每日秀》

《囧司徒每日秀》粗看起来不过是一档机智的喜剧节目,以出色的政治讽刺和对电视新闻的辛辣调侃为出发点。但它同样也是有线电视战胜电视新闻网的典范。自斯图尔特接手以来,《司徒囧每日秀》的观众已经足足增长了将近3倍,达到了每晚140万人。它的忠实观众大多以年轻人为主,而这正是整个电视业最渴望争取到的收视群体。

该节目以插科打诨的方式挑战了传统的获取新闻的方式,辛辣讽刺的政治新闻报道和评论老少咸宜,通过攻击美国新闻界的宝贵传统,从而成为美国政治文化的新的中流砥柱,乔恩·斯图尔特也被美国媒体称为“数码时代的马克·吐温”,18次获得艾美奖(Annual Primetime Emmy Awards)。

在美国皮尤中心的调查中,乔恩·斯图尔特和丹·拉瑟①、安德森·库珀②齐名。这个看上去不正经、不严肃、不上档次、不主流的电视喜剧脱口秀节目从美国政治传播的边缘地带切入,找到了一个精准的定位,瞄准那些对传统电视新闻尤其是政治新闻不满的观众,用喜剧脱口秀节目的形态,一跃而成为美国政治传播中最重要的一个角色。

奥巴马曾经多次参加该节目的访谈部分。第一次参加该节目是在2008年10月29日,当期节目的收视人数达到360万人,创该节目的历史最高。奥巴马试图利用该

① 美国哥伦比亚广播公司(CBS)原新闻主播。
② 美国有线电视新闻网(CNN)新闻节目主持人,主持节目为《AC360》。

节目敦促选民,尤其年轻选民在国会中期选举中支持民主党。两年后他再次参加该节目,成为第一个参加该节目的在任总统。

(2)节目板块

该节目大致可以分为三个板块。首先是新闻回顾及评论。在这个环节,和一些政治模仿秀类节目不同,《囧司徒每日秀》使用的是其他新闻媒体真实的新闻报道、公众人物发言、新闻发布会等内容片段。通过对新闻片段的重新梳理以及主持人的脱口秀式再解读,完成对"主流政治新闻"内容的二次消费和解构。乔恩·斯图尔特使用了美国传统单人脱口秀(stand-up comedy)的各种非语言传播技巧,包括语调变化、停顿、标志性面部表情和身体语言等,对原始新闻素材进行分析和解读。这也是该节目与传统新闻节目的最大差别:新闻主播被要求用非主观的方式播报新闻。但恰恰是这些非语言的符号和体态姿势,成为建立观众对主持人的认同感和情感链接的重要方式。

节目的第二部分常常会引入以"现场报道记者"角色示人的助理主持人,在这段内容中,主持人的角色转化为正常人的视角,反衬"现场报道记者"角色的荒谬性。

节目的第三部分是一个访谈环节。通常节目会邀请新闻当事人或其他具有新闻性的嘉宾,与主持人进行一对一的访谈。嘉宾的范围非常广泛,从美国总统,到其他政治人物、畅销书作家,再到流行文化人物等等。

第二节　电视新闻访谈

一、电视新闻访谈节目的界定

电视新闻访谈节目以访谈为节目的主要形式,以某一新闻事件或新闻人物为话题,主持人与访谈参与者就话题进行对话与交流,是一种常见的电视新闻节目体裁。

电视新闻访谈节目一般在演播室录制,有的节目则走进嘉宾的办公地点、家里或事件发生地,有的节目则实现直播。电视访谈可以形象地展现主持人与嘉宾(或现场观众)的谈话过程,观众通过访谈节目可以更加深入地了解事件或人物,并体会在谈话过程中积累起来的"场信息"——谈话中嘉宾的动作、表情、内心情感、现场气氛等。可以说,电视访谈节目是一种直接与当事人或权威专家对话的深度解读,如《面对面》节目就以"倾听、探寻、求证"为节目宣传语,力图通过访谈对新闻进行深度挖掘。

二、电视新闻访谈节目的类型及特点

电视新闻访谈节目有多种分类方法,在此,我们仅从节目形式和节目主题两个角度对其进行分类。

1. 电视新闻访谈节目的分类

(1)从节目形式分,可以分为电视专访和谈话节目

①电视专访

电视专访又叫电视专题访谈,一般由节目主持人(或记者)对嘉宾进行一对一的专题访问,没有现场观众参加。由于访谈在主持人(或记者)与嘉宾之间进行,虽然观点不能多元化,但对话题的谈论往往更加深入,在这种深度交流中,观众可以对所谈事件或嘉宾本人有更深的认识和了解。专访的形式更像是两人促膝长谈或进行智慧的碰撞。例如,央视的《高端访问》节目,主持人水均益"专访外国元首、政府首脑和各界国际知名人士"①。在2010年5月19日对土耳其总统居尔进行专访的节目中,居尔先生就水均益提出的问题做了详细的回答,并谈了他2010年访华与2005年访华看到的中国的巨大变化以及对此次访问的期待、土耳其现在的形势、土耳其应对金融危机的经验教训、土耳其加入欧盟的道路、土耳其与北约的关系、土耳其的外交政策等内容。两人在交谈中有共识,也就一些意见不同的问题进行了交谈。整个专访的信息量很大,访谈中穿插的短片为观众了解访谈背景提供了更多的信息,也使节目更有层次感,增加了节目的可视性。

央视的《面对面》,凤凰卫视的《风云对话》《名人面对面》,美国有线电视新闻网的《拉里·金访谈》,CNN国际的《亚洲访谈》(Talk Asia)等节目都属于电视专访。

②谈话节目

谈话节目往往是多人参加的谈话,由主持人提问和引导,嘉宾和现场观众就节目主题进行交流和讨论。谈话节目可以呈现多元化的观点和话语,在主持人、嘉宾、观众之间形成一种互动的对话,多人参与或者说大众参与是节目的主要特色。谈话节目比起电视专访,节目形式更加活泼,大家各抒己见,节目现场形成了一种大家共同讨论、谈话聊天的氛围,因此谈话现场变得更加重要。有时,谈话节目的现场还会根据话题的不同进行相应的场景布置,例如央视财经频道的《对话》有一期谈论的话题是"寻找中国动漫世界语",节目现场就布置了很多生动可爱的动漫形象,不仅为现场增加了气氛,还为节目中的对话提供了服务。

谈话节目在欧美电视界被称做"Talk Show",翻译为"脱口秀",表示脱口而出,提倡嘉宾、观众讲真话,谈话是节目的主体,可视的多元对话在电视上呈现出无穷魅力。央视的《对话》、凤凰卫视的《鲁豫有约》、美国著名的谈话节目《奥普拉脱口秀》(Oprah Winfrey Show)以及美国知名谈话类节目《艾伦秀》都是典型的谈话节目。

---

① 《高端访问》节目页面,央视网 www. cntv. com。

图 6—8　美国知名谈话类节目《艾伦秀》

(2)从节目主题分,可以分为以事件为中心的访谈和以人物为中心的访谈

①以事件为中心的电视访谈节目

以事件为中心的访谈节目指节目的话题围绕某一新闻事件展开。如《面对面》的《肖东楼:直面手足口病》这期节目,主持人董倩访问卫生部手足口病防控工作领导小组办公室主任肖东楼先生,节目请肖主任到现场的目的不是要谈他的个人经历,而是要谈防控手足口病这个话题。主持人请肖东楼主任谈了手足口病的发病特征、发病原因、病死率、传播渠道、防控措施及当前的网络直报系统等知识,介绍了当前我国防控手足口病的情况。这期节目为广大观众在当时手足口病高发的时刻认识手足口病、防控手足口病及时提供了信息。总之,节目的主题不是访谈嘉宾,而是请访谈嘉宾来谈论某一新闻事件或新闻现象。这样的节目就是以事件为中心的访谈节目,嘉宾的选择因所谈事件而定。像《面对面》《小崔说事》《对话》《风云对话》等节目都可以算作以事件为中心的电视新闻访谈节目,它们都围绕某一话题展开,对话题进行谈论。

②以人物为中心的电视访谈节目

以人物为中心的电视新闻访谈节目围绕新闻人物展开,相当于人物专访,以人物的人生经历、内心情感、思想境界等为节目的主要内容,力图向观众展现一个立体化的新闻人物,人是节目的主题。

比如《名人面对面》《杨澜访谈录》《鲁豫有约》等节目,它们都属于以人物为中心的电视访谈节目。例如《名人面对面》节目采访陈丹青,“许戈辉问道,‘您说是不是搞艺术的人会经常处在这种状态下(大惊小怪,过于敏感)。’‘艺术家不都是自恋的吗,不都是希望名垂千古的吗? 您例外吗?’这样的问题迅速调动陈丹青的情绪,进入状态,澄清事实。”①节目“旨在揭开新闻人物造就新闻事件的原因”②,通过主持人的访谈让观众了解陈丹青的性格、经历和这次辞职的原因。又如《杨澜访谈录》访问“金马影帝”黄渤,制作了《生存之小人物》这期节目,节目在两人的对话交流中回顾了黄渤出道前走南闯北的经历、拍戏遇到的坎坷、别人对他的冷嘲热讽,谈论了成名后黄渤的心态以及生存法则等内容,向观众展现了一个非常自然朴实的黄渤。当黄渤说到他成名前遇到的冷嘲热讽时,我相信观众也会跟随黄渤一起体味那份心酸,体味黄渤乐观的自我调

---

①② 陈阳、李辉、王菲:《电视新闻访谈节目的深度挖掘》,《青年记者》2007 年 5 月(下),第 72 页。

节。观众不仅可以从节目中了解黄渤,更可以从他的人生经历、人生体验中汲取养分。这样的节目就是以人物为中心的访谈节目,聊人物身上的故事是为展现整个人物服务的。全方位地展现新闻人物才是节目的目的。

2.电视新闻访谈节目的特点

(1)信息量大,兼具广度与深度

电视新闻访谈节目信息量大,访谈一般较为深入,有一定深度,相当于专题节目或访谈形式的深度报道。节目可以通过主持人追问、质疑、播放短片、加入讨论辩论等方式增加深度和广度。

比如上文提到的《高端访问》中水均益对土耳其总统居尔的访谈,节目插播了五个小短片,分别介绍土耳其的概况、土耳其特殊的地理位置、土耳其政坛、土耳其与各大国间的关系以及居尔本人,短片与访谈的主要内容互相配合、相得益彰,节目的信息量增大,也帮助观众对土耳其和居尔有了形象性的认识。水均益在提问时会加上一些相应的背景信息做铺垫,这一方面可以让外国友人更加容易理解他的提问,一方面也可以让观众了解国际问题的相关背景。

又如,王志的提问以质疑见长,在做《面对面》节目的时候,王志的质疑常常成为节目深度挖掘的代名词。在2003年"非典"肆虐的时期,王志采访北京市代市长王岐山时问道,"'现在你是不是有点急啊?''我非常同意你的说法,但现在看来你这个说法几乎是不可能的''制定这些措施,你的依据是什么'……有人这样形容你(王志)的采访:'告诉你吧,我不相信;要我相信,你就得经得起我的挑剔'"。[①] 正是在这样的不断质疑和挑剔中,访谈才得以深入进行。如果记者只是一味地同意或奉承对方,也许被采访对象只会说表面信息,老百姓在节目里听不到他们想听的更加实在的内容。访谈在主持人、记者的追问、质疑中变得更加有深度。

(2)展现访谈过程,以人际交流为主要形式,节目更有感染力

访谈节目是一种过程的记录,以人际交流为节目的主要形式,这种口语化的对话更有人情味、更具感染力。在主持人与嘉宾一对一或一对多的访谈中,或者在嘉宾、观众、主持人对话题的讨论中,形成了一种"谈话场"。随着访谈的深入,嘉宾或观众在谈话场中伴随着情绪的积累,很多人会谈得越来越自如、越来越深入,尤其在人物类访谈中,随着嘉宾与主持人之间的信任度慢慢增加,很多人会更加自然地流露出自己内心的真实情感。谈话节目中,观众受现场气氛的影响,也会变得更加踊跃,讲述自己的经历。轻松幽默的谈话氛围还会给观众带来一分好心情,在这种轻松的讨论中有自己的

---

① 徐向明:《"我就想知道为什么?"——中央电视台〈面对面〉栏目主持人王志问答》,《传媒观察》2003年第8期,第8页。

一分思考。在专访中,主持人是在替观众向嘉宾提问,主持人仿佛是观众的眼耳口鼻,以第一人称的经历带给观众在现场与嘉宾交流的体验。嘉宾在对主持人说,就是在对观众说,这种人际交流的状态更加真实。没有预演,不是讲大道理,而是第一反应,是一种聊天、对话,是一种过程的记录。也许访谈节目的形式不多,但是人际交流的魅力却让它拥有了旺盛的生命力。

(3)大众直接参与度高

大众直接参与话题讨论是谈话节目的一大特色,现场观众为谈话节目带来活力和新鲜血液,观众直接参与使节目形成一种互动的氛围。谈话节目不是一言堂,也不是嘉宾的发言专场,而是具有开放性、互动性的对话交流。观众的直接参与给节目带来了新鲜的一手材料,为节目增加了不同的观点,观众讲述的不同的故事,使节目内容更加丰富、充实。

另外,观众的直接参与还丰富了节目的形式,使节目变得更加灵活多样。例如,在《小崔说事》2010 年 7 月 4 日的节目《大话足球》中,主持人崔永元邀请四位现场观众上台玩桌上足球,崔永元解说这场“足球赛”,足球评论员李承鹏评论球赛,节目以这种方式让大家对足球评论员的工作有了一个初步的认识。在聊 2010 南非世界杯的时候,主持人请现场观众吹响“呜呜祖啦”,大家一起对“呜呜祖啦”最初的用途做猜测,最后请李承鹏揭晓答案并做解释。这样,节目一下子变得生动起来,不仅形式多样,现场的气氛也更加活跃,观众不仅是聆听者,更是节目不可或缺的一部分。

三、新闻访谈类节目的要素

1. 话题

新闻访谈节目的话题选择至关重要,谈什么、聊什么是节目展开的基础,所以访谈节目的话题一定要有价值并适合节目。我们在选择节目话题时,可以从当前的热点事件、热点人物、社会现象中去寻找,话题要具备一定的新闻性和大众关注度。当然,最重要也是最基本的是,话题要符合党和国家的方针政策,要把握正确的舆论导向,对观众负责。观众关心的话题是我们需要访问、需要解析、需要讨论的。在此,可以引用央视原《实话实说》栏目《为什么考英语》这期节目主持人和晶的结束语来说一说访谈节目话题的选择:

> 如果学以致考已经给我们这一代人带来了痛苦,希望不要再弥漫到下一代人身上去,其实有一句话说得特别好,说你们《实话实说》每天在谈什么话题,我说有的时候谈的什么话题不是最重要的,重要的是我们为什么要谈,也

就是说学英语你学到什么程度上这个不是最重要的，最重要的是你要想一想最初的那个想法，我们为什么要学？

所以，我们在考虑节目的话题时，首先要想一想我们为什么要谈，谈的价值何在：话题是观众想了解的内容吗？话题是我们国家改革发展中需要讨论的问题吗？话题关系老百姓的切身利益吗？针对这个话题做访问或者讨论能为观众带来什么？多想一想我们为什么要谈这个话题、谈这个话题的价值和意义，以更好地帮助我们做出选择。

其次，话题的选择要考虑节目的定位。节目的定位不同，话题的选择自然也不同。央视财经频道的《对话》节目，定位于"高端精英谈话节目"，谈的多是与经济、金融有关的话题。比如：

《对话》(20140216)尝鲜混合所有制

《对话》(20140126)颠覆硅谷的俄罗斯人

《对话》(20140112)移动浪潮下的"重生"

《对话》(20140105)改革：我们如何看未来

《对话》(20131229)现代农业的破局与升级

《对话》(20131222)袁隆平：天下粮仓

《对话》(20131215)"嫦娥三号"登月的秘密

《对话》(20131208)网络视频我们看什么

我们看到，《对话》节目的话题紧抓经济领域，探讨企业成功的秘密，解析当前的经济热点，比较高端；《面对面》《新闻会客厅》《风云对话》等节目，话题的新闻性则更强，谈的多是当前的新闻事件；而《名人面对面》《杨澜访谈录》《鲁豫有约》《今夜秀》等以人物为中心的访谈节目话题则侧重人生体验。此外，北京电视台的《养生堂》则从更加细分的定位，从健康知识和健康文化等角度确定谈话议题。

另外，我们还要考虑话题是否容易展开，所访之事嘉宾是否愿意谈、是否适合口语表达、是否可以构成一个专题，所谈之事是否适合大家讨论、是不是具有多方面的观点、能不能引起大家讨论的兴趣等等。

2. 访谈的参与者

在电视专访中，访谈的参与者主要是被采访的嘉宾；在谈话节目中，访谈的参与者主要包括嘉宾和现场观众；另外，访谈节目有时还会插播提前录好的采访录像，录像中的被采访者也算是访谈的参与者。那么节目应当请谁来参与访谈？访谈参与者又起到了哪些作用呢？

在电视访谈节目中，嘉宾是节目信息的主要来源。选谁做访谈嘉宾，要依据节目的主题而定。如果是以事为中心的访谈节目,嘉宾的选择可以按照我们在第三章第二节提到的"同心圆"理论来选择,即当事人、目击者、知情者、参与者、研究者和关心者。

图 6—9 《鲁豫有约》栏目录制现场

采访报道新闻事件,首先,当事人是最核心的人物,在访谈节目中,如果能采访到当事人,我们便可以获得第一手的材料,例如《新闻会客厅》之《张海超:开胸验肺的自救之路》这期节目,主持人李小萌来到张海超的家里,听张海超讲述他为拿到职业病鉴定书而选择开胸验肺的艰难自救之路。新闻当事人的话语真实感强,最具感染力。因此,了解事件真相,选择新闻当事人作为访谈对象,是一个很好的选择。

其次,目击者是新闻的见证人,知情者、参与者、研究者都属于长期关注事件的人,可以为新闻事件的解读提供更多信息、更多观点,所以他们也是新闻访谈节目嘉宾选择的主要对象。例如,《新闻会客厅》之《关注大学生心理健康问题》这期节目,分析的是北京科技大学发生的大学生抢银行事件,节目请来了这名大学生的两位同学到演播室。通过主持人与知情者的聊天,我们知道了这名大学生家境贫寒,在上学期间打工赚钱,结果由于打工耽误了学业,因为考试挂科、舞弊等原因延期毕业,又因为延期要自己交学费,自己租房子,继续打工赚钱,最后延期两年仍然没有拿到毕业证的经历。通过这位大学生同学的讲述,我们了解了他的性格、心理和他对家人的歉疚以及生活、学习给他的压力等等。在节目的后半段,又请来了福特基金会提高贫困大学生就业能力的负责人苏文平教授作为访谈嘉宾,请她从一个老师、一个研究者的角度解析事件原因,探索解决大学生心理健康问题的途径。

最后,事件的关心者可以成为谈话节目的现场观众参与到节目中来。谈话节目需要热心观众的参与,需要有更多的人参与现场讨论,事件关心者虽然与事件没有直接联系,所掌握的信息也不如研究者权威,不适合作为访谈嘉宾,但关心者的现场参与可以有效地提高谈话节目的观赏性,可以从关心者自己的角度谈对话题的认识,为节目增加多样化的观点和故事。当然,由于节目嘉宾有限,当事人、见证者、知情人、研究者中没有机会作为嘉宾发言的,也可以作为现场观众或场外采访的对象参与到节目中。

如果是以人物为中心的访谈节目,中心人物自然应成为访谈嘉宾,请谁来做中心人物,要看被访谈这个人物的价值何在,他的身上有没有新闻点,他有哪些人生经历、人生体验是值得我们分享、借鉴、思考的。这又回到了前面讲的话题选择问题上。另外,像《鲁豫有约》这样的人物访谈节目有时还会请核心嘉宾的家人、朋友作为嘉宾一起做访谈,请热心观众(如歌迷、影迷)到节目现场参与访谈。

此外,访谈节目在选择访谈嘉宾时,还要综合考虑嘉宾的语言表达能力,因为嘉宾担任着整个访谈节目的重头戏,嘉宾的语言表达能力是节目能否顺利进行的一个重要因素。在选择谈话节目的现场观众时,还要依据节目的话题综合考虑现场观众的构成,他们的年龄、职业、文化背景等是否具有一定的代表性,不能过于集中在某一类人身上,多样化的观众代表能使话题讨论得更充分。

3. 主持人(记者)

主持人掌控着访谈节目的走向和节奏,主持人的水平往往关系着访谈节目的成败。由于访谈节目是以人际交流为主要形式的节目,所以主持人的个性往往决定了节目的个性,有很多访谈节目就直接以主持人的名字命名,比如《杨澜访谈录》《奥普拉脱口秀》《拉里·金访谈》等,主持人成为一个节目的品牌。

那么,如何做好访谈节目的主持人呢?要做好访谈节目的主持人,就要做好与访谈参与者的交流与互动。

首先,主持人在与嘉宾、观众交流的时候要用心去交流,只有真诚的交流才最具感染力,才能打动人心。嘉宾、观众觉得你是真诚的,才愿意和你交流,也才愿意和你讲真话。脱口秀女王奥普拉就经常在与嘉宾的互动中讲自己的经历,正是因为她敢于将自己真实的经历、真实的感受与嘉宾和观众分享,嘉宾才更愿意和她讲真话,和她说出自己内心真实的情感,节目才能够引起成千上万观众的共鸣。

其次,主持人要磨炼自己的提问水平。既做一个好的倾听者,又做一个好的提问者,主持人的提问要激发访谈参与者的倾诉欲,这样访谈得来的才不是表面文章。《面对面》节目主持人王志就说:"对被采访者,我要做的是配合他,引发他的倾诉欲。首先,不做一个让人讨厌的人;然后,做个好的倾听者;第三步,不能忘了自己的任务,选择一个时机提较尖锐的问题,有了好的落点,就会水到渠成。"[①]当然,访谈节目的主持人不一定都要像王志一样"提较尖锐的问题",但是要像王志一样学会引发被采访者的倾诉欲,让嘉宾愿意和你谈、和你聊。在这里,你要有真诚的态度,也要做大量的准备工作,也许你关注的访谈嘉宾的某一件事、某一部作品就会引起嘉宾与你的共鸣,让他愿意和你讲述。在这里,你要学会站在观众的角度进行思考,观众关注哪些问题,你要替观众向嘉宾提问,还可以设一个"小陷阱",让被采访者去澄清、去解释清楚。例如,

① 徐向明:《"我就想知道为什么"——中央电视台〈面对面〉栏目主持人王志问答》,《传媒观察》2003年第8期,第8页。

在《新闻会客厅》之《北大自主招生:中学校长实名推荐行吗?》[①]这期节目中,主持人就问北大招生办主任:“刘主任,刚才校长(杭州二中的叶翠微校长)讲,他先电话跟你沟通过,然后你让他拿证明她(刘主任推荐的学生)优秀的材料,包括他写的推荐信,这和一个校长跟你说情有什么区别?”这样的提问,立即引起了北大招生办主任想要澄清和解释的欲望,相信这也是很多老百姓想要提出的问题。

再次,主持人、记者在采访时要有平等的心态,无论你的采访嘉宾是高官、学术权威、艺术名家还是普通老百姓,甚至社会的弱势群体,你都是与被采访对象平等的。不因他们地位高而仰视,也不会因为他们地位低而俯视。以平视的心态面对受访者,你才不会因为畏惧被采访者而不敢发问,也不会因为轻视被采访者而傲慢。

然后,主持人在访谈节目中还要分层次地引导节目进行,使节目的思路、层次更加明晰。例如,《小崔说事》之《大话足球》这期节目,节目在主持人崔永元的引导下,依次聊了足球评论员的工作、球星、足球的由来、世界杯的历史、南非世界杯、中国足球这些话题。而且,这些话题之间很多时候并没有明显的转换,而是在主持人的引导下自然过渡到谈论起下一个话题,这就要看主持人的主持功力了。

最后,主持人还可以巧妙地设计一些“包袱”来引出话题,增加节目的观赏性,如设计一些情境让访谈嘉宾解答,使观众对话题或嘉宾有更加形象的认识。例如,在《对话》之《技术巨头的中国面孔》这期节目中,主持人在和高通公司全球执行副总裁汪静聊他当年如何打开中国市场的大门时,就巧妙地运用了中国古代的大门模型道具来引出话题,主持人说:“中国市场的大门摆在你的面前,用你当年的力度和技巧来把它推开,让我们大家试着看一看,你当年推开这扇大门的时候究竟遇到了一些什么。来,交给你。”结果汪静只推开了半扇门,主持人就问汪静为什么只推开了半扇门,汪静向主持人讲起了他当年开拓中国市场时遇到的困难。我们看到,这样的设计就非常形象、巧妙,让话题一下子生动起来,也吸引了观众的兴趣。

不过,预先的设计虽然可以让主持人的主持锦上添花,但好的访谈节目主持人更少不了临场应变能力。被采访对象的回答总是充满未知,如何应变、如何提跟进性的问题、如何处理突发情况,这些都在考验着主持人的水平,需要主持人在实践中慢慢摸索、慢慢积累经验。

话题、访谈参与者、主持人是新闻访谈节目重要的三要素,但是新闻访谈节目的成功并不只是访谈参与者和主持人的功劳,而是团队合作的功劳。从选题策划到联系采访对象、文案写作、拍摄录制、播出,这些都需要节目团队的通力合作。要想了解访谈节目的整体制作,我们不妨再多找一些访谈节目的访谈手记看看。

---

① 《新闻会客厅》2009年7月22日播出。

本章小结

我们看到，电视新闻评论的样式越来越丰富，从最初的电视短评到述评结合的电视评论，再到对话式评论、辩论式评论、读报节目、脱口秀式新闻评论节目，电视评论以多样的形式进行着多元化的观点表达。可以说，这些电视新闻评论各有千秋、互相补充。电视短评短小精悍、直接有力；述评式评论形象生动，用事实说话；对话式评论在对话中提供资深评论员的专业解读；辩论式评论让观点交锋，在辩论中进行多角度思考；读报节目融合众多媒体观点，是意见性信息的精加工；脱口秀式新闻评论节目是对资源的整合与创新。电视评论也开始越来越注重与观众的互动，在节目中融入百姓观点，正在逐步成为让百姓知其然、知其所以然、参政议政的平台。

本章讲授了电视新闻评论、电视新闻访谈节目这两种电视新闻节目常见的体裁类型，介绍了它们的内涵、分类、特点和应用，力图让大家对这两种节目体裁有一个理性和感性的认识，并从中学到应该如何进行评论、访谈。其实，电视新闻节目往往是多种体裁的交叉混合，没有特别明确的划分，新闻节目往往综合利用多种体裁形式进行报道。在此，我们对电视新闻节目的体裁类型分别讲述，就是为了让大家对各个新闻体裁有较为深入的了解，以便更好地掌握这些新闻体裁的特点。在实践中，我们应当在掌握这些节目体裁的基础上，灵活应用所学知识，综合运用多种体裁形式，做出更生动、更鲜活的电视新闻节目。

思考与研讨题

1. 电视新闻评论有哪些类型？要做好不同类型的新闻评论节目，需要掌握哪些要点？

2. 观看、分析一期评论节目，就其中的论题做一次评论。

3. 如何选好电视新闻访谈节目的选题？应当请谁参与访谈？如何做好访谈节目的主持人、记者？

4. 观看、分析一期新闻专访节目，假设自己是这期节目的主持人（或记者），就其中的所谈之事或所访之人列出自己想提的问题。

拓展阅读

1. 王振业、李舒：《广播电视新闻评论》（第 2 版），中国传媒大学出版社 2009 年版。

2. 代树兰：《电视访谈话语研究》，中国社会科学出版社 2009 年版。

第七章 电视新闻节目编排

本章重点

1. 电视新闻节目编排的基本理念
2. 电视新闻节目编排的技巧与方法

电视新闻节目编排是指**电视新闻节目编辑结合频道、栏目的定位,通过对观众收视行为特点的研究,以各种技巧手段,将分散、独立的新闻资源进行整合传播,以达到最大的传播效果的过程**。这包括整个电视新闻频道的编排和频道内各栏目的编排。电视新闻频道的编排要结合本频道的定位,合理有效地配置各个栏目的播出时间、播出长度,使频道各个栏目之间相互配合,以实现自身的频道定位。电视新闻节目的编排还应包括频道内各个栏目内部各条新闻的具体组合方式、栏目内各条新闻的编排,以发挥电视媒体的优势,使所要传递的信息在观众心中留下深刻的印象,从而实现预期的传播效果。

频道编排和栏目编排是相互配合的,合理有效的频道编排可以使频道的观众定位更加清晰、针对性更强,而科学的栏目编排又可以把观众的分流降到最低,形成频道固定的收视群体,实现频道的观众定位。

第一节 电视新闻节目编排的基本理念

电视频道是由多个与频道内容相关的栏目组合而成的,而各个栏目又包含着不同的节目板块。电视频道内部的这种相互关联的层层关系决定了频道资源的整合既包括栏目内部的整合编播,也包括栏目之间的整合编播。

一、受众意识

1.频道编排中的受众意识

受众意识不仅体现在微观的栏目编排中，在频道的整体编排中，受众意识同样不可或缺。因此，研究受众对于整个频道的运营整合至关重要，国内外相关经验已经证明，只有具备受众意识，对受众的各种收视行为进行充分的调查研究，频道才会有清晰的定位、清晰的目标受众。有了清晰的目标受众，反过来又会吸引更多的具有相同收视心理和收视行为的受众，使频道的目标受众不断扩大，进而提升频道的收视率和品牌知名度。

以中央电视台新闻频道为例，改版前后的新闻频道在节目编排上有了很大变化，在充分考虑了现有电视观众对新闻资讯求快求新的基础上，综合各个不同时段的主要目标受众，对本频道内的资源进行了整合，对受众市场进行了细分，把整个频道分为早间、午间、晚间三大时间段，在各个时间段中设置不同的直播新闻节目、整点新闻播报节目等，定位于不同的目标受众，充分考虑受众的收视需求。央视新闻频道从成立之初到现在所取得的成果显而易见：新闻频道的定位更加清晰，目标受众群体不断扩大。

2.新闻栏目编排中的受众意识

在节目编排过程中，电视新闻节目的编辑要时刻把受众意识放在第一位。那么在具体的节目编排过程中，如何体现受众意识呢？

这就要求电视新闻工作者充分研究受众的收视习惯，调查受众的收视心理，明白受众之间的差异。受众的收视习惯对频道和栏目的影响是很大的，不同年龄、不同性别、不同文化阶层的受众，其收视习惯和收视心理是不同的，因此频道定位、栏目设置、节目内容应该有的放矢，针对不同的受众，科学合理地进行节目编排，以达到预期的传播效果。

观众的收视习惯直接影响着频道的栏目设置和各栏目的播出内容。以中央电视台财经频道目前周一到周五的节目编排为例。财经频道这一时间段的节目编排相对稳定，各个栏目的播出时间、播出长度也是固定的，这有助于形成固定的收视群体，培养受众的忠诚度。再看各个栏目安排的时间段：《第一时间》在早间的7:00—9:00播出，主打新闻资讯，包括生活资讯、时尚信息、财经资讯、文化咨询等；《交易时间》(上午版)在9:00—11:10播出，主要是股市、楼市、车市及有关的消费信息；11:50播出的《环球财经连线》(午间版)持续到12:30，主要是一些国际新闻报道。

可以看到，改版后的央视财经频道节目编排发生了很大的变化，从经济生活频道到财经频道,定位更加清晰,增加了大量的直播节目,财经方面的内容占比大幅提升。另外,可以看出频道内各个栏目的设置也充分考虑了受众的收视习惯。例如,《第一时间》的播出时间是在早间的 7:00—9:00,这一时间段是年轻的上班族还没有出门的时段,年轻人偏好轻松、时尚的资讯类新闻,《第一时间》的栏目定位恰好符合这一时间段的观众收视习惯,而《交易时间》的播出时间恰好是广大的离退休人员收看电视的时间。

二、独家意识

当今传媒世界,新媒体不断涌现,网络媒体、博客、微博的出现及流行使传统的"传—受"模式受到了极大的挑战,受众不再处于被动接受的位置,被动地接受来自主流的声音,而是有了信息发布的渠道,他们可以通过网络、手机迅速地传递自己的声音。信息网络如此发达,所以,当今的传媒世界里,很难再出现由某家媒体发布的独家新闻。

电视媒体作为传统媒体也不能例外,虽然电视具有现场直播的优势,但是整个直播运作起来比较复杂,可能还没等电视发出直播信号,信息就已经在网络上传播开了。其实,当今的媒体竞争更多的是在"独家"上下功夫。这里的"独家",不仅是指独家新闻的发掘,还包括与其他媒体不同的新闻角度、与其他媒体不同的新闻观点,以及独家解读、独家整合、独家编排等。

既然独家新闻的发掘不再那么容易,那电视工作者就要更多地在编排和选择上下功夫,相同的新闻资源,用不同的编辑手法技巧整合在一起,也许会收到意想不到的传播效果。在具体的电视新闻节目编排中,应该如何实现独家,做到不与其他电视新闻频道雷同,体现自己的特色呢?

1. 频道编排中的独家意识

在进行频道的整体编排时应有独家意识,栏目的设置应该与众不同。有人认为,频道只是一个框架、是形式,而电视新闻节目重要的是内容,把内容做得出色就能吸引观众。这种想法是片面的。对一个频道来说,整个频道的编排尤其重要,栏目的设置、栏目内容的定位,这些频道内容的基本组成部分对观众的影响是很大的。

2. 栏目内容编排中的独家意识

有了好的形式,在栏目形式上做到了独家,接下来就该在栏目内容上下功夫了。在信息网络如此发达的社会,具有独家内容的新闻已经不再容易发掘。但是在独家的编排技巧、独家的编排手法、独家的新闻头条的选择、独家的新闻角度上,电视新闻编辑还有很多可开发的空间。

(1)独家的编排技巧与手法

独家的编排技巧与手法指的是运用与其他媒体不同的编排手法，运用独具匠心的编排技巧，对新闻资源进行巧妙的排列组合，从而在受众心中形成独特的视听感受，达到与众不同的传播效果。

(2)独家的头条新闻

既然在信息网络如此发达的时代独家新闻难以发掘，那么在编排新闻的时候，电视新闻编辑便可以根据栏目的定位选择该栏目的头条新闻。头条新闻对一档新闻节目来说非常关键，直接决定着受众的收视兴趣，决定着受众是否继续收看该栏目。对于电视媒体来说，观众随时都会打开电视机收看电视节目，因此这里所谓的头条新闻并不是普通意义上的头条新闻。这里的头条新闻包括栏目开始时的第一条新闻，同时也包括栏目播出过程中设置的调节受众收视兴趣的关键时间段新闻，比如美国全国广播公司、哥伦比亚广播公司的晚间新闻都有不同段落的准头条新闻。

(3)独家的新闻角度

如果从节目编排的独家角度去理解，这种独家新闻角度主要是指在编前会的新闻采访策划中，就应当确立新闻事件的切入角度，同时也是指在新闻栏目中集纳包裹式新闻、矩阵式新闻时，对事件各角度的分析与选择，以形成集团作战的优势。

三、“速反”意识

所谓“速反”意识，就是快速反应意识，就是要对现实生活中发生的突发事件有高度的新闻敏感性，电视新闻编辑要根据当前受众关心的热点、焦点，把这些突发事件体现在电视新闻节目的编排中。

在新闻类节目中，“速反”意识尤为重要。电视作为声画一体的传播媒介，相对于报纸来说，其优势就在于能够将事件现场发生的最新变化迅速甚至同步地传递给受众。

1. 电视新闻媒体的“速反”意识

电视新闻节目编辑对事件的快速反应意识，是发挥电视媒介的优势所必须具备的素质。美国有线电视新闻网发展历程中的“速反”意识很值得我们学习。

(1) 美国有线电视新闻网的“速反”意识

美国有线电视新闻网创办之初就对受众需求做出了快速反应，接下来大展拳脚的时候是在1991年的海湾战争中：美国有线电视新闻网派记者赶赴现场，对战争现场进行直播报道，这次对战争事件的快速反应使得美国有线电视新闻网在新闻领域站稳了脚跟。2001 年的伊拉克战争,美国有线电视新闻网仍然敏感地站到了世界媒体的前沿,在其新闻的播出过程中,一旦战争现场发生新的变化,美国有线电视新闻网正在播出的节目马上就会进行插播报道,为受众提供来自战争现场的最新信息。2006 年,美国有线电视新闻网开办了可供观众自己上传新闻的栏目 I report for CNN,这档新栏目符合当时受众自我意识逐渐觉醒的趋势,改变了传统的“传—受”模式,取得了极大的成功。可以说,美国有线电视新闻网发展史上的每一次跨越都是建立在对受众需求、对突发新闻事件的快速反应的基础上的。

在信息网络如此发达的今天,受众对新闻的需求也越来越高,在求新、求快、求质、求量的要求下,“速反”意识便成为电视新闻节目满足受众需求、提升节目品质的必备素质。

(2)国内电视新闻媒体的“速反”意识

应当说,近几年国外节目理念的引进以及中国电视媒体竞争的发展刺激了电视媒体的“速反”意识,但总的来看,目前我国很多电视新闻节目的编排都是按照既定顺序播出的,大多数电视新闻编辑并不具备“速反”意识,在突发事件发生的时候,并不能第一时间把信息传递出去。没有“速反”意识,结果不仅会影响节目自身的品质,造成受众对该频道、该栏目的不信任,更严重的还会因信息的不及时公开,引起社会的恐慌。

对比两次流感疫情中电视新闻节目的不同态度以及由此带来的不同后果,我们就会明白“速反”意识的重要性。例如 2003 年“非典”时期,疫情刚开始蔓延的时候,电视新闻媒体采取的是观望态度,对疫情的蔓延并没有做出应有的快速反应,没有及时把相关信息告知受众。结果由于信息不畅通,广大受众对疫情一无所知,造成了全社会的恐慌,给社会带来了不必要的损失。反观 2009 年的甲型 H1N1 流感疫情,这次我国的电视新闻媒体从一开始就发挥自己的优势,做出了快速反应,从国内的流感疫情到国外的流感疫情以及各国的防治措施,我国电视新闻媒体始终站在信息的最前沿,把最新的疫情变化传递给了受众。这次甲流疫情并没有引起恐慌,而且由于报道信息及时,公众都采取了预防措施,也在一定程度上控制了疫情的蔓延。

2. 电视新闻栏目编排中的“速反”意识

(1)频道编排中的“速反”意识

对一个电视新闻频道来说,快速反应意识体现在方方面面,不仅频道内各栏目的内容设置上要具备“速反”意识,整个频道的栏目设置、栏目与栏目之间的配合也都要具备快速反应意识。

当一个突发性事件发生时,如果这个突发事件又会持续一段时间,那么电视新闻编辑就可以考虑将突发新闻事件的播报固定化,也就是设置一档新的栏目来持续不断地关注这个突发事件的进展。例如，2008年席卷全球的金融危机爆发时，央视财经频道就设置了一档新栏目《直击华尔街风暴》，专门解析这场金融风暴，从风暴爆发的原因到其影响，再到世界各国所采取的应对措施。这档节目的设置及时为观众提供了相关信息，全面解析了金融风暴，在观众心中留下了深刻印象，财经频道借这档栏目在观众心中树立了财经频道的定位。

(2)栏目编排中的“速反”意识

对一档电视新闻栏目来说，快速反应意识就是在突发事件发生时，根据当时的舆论热点及时在电视栏目中表现出来，必要时可以插播突发事件，调整节目播出顺序，不一定非要按照既定播出串联单播出新闻。例如，中央电视台财经频道2009年12月8日的《环球财经连线》(傍晚档)，在节目开播前10分钟，电视新闻编辑得知了一条最新消息：温家宝总理关于房地产市场有了新的指示。这是一条重大的财经新闻，当时的房地产市场泡沫充斥，温家宝总理的这番讲话无疑会在观众中产生强烈反响。当时的电视新闻编辑迅速做出判断，撤掉了该档栏目当天的头条新闻，把温家宝总理的这番指示作为头条来播，最终这条新闻以主持人口播的形式发布出去。该档节目的电视新闻节目编辑就具备良好的“速反”意识，对突发新闻事件具有良好的新闻敏感，也把握住了当时舆论的热点。

快速反应意识要求电视新闻节目的编辑时刻关注现实生活中的热点问题，时刻注意观众所关心的舆论焦点，并对现实生活中的这些热点焦点做出快速反应，使之体现到节目编排中来。

四、创新意识

创新——创造革新，是任何一项工作要想取得进步所必须具备的意识。对于电视新闻媒体来说同样如此，受众的收视心理、收视习惯是在时刻变化的，因此电视新闻节目也应该不断进行创新，以满足受众的收视需求，收到电视新闻节目所期待的传播效果。

那么，电视新闻节目编排如何进行创新呢？任何事物，创新无非就是从内容和形式两方面进行。对于电视新闻节目来说，其形式就是本频道内各个栏目的播出方式以及栏目与栏目之间的配合方式，包括节目编排方式的创新，通过节目编排来实现各栏目播出方式的变化，通过节目编排来调整各个栏目的配合方式；电视新闻节目的内容的创新也可以通过编排来实现，编排策略、编排思想的改变会反映到节目的内容中来。

1.频道编排的创新

对于电视频道来说，整个频道的编排创新需要电视新闻编辑在细心研究本频道的频道定位、频道形象、频道目标受众等因素的前提下,再结合主要竞争频道的编排策略,制定出符合本频道目标收视群体的节目编排方案。

频道的创新编排往往意味着频道整体宣传策略的变化,意味着频道形象定位的变化。以湖南卫视为例,在各省级卫视甚至中央电视台全力打造特色栏目、突出个别栏目时,湖南卫视却打破常规,以突出整个频道为目标,不突出单个栏目,独树一帜地以“快乐中国”为口号,整合频道资源,创新编排策略,对频道栏目进行科学合理的编播,使频道呈现出整体性传播的新形态。如此一来,给受众留下深刻印象的不再是单个栏目,而是整个频道,久而久之,受众便形成了惯性收视,以至于受众一回到家就想打开湖南卫视看看在播什么。湖南卫视创造性地革新了节目编排方式,形成了极具特色的“4+3”黄金时间段编排策略,实现了电视频道编排的巨大突破。所谓的“4+3”编排,其中的“4”,指周一到周四 4 天,实行频道自制节目周间性播出,即点状播出;所谓的“3”,指周五到周日 3 天,几个类似的节目编排在一起形成板块播出。自制节目的周间性点状播出让观众形成了收视期待,培养了一大批忠实受众;而周末的板块播出将类似的节目编排在一起,形成了栏目内部观众的顺流,保持了相对稳定的收视群体。频道整体编排的策略变化使湖南卫视受益匪浅。

由此可以看出创新编排策略对于电视频道的重要性,相同的节目资源经过不同的排列组合,得到了不一样的播出效果。电视新闻节目虽然不同于娱乐节目,但是湖南卫视创新编排策略取得的成就却值得我们思考。重新审视节目编排的重要作用是每个电视新闻节目编辑的责任。

2. 栏目编排的创新

具体到电视新闻栏目内部,创新意识除了要注意栏目内容的创新外,还要在栏目内部各条新闻的配合上下功夫。以前我国电视新闻栏目的编排顺序极少考虑受众的收视习惯和收视心理,栏目内的新闻多是以领导人职务的高低来排序。

例如未改版前的《新闻联播》,其新闻编排策略观众耳熟能详,严格遵循先国内后国际的编排顺序,国内的新闻播出顺序也是严格按照国家领导人职务的高低来排列。这样的新闻编排模式让观众对节目几乎没有任何收视期待。改版后的《新闻联播》在编排上进行了一些改变,编排顺序不再严格按照先国内后国际播出,在遇到国际重大突发事件时,栏目编辑也能够突破常规及时插播。可以看到,《新闻联播》改变编排策略后,受众的满意度提高了,传播效果也改善了。

电视新闻节目编辑不能只遵循固有的编排策略,对电视新闻节目实行一成不变的编播模式,而应具备创新意识,时刻关注受众收视心理、收视习惯的变化,适时调整编播策略,敢于打破惯用的编排手法,不断进行创新,以适应受众新的收视需求,达到甚至超过预期的传播效果。

五、现场直播意识

受众对新闻求快求新的要求，决定了电视新闻未来的发展趋势是现场直播。现场直播不仅可以把新闻现场最新发生的变动传递给受众，让受众在第一时间得到最新的信息，而且还能让受众产生身临其境之感，增强传播的效果。电视新闻节目不同于电视剧、电视娱乐等其他电视节目，电视新闻节目对时效性要求极高，受众的求新求快心理也更强。现场直播能够将新闻的第一现场展现给观众，在进行电视新闻节目的编排时，电视新闻编辑要有现场直播意识，把新闻现场原汁原味地展现在受众面前，让受众切实感受到新闻发生的现场。

1.频道编排中的现场直播意识

对于整个电视新闻频道来说，现场直播意识体现在直播栏目的设置上，新闻频道的主要任务就是给受众提供信息，让受众及时了解外部世界的变化。而直播栏目的设置能够实现新闻频道的这一定位，能够实现新闻的及时播报。

这是因为，与录播节目相比，直播节目具有很大的机动性，可以随时根据时间的变化对播出的节目进行调整。一旦有新的重大突发事件发生，直播节目便可以随时打断进行直播，让受众第一时间得到信息。这是录播节目以及平面媒体不可比拟的优势。

央视财经频道自 2009 年 8 月底改版以来，开办了大量的直播栏目，从早上 7:00 开始直播的《第一时间》到晚上 23:00 直播结束的《市场分析室》，一天有七档直播节目。直播节目的设置加快了新闻的传播速度，减少了录播节目在时效性上的损失。例如，改版后的《环球财经连线》经常是新闻刚刚发生，电视新闻编辑就立即着手编辑，编完之后立即进行演播室直播，传递给全国的电视观众。比如，2009 年 12 月美国福特公司宣布召回其生产的某款车型，《环球财经连线》便制作了这条新闻，此新闻里涉及召回车辆的具体数量。正在该节目进行直播的时候，召回车辆的数量发生了变化，该栏目的编辑立即对该条新闻进行了修改，把新的数据告诉了观众。很显然，如果这是一档录播节目，这些最新的变化就无法进行修改，观众收看到的只能是旧的数据，但直播栏目却能够把最新的变化播报出去，把最新的时间动态传递给受众。

毋庸置疑，电视新闻栏目的直播常态化是未来电视新闻节目的发展趋势。直播的优势是显而易见的，因此电视新闻编辑在进行编排时，应该考虑用现场直播的形式来设置新闻栏目。

2.栏目内部的现场直播意识

具体到栏目内部，现场直播意识更应该得到强调。栏目内的现场直播不仅包括记者从现场发回的报道，还包括演播室直播。直播栏目的设置只是一个形式，受众直观感受到的是栏目的内容。

对于电视新闻编辑来说，一档新闻栏目应该充分运用多种直播手段对新闻进行编排。可以设置记者从前方现场的报道，也可以设置主持人在演播室的电话采访和电话连线，让受众感受到该事件发生的现场，以增强受众对该栏目的信任度，从而为栏目培养一批忠实的受众。

例如，2008 年央视新闻频道对地震的报道就采用了多种直播手段：有记者从地震现场发回来的报道，通过卫星传递技术，新闻频道基本实现了同步直播，让观众在第一时间了解到了震区的灾情，将灾后震区的一切新的变动都及时地传递给了受众；也有主持人在演播室进行电话连线，在灾情比较严重的地方，卫星信号无法传递出去，就采用电话连线的形式，由在地震现场的记者告诉受众地震现场发生了哪些变动。这些直播手段的运用加快了信息的传播速度，让观众在最短的时间内了解了灾区所发生的最新变动。

现场直播的魅力就在于观众永远不知道接下来会发生什么，电视新闻编辑要善于利用现场直播的各种手段，把直播意识贯穿到栏目内部的编排过程中，贯穿到整个频道的编排过程中，进行科学合理的新闻编排，在受众心里形成收视期待，树立电视新闻频道应有的频道形象。

第二节　电视新闻节目编排的技巧与方法

电视新闻节目编排其实就是利用受众的收视心理和收视习惯，对现有的新闻资源进行整合编播，使之形成符合受众收视心理的播出顺序。科学合理的节目编排能够使新闻信息得到有效的传播，达到 1＋1＞2 的传播效果。

一、新闻频道编排

电视新闻节目频道的编排要结合本频道的定位，合理有效地配置各个栏目的播出时间、播出长度，使频道各个栏目之间相互配合，以实现自身的频道定位。以下是新闻频道编排常用的几种方法。

1. 大时段编排

(1)大时段编排的界定

所谓的大时段编排就是我们通常所说的大板块编排，是指电视新闻频道打通整个频道的播出时间，开辟出大时间段进行新闻节目的播出，以形成规模优势。

事实上，大时段播出已经成为世界强势媒体的共同选择，国外的主流频道播出单元一般都不低于 30 分钟。[①] 反观国内的主流电视媒体，大时段的编排理念是近几年才得到重视的。

(2)美国有线电视新闻网的大时段编排

大时段编排最早是由美国有线电视新闻网提出并付诸实践的，美国有线电视新闻网的新闻节目编排特点之一就是“大时段推进”。美国有线电视新闻网新闻频道的节目设置依接收地区的不同而略有变化，但其大时段节目编排的理念并没有因地区的不同而不同。下面是摘自 2014 年 11 月 17 日美国有线电视新闻网在亚太地区的节目播出时间表：

6:00　CNN Today《今日新闻》

8:00　CNN Today《今日新闻》

7:00　CNN Today《今日新闻》

9:00　Anderson Cooper 360《AC360》

10:00　Quest Means Business《奎斯特看经济》

11:00　CNN Tonight《晚间新闻》

12:00　Amanpour《阿曼普》

13:00　CNN Newsroom《新闻编辑室》

14:00　CNN Newsroom《新闻编辑室》

15:00　CNN Newsroom《新闻编辑室》

16:00　CNN Newsroom《新闻编辑室》

17:00　CNN Newsroom《新闻编辑室》

18:00　Amanpour《阿曼普》

19:00　The Business View with Nina Dos Santos《妮娜多斯桑托斯商业视野》

20:00　CNN Newsroom《新闻编辑室》

可以看到，美国有线电视新闻网一天的节目从早上 7:00 开始，基本形成了以下四个大板块，而且这几个大板块都以新闻报道为主。

6:00　《今日新闻》

9:00　《AC360》

① 牛鸿英、高震：《播出段·观众流·优化编排——收视仪时代的节目编排策略分析》，《中国电视》2008 年第 7 期，第 39 页。

13:00 《新闻编辑室》

18:00 《阿曼普》

在每个板块之间又都加进了最新的新闻资讯报道,如《世界体育报道》《今日全球商情》等栏目,以确保观众随时都能知道发生在世界各地的新闻。大时段的新闻编排手法强化了新闻播报的力度,同时也培养了观众的收视惯性,实现了频道的"新闻"定位。

(3)央视的大时段编排

2009年央视各个频道相继进行了改版,新闻频道、经济频道重新整合了自己的频道资源,与改版前的编排相比,新闻频道、经济频道都不同程度地突出了大时段的频道编排策略。

2009年3月,央视新闻频道推出了晚间节目带状编排的宣传片。[①] 改版后的新闻频道也采取大时段的编排策略,推出了《大直播时段:焦点新闻播报》。由此,新闻专题类和新闻资讯类节目相互配合,形成了新闻频道独有的特色,也培养了新闻频道的忠实受众。改版后的央视新闻频道在上午的8:30—11:30和下午的13:00—17:30开通《大直播时段》,在整点又开通《整点新闻》,这几个固定板块的开通,打通了整个频道的播出。

2009年8月,央视经济频道改版为财经频道,改版后的财经频道改变了原有的编排策略,七档直播节目的开通打通了整个频道资源,几档直播节目的开播形成了频道的固定收视板块。早间7:00—9:00的新闻资讯类栏目《第一时间》,两个小时的直播节目形成了早间的收视板块,及时给观众传递最新的新闻资讯;上午9:00—11:50和下午13:00—15:30两个时段的《交易时间》,两个大板块的开播,形成了独具特色的财经类节目的大时段收视板块。

(4)大时段编排的优势

大时段的编排手法把整个频道资源分成几个板块,各个板块之间可以相互配合,既能够实现对新闻的深度分析,也能及时、集中地将最新信息传递给观众。大时段的编排策略能够满足观众的收视需求,短、平、快的消息与较长时长的背景分析评论相结合,突发事件、现场报道与简短的评析相结合,使整个频道的编排更富节奏感,是现代电视新闻频道编排的常用手法。

从观众流动的角度分析,播出段越多,观众流动的可能性越大,从任何一个收视曲线我们都可以看出,播出段位衔接的地方就是观众流动性最大的地方[②],进行大时段

---

① 王磊:《央视新闻频道晚间节目的编排策略》,《现代视听》2009年第7期,第49页。

② 牛鸿英、高震:《播出段·观众流·优化编排——收视仪时代的节目编排策略分析》,《中国电视》2008年7月,第39页。

编排,便可以有效地减少观众在进行再次收视选择时分流。

2.承袭式编排

(1)承袭式编排的界定

“承袭”就是继承、沿袭,“承袭效应”运用到电视节目编排中,就是指如果一个节目的收视率很高,接下来的节目由于观众的收视关系自然会拥有一批观众。①

承袭式编排手法是基于对观众的流动性分析得来的,观众的流动形式一般来说分为三种:一是“顺流”,即观众继续收视;二是“溢流”,即观众流入其他频道;三是“入流”,即观众从其他节目流入本节目。② 承袭式编排的目的之一就是控制观众流动,保持顺流,增加入流。

(2)承袭式编排的运用

承袭式编排巧妙地利用受众的心理,借助影响较大的栏目提升影响较小的栏目的影响力,这一编排手法大多运用于新栏目开办之初。2009 年 9 月,改版后的央视新闻频道新开办了多个栏目,如何提高这些新栏目的影响力呢?央视新闻频道采用了多种编排手法,利用观众的收视心理,巧妙地进行节目编排,达到了提升新栏目影响力的目的,其中,承袭式编排就是效果比较明显的一种。例如,新开办的新闻评论类栏目《新闻 1+1》,该栏目在改版之前是放在晚间 22:00 播出的,改版后这档栏目放在了晚间的 21:30 播出,播出《新闻 1+1》之前重播《新闻联播》。

《新闻联播》是央视老牌的新闻节目,其影响力在新闻类节目中是有目共睹的,《新闻 1+1》的收视群体与《新闻联播》的收视群体具有重合性。改版后把《新闻 1+1》编排在其后播出,能够有效地“顺流”《新闻联播》的一部分收视群体,从而有效地提升《新闻 1+1》的知名度和影响力。

表 7—1　《新闻 1+1》改版前后的播出时间对比

播出时间	2009 年 7 月 2 日	2009 年 9 月 14 日
21:00	《新闻联播》(重播)	《新闻联播》(重播)
21:30	《东方时空》	《新闻 1+1》
22:00	《新闻 1+1》	《国际时讯》
22:30	《新闻会客厅》	《环球视线》

资料来源:中国中央电视台官方网站。

再看看央视综合频道的编排策略,其承袭式的编排策略主要用在晚间黄金时段。从晚间 19:00 开始播出《新闻联播》,之后是《焦点访谈》,这两个栏目在央视综合频道具有

---

① 张丽、孟群:《电视新闻编辑与数字制作》,中国广播电视出版社 2002 年版,第 43 页。

② 刘先林:《从受众角度看电视编排策略》,《新闻爱好者》2009 年第 6 期,第 79 页。

同样的品牌效应,占据了晚间黄金时间开始的前一个小时,保证了这一时段的收视率。因此,《焦点访谈》之后,无论是电视剧还是其他特别节目,都会受益于这两个强势节目,“顺流”下来的观众加上新“入流”的观众,可以保证这一时段相对稳定的收视群体。

承袭式编排利用了受众在收视上的沿袭心理,其运用应该是灵活多变的,巧妙地借助强势节目的影响力来提升弱小栏目的影响力。例如,一档新栏目在开办之初,其收视效果无法预测,在观众的心中往往影响力不大。为了提高新栏目的知名度,可以把一档新栏目安排在收视率较高的栏目之后,以“顺流”收视率较高栏目的观众,借此提高这个新栏目的知名度。

电视新闻节目编辑在运用承袭式编排时,也可以不拘泥于单个栏目进行编排,可以把整个时段看做强势时段,在强势时段之后编排一些弱势栏目,借此来提升弱势时段的影响力,使该频道的强势时段不断扩展。

总之,承袭式编排就是利用观众的收视心理,对电视新闻节目进行编排,把影响弱小的新闻节目安排在影响较大的节目后面,以提升弱小节目的影响力。

3. 夹缝式编排

(1)夹缝式编排的界定

夹缝式编排通常被形象地描述为“吊床式编排”,即中间“低”、两头“高”的编排手法。具体来说,就是把一个影响较弱的节目放在两个收视率较高的节目中间。利用两个高收视率节目的影响,既可以承袭前一个节目的影响力,又可以“预先共鸣”地“入流”一些观众。

夹缝式编排手法常常用于那些收视率相对较低或者不容易预测的栏目,把这类弱势节目编排在两档强势节目之间,借助前一个节目的连续效应和后一个节目的预先效应,使相对弱势的节目能够“顺流”上一档节目的观众,同时又能够利用观众的收视期待,提前“入流”一部分下一档强势栏目的观众,以期加强这档弱势栏目的影响力,扩大收视人群。

(2)夹缝式编排的运用

但夹缝式编排手法的实践并不是那么简单。一个影响相对较小的栏目放在哪两档强势栏目之间比较合适?放在哪个时段效果最好?这些都是电视新闻节目的编辑在进行夹缝式编排时需要认真思考的问题。

以央视新闻频道为例,以下是摘自央视新闻频道 2009 年 6 月 2 日的节目播出表[①]:

---

① 资料来源:中国中央电视台官方网站。

18:00　《新闻》

18:10　《我的今日之最》

19:00　《新闻联播》

19:30　《天气预报》和联播后广告

19:38　《焦点访谈:用事实说话》

20:00　《国际时讯》

20:30　《新闻会客厅:新闻人物访谈》

21:00　《新闻联播》(重播)

21:30　《东方时空:新闻热点全景式报道》

22:00　《新闻 1+1》

22:30　《新闻会客厅》

可以看到,晚间 20:00 播出的是《国际时讯》,该栏目之前播出的栏目是《焦点访谈》,该栏目之后播出的是《新闻会客厅》,这样的编排策略就是夹缝式编排策略。《焦点访谈》和《新闻会客厅》都是央视新闻频道收视率较高、影响较大的新闻栏目,而改版后的《国际时讯》的收视率和影响力都难以预料。如何才能通过栏目编排提升《国际时讯》的影响力呢?电视新闻编辑采用了夹缝式的编排策略。由于《国际时讯》《焦点访谈》《新闻会客厅》同属新闻类栏目,其目标受众在一定程度上有吻合的部分,这种编排手法既可以利用《焦点访谈》的高收视率"顺流"一部分观众到《国际时讯》,同时也能让期盼收看《新闻会客厅》的目标受众在提前进入该频道时看到该栏目。通过两档强势节目的提升,可以在一定程度上扶持《国际时讯》的收视。①

夹缝式编排并不是影响相对较弱的节目和强势节目的简单组合,夹缝式编排要充分考虑编排在一起的几档节目:它们的定位是否一致?其目标收视群体是否有重合的部分?怎样编排才能实现效果的最大化?

夹缝式编排需要编辑在充分了解各栏目的定位、目标收视群体及其收视率的基础上进行合理科学的编排,使"夹"在一起的栏目能够互相配合,这样才能实现整体大于"部分之和"的效果。

4. 预先共鸣式编排

(1)预先共鸣式编排的界定

所谓预先共鸣式编排手法,是基于这样一种理论:观众为了收看他们喜爱的节目

---

① 王磊:《央视新闻频道晚间节目的编排策略》,《现代视听》2009 年第 7 期,第 49 页。

往往会迫不及待地提前打开电视机，就有可能收看到上一个节目的尾声。[①] 如果这档节目符合观众的收视兴趣，他们下次就有可能观看这一节目的全部。

所以，预先共鸣式编排就是借助收视率较高的栏目，在它前面安排一档新栏目或有收视潜力的节目，从而扩大新节目的影响。这样的编排手法可以使前面的新栏目受益于后一个栏目的高收视率，利用观众的期待心理，巧借高收视率节目的美誉提升新栏目的影响力和知名度，收到预先共鸣的效果。

(2)预先共鸣式编排的运用

如果在实际编排过程中不深究前后栏目的关联度，这种编排就可能造成这样的后果：有些有潜力的栏目因为编排时段、编排位置不合适而收视率不理想。因此，预先共鸣式编排手法在具体运用的过程中，需要电视新闻编辑结合前后两档栏目的观众定位、栏目内容进行综合考虑，最好能把具有观众定位类似、类型相同的相对弱势栏目放在影响力相对较大的栏目之前。

中央电视台财经频道有一档大型直播栏目《交易时间》，开播之初这档直播栏目长达 3 个小时，因此该栏目内部又分成了《开市直击》《楼市车市》《消费情报》《收市直击》四个小板块。但是几经改版之后，现在的《交易时间》分成了两个时间段来播出。以下是 2010 年 3 月 16 日《交易时间》的播出时间和播出位置：

9:00 《交易时间》(上午版)
10:20 《消费主张》
11:00 《交易时间》(上午版)

可以看到，改版后的《交易时间》不再是长达 3 个小时的无缝直播，而是在中间位置加入了《消费主张》。《消费主张》是中央电视台二套的老牌栏目，该栏目的收视率和关注度都比较高，把《交易时间》拆分成两个时间段，中间插入《消费主张》，期待收看《消费主张》的观众若提前打开电视便会收看到《交易时间》第一段的节目，而《消费主张》的观众又有可能会“顺流”到《交易时间》第二段的节目中，整档节目便可以借助《消费主张》的影响力提升《交易时间》的收视率和知名度。

再看央视新闻频道改版前后《新闻联播》之前的节目有何变化，以下是央视新闻频道 2009 年 7 月 2 日和 9 月 2 日的栏目播出对比表：

---

① 张丽、孟群：《电视新闻编辑与数字制作》，中国广播电视出版社 2002 年版，第 43 页。

表 7—2　央视新闻频道改版前后节目播出时间对比

播出时间	2009 年 7 月 2 日	2009 年 9 月 14 日
18:00	《新闻》	《新闻》
18:25	《东方时空》	《共同关注》
19:00	《新闻联播》	《新闻联播》
19:30	《天气预报》	《天气预报》

改版后的央视新闻频道在节目编排方面做了很大的调整：改版之前，《新闻联播》之前播出的是《东方时空》；改版之后，播出的是《共同关注》。《东方时空》和《共同关注》都是新闻频道的主力栏目，但是《东方时空》的知名度显然要比《共同关注》高。改版前的编排，栏目与栏目之间并没有发生任何关联，然而改版后，采用预先共鸣式编排手法，《共同关注》借助《新闻联播》的高收视率，让期待收看《新闻联播》的观众可能看到《共同关注》，借此提升《共同关注》的知名度和收视率。

图 7—1　中央电视台《共同关注》栏目

对于整个电视新闻频道的编排来说，任何编排手法都离不开事先对频道内各个栏目的分析。节目编排应该重视各个栏目目标观众的收视习惯和收视兴趣，加强前后节目的关联度。

预先共鸣式编排手法也不例外，并不是想当然地把相对弱势的栏目放在收视相对较高的栏目之前。在实际运用过程中，电视新闻编辑要认真研究前后两档节目的观众定位、栏目内容，科学地把两档节目编排在一起，巧妙地借助后一档节目的影响力提升前一档弱势节目的知名度。如果预先共鸣式编排效果不明显，则需要电视新闻编辑及时进行调整，以收到最好的播出效果。

5. 主题化编排

(1)主题化编排的界定

主题化编排即根据电视新闻节目的共同特质将概念归类，将在同一主题形式下的节目进行系列化编排，整合包装进行播出。这里的主题式分类包括节目具有相类似的内容、节目具有相同的特质、节目定位的受众群一致等等。[①] 收视分析证明，观众的收视兴趣是具有持续性的，即所谓的"重复观众"——随着一个节目的结束，一部分观众

---

① 郭潇雨：《论湖南卫视节目的编播策略创新》，《现代视听》2009 年第 10 期，第 53 页。

会留下来继续收看下面的节目,这一部分观众就是重复观众。当具有相同观众定位的节目与观众的收视兴趣以及收视习惯契合的时候,部分观众便会有持续收视行为。主题化编排是现代电视新闻频道常用的编排手法,从大的方面来看,目前的电视频道专业化其实就是主题化的编排,新闻频道、财经频道、体育频道等,正是把具有相同主题、类似内容的栏目编排在一起,形成了专业的频道定位。

(2)湖南卫视主题化编排手法的启示

2000 年,湖南卫视提出了“快乐、关爱、精彩” 的频道特色定位,经过近几年的发展,湖南卫视确立了“娱乐卫视”的频道形象。虽然湖南卫视并不是新闻频道,但是其编排上的创新却可以为新闻频道所借鉴。

“金鹰剧场”是湖南卫视的独播电视剧场栏目,其播出的多部电视剧都引起了广泛的关注。分析湖南卫视近年来的“金鹰剧场”可以发现,其主题化的编播策略是非常明显的。例如 2006 年 6 月,正值四年一度的世界杯足球赛,这个时段开机率大幅上升,但是足球赛并不是女性观众的关注焦点。该如何抓住这个有利时机呢?湖南卫视独辟蹊径,整合本频道的电视剧节目资源,确定了“温柔女人”主题系列,集中编播面对女性观众的“女人大戏”,从《大长今》到《渴望》,从韩剧到国内经典电视剧,笼络了不少女性观众的心。22 点档的“金鹰剧场”更是明确定位爱情主题,播出了琼瑶系列电视剧——“梅花三弄”系列,经典的琼瑶电视剧牢牢抓住了女性观众群,取得了良好的收视率。

湖南卫视的主题式编排手法可以说运用得相当娴熟,2008 年春节,湖南卫视推出了一系列以青春爱情为主题的偶像剧如《微笑百事达》《兄妹契约》。这种主题化编排策略使湖南卫视整个频道风格鲜明、受众定位明确,从而固化了受众的收视意识。主题化的编排策略突破了传统意义上的编排手法,其实很符合现在观众的收视习惯。快节奏的生活使观众很少能够定时收看某一栏目,因此单个栏目很难凸显出来,而主题化的编排策略可以突出整个频道,以整个频道为重点而不是以单个栏目为重点。

改版后的央视财经频道采用的就是主题化编排手法,央视财经频道前身是经济生活频道,改版后定位更加明确,频道内的栏目也更加集中地围绕“财经”这个主题,如《交易时间》《环球财经连线》《消费主张》《理财在线》等一系列栏目,都是围绕“财经”进行编排的,取得了良好的收视效果。

(3)主题化编排的优势

主题化编排手法将具有类似内容、相同特质、相同受众群的栏目编排在一起,形成规模优势,突出频道的特色,可以起到更好地打造专业电视新闻频道的作用。

从观众流的角度分析,主题化编排手法有利于观众流的顺延,有助于减少观众“溢流”,增加观众“入流”,从而提升栏目的收视率。具有类似内容、相同特质、相同受众群的栏目编排在一起，可以使收看上一档节目的观众在看到下一档符合自己收视兴趣的节目时继续收视，也可以使各个栏目互相配合，进而提升整个频道的影响力。

二、新闻栏目编排

前面讲到电视新闻频道的编排，频道的编排是整体性的，是针对整个频道来说的，整个频道的栏目编排好了，接下来就是栏目内部的编排了。

栏目内部的编排更直观，因为此时的电视新闻编辑面对的是一条条的新闻。如何把这些新闻编排在一起，也就是说按什么顺序来播出新闻才能达到良好的收视效果，需要电视新闻编辑找出各条新闻之间的关联，将其科学合理地编排在一起，从而让观众记住这些新闻所传达的信息。

1. 包裹式编排

(1)包裹式编排的界定

“包裹式”编排又称为“连锁式”或“套装式”编排，一般以最新的突发的消息为由头，迅速整合相关的连锁反应、新闻背景、新闻分析、专访、评论和知识性阐释等多种新闻手段来满足观众的知情欲和探究心需求，强化报道的深度，通过这种集约化的编排巧妙地实现组织、引导舆论的作用。[①] 对于重大的新闻事件，有关栏目经常采用包裹式编排手法进行重点处理，以增大信息量。每个包裹式新闻往往由若干条新闻组成，各条新闻之间可以互相补充、互为背景。[②]

包裹式编排是电视新闻报道中常用的一种手法。现在的电视新闻编辑依据观众的收视心理，一旦有热点、重点事件发生，电视新闻编辑便立即收集相关资料，以新发生的新闻为由头，整合相关背景，传达给受众更多、更完整的信息。

(2)包裹式编排的运用

包裹式编排手法越来越被我们的电视新闻编辑所重视，长期以来，人们一直认为电视新闻不适合做深度报道，我国的电视新闻大多以“求快”、“求新”、“求短”为宗旨，结果往往造成电视新闻节目缺少重点。对于那些需要深入挖掘的新闻，传统的新闻编排手法并不适合现在观众的收视心理。

运用包裹式新闻编排手法，每一条新闻都不需要很长，和一般的新闻一样，但是编排在一起却能够互为背景、互为补充，使整个电视新闻主题达到一定的深度。

中央电视台财经频道的《经济信息联播》将这一手法运用得相当娴熟，该档节目是

---

① 《地域性新闻频道初探——兼评福建“新闻频道”的理念与运作》，http://www.studa.net/xinwen/060103/15305735－2.html。

② 任远：《电视编辑理念与技巧》，中国广播电视出版社2008年版，第82页。

财经频道的老牌日播节目。该栏目的编辑在编排每天的电视新闻时,十分注重新闻编排手法的运用,其中包裹式新闻编排便是该栏目编辑常用的一种手法。

以下是2010年3月17日该栏目的部分串联单:

开篇词(卫生部:近期甲流不会大范围爆发)
* * * * 通用片花(1) * * * *
(联播头条)
聚焦人民币汇率:美国130名议员要逼人民币升值
聚焦人民币汇率:姚坚:人民币汇率是合理均衡的水平
聚焦人民币汇率:姚坚:中国将采取措施积极扩大进口
聚焦人民币汇率:温总理已就人民币汇率形成机制作了说明
聚焦人民币汇率:专家声音
聚焦人民币汇率:国际媒体:美国没有理由说三道四
聚焦人民币汇率:美再提人民币汇率一箭三雕?
* * * 通用片花(2) * * *
今日股市:沪指重返3000点 物联网是功臣
今日股市:转型政策确立新兴产业龙头地位
关注猪肉价格 生猪价持续下跌 养殖户亏损严重

图7—2 中央电视台《经济信息联播》

可以看到,该栏目3月17日的头条是一组关于人民币汇率的新闻,第一条是刚刚发生的新闻,以此新闻为由头:美国要求人民币升值;接下来的第二条、第三条是我国外交部发言人针对美国要求人民币升值所做的最新回应,也是事件的最新变化;第四条追溯此事件的新闻背景:国务院总理温家宝已经就此事进行过说明;第五条、第六条是国内外专家和媒体针对此事的观点和看法;最后一条是评论性质的,向观众解释美国要求人民币升值的原因何在。

这样一组新闻经过该栏目编辑的巧妙编排,既有最新的事件进展,又有以往的背景分析,还有栏目编辑巧借他人之口所表达出的自己的观点。包裹式编排手法在《经济信息联播》中经常用到,单条的新闻经过栏目编辑的巧妙组合,既丰富了节目内容,又满足了观众的收视心理,取得了良好的收视效果。

2. 对比式编排

(1)对比式编排的界定

对比式编排手法是将题材相同或相近,但内容反差极大的新闻编排在一起,形成强烈的对比,使矛盾凸显,以期给观众留下深刻的印象。

对比是修辞手法的一种,原意是把具有明显差异、矛盾和对立的双方安排在一起进行对照比较的表现手法。把对比的手法运用到电视新闻编排中来,使前后两条新闻之间有了对照和比较,这种比较可以是新闻内容本身的比较、事件发生地域的比较,也可以是电视新闻节目态度的比较。

在实际运用中,对比式的编排手法需要电视新闻节目编辑仔细考虑两条新闻之间的联系,找到符合观众收视心理的对比点,进行合理的对比式编排,这样才能收到预期的效果。

(2)对比式编排的运用

电视新闻编辑在具体的编排过程中要有“编排”的意识,应该时刻考虑到观众的收视习惯和收视兴趣,不只是简单地把新闻堆砌在一起,而是要巧妙地利用各条新闻之间的内在联系,找到两条新闻之间的可对比之处,科学合理地进行编排,使原本杂乱无章的单条新闻经过编排之后收到意想不到的收视效果。

例如,央视财经频道 2010 年 3 月 19 日《环球财经连线》(傍晚档)播出的节目中有这样两组新闻,以下是摘自当天播出的《环球财经连线》(傍晚档)的节目单:

> ＊＊＊ 通用片花 ＊＊＊(2)
> 希腊出租车司机举行 24 小时罢工
> 希腊:不向任何国家请求资金支持
> 获多国工会支持 英航罢工难避免
> 路透评论员:罢工即将开始 英航启用志愿者

2009 年 12 月底,希腊爆发了债务危机。从危机爆发之日起,央视财经频道关注国际财经风云变幻的栏目——《环球财经连线》——就进行了相关的跟踪报道。2010 年 3 月 18 日,为抗议希腊政府的一项增税法案,希腊出租车司机举行罢工。这是有关希腊的最新变动,以此为新闻由头,接下来的新闻是:希腊政府表示,不向任何国家请求资金支持。这样的两条新闻编排在一起,给观众留下了很大的想象空间:“既然增税方案引起希腊人民的不满,那么为什么希腊政府还要宣称不请求资金支持呢?”对比式的编排手法巧妙地表达出了栏目的观点。

后面的两条是关于英国航空公司工人罢工的新闻,英国航空公司工人罢工获得了工会的支持,工人罢工之后,航空公司还能正常运转吗?紧接着的新闻为观众解答了疑惑:针对罢工行为,英航已经采取了措施。这里利用“劳资双方”各采取了什么行动为对比点,也很符合观众的收视心理,收到了不错的反响。

(3)对比式编排的优势

比起包裹式编排,对比式编排更加注重两条新闻之间的联系。包裹式新闻编排只要找到新闻由头,接下来要做的就是寻找相关背景、相关评论;而对比式编排还需要找到最新的新闻事实变动之间的联系,相对来说,对比式编排难度更大一些。

对比式新闻编排借用文学中的对比修辞手法,通过修辞可以使原本干巴巴的文章变得生动,电视对比式编排也不例外。通过对比,两条新闻之间产生了某种关联,原本看似毫无联系的两条新闻,通过电视新闻编辑的编排巧妙地组合在一起,观众在观看时自然会联想到二者之间的联系。所以,对比式编排会使观众对节目所传达的信息印象更加深刻。

另外,对比式编排手法还能够表达电视新闻栏目的观点。通过对比,记者的观点一目了然,或贬或褒,通过对比展现出来,可以巧妙地引导舆论。但在使用时,对比式编排手法应该注意对比自然,不能生拉硬扯地将两条新闻进行对比,对比式编排应该符合观众的收视心理和收视兴趣。

3.组合式编排

(1)组合式编排的界定

组合式编排手法是把同类题材或者内容相近、有内在联系的新闻编排在一起,使之成为一组,在一次节目中形成“重点”。①

组合式编排手法把具有相同主题、类似内容的新闻编排在一起,在一档电视新闻节目中形成单条新闻所不具有的规模优势,形成了有一定时间长度和一定深度的组合新闻报道,能够使观众加深对电视新闻编辑想要表达的内容的认识,深化电视新闻所要传达给观众的信息。

这种编排手法类似于积累式蒙太奇,可以突出新闻价值,加深报道的思想深度,产生强烈的传播效果,给观众留下深刻的印象。

前面已经具体说明什么是包裹式的编排手法,下面就来看看组合式编排与包裹式编排的区别。

(2)组合式编排与包裹式编排的区别

前面,我们从广义上把组合式编排手法与包裹式编排手法放在一起,这里从狭义

---

① 张丽、孟群:《电视新闻编辑与数字制作》,中国广播电视出版社2002年版,第197页。

上把二者区别开来：包裹式编排手法适用于对新闻事件的深度解析，而组合式编排手法适用于对同一新闻主题的集群报道。

广义来讲，组合式新闻编排是一组具有类似主题的新闻的组合，这样来看，它确实也像一个包裹；但是狭义来讲，"包裹"的新闻编排则是递进式的逻辑顺序，观众越往里面看，对新闻的理解越深刻，看到的广度和深度是单条新闻不可比拟的。组合式编排并不会让观众对某一事件深入"追究"，而是并列式的编排让观众对某一主题产生深刻的印象。

2010年3月，西南各省大旱，这是关系国计民生的大事件，央视各个频道都展开了对这一事件的报道。央视新闻频道也在持续关注西南旱情，各个栏目几乎都有关于旱情的报道。3月23日的《新闻30分》围绕着"西南大旱"的主题，也做了这样一组报道，这组新闻里既涉及云南农民如何应对大旱，又有对全国各地共同援助旱区的报道，还有旱区人民现时的生活状态，新闻报道之间并没有特别严密的逻辑关系。以下是央视新闻频道《新闻20分》2010年3月23日的部分串联单：

[云南][抗干旱 保民生]吴乃富：抽水房是我第二个家
[抗干旱 保民生]爱心援助西南旱灾地区
[本台评论]汇聚爱的甘泉 滋润干涸的土地
[广东 东莞][抗干旱 保民生]一万余箱矿泉水运往广西旱区
[广西 那坡][抗干旱 保民生]县城水源告急 居民家中缺水做饭

组合式的编排手法在这组新闻里运用得极为巧妙，既及时地传达给观众关于旱情的最新进展，也注重各地对旱区支援的报道。

同样是有关西南旱情的报道，与央视新闻频道相比，央视财经频道却完全从另外一个角度来进行包裹式编排。以下是2010年3月19日《经济信息联播》有关西南旱情的一组报道：

关注西南旱灾：甘蔗减产　糖厂提前收榨　产量下降
关注西南旱灾：部分城市糖价上涨 食品企业酝酿涨价
关注西南旱灾：蔗糖缺口300万吨 期糖价格一路走高
关注西南旱灾：云南大旱 深圳花价赛海鲜
关注西南旱灾：农业部：西南大旱不会影响我国夏粮生产

这一组"西南旱情"的报道是从经济的角度来进行的：西南大旱给甘蔗产业、鲜花行业、夏粮生产带来了哪些影响，新闻报道之间的逻辑关系层层深入。央视财经频道与央视新闻频道的频道定位不一样，因此，虽然围绕一样的主题"西南旱情"进行报道，但二者组合的角度却截然不同。

(3)组合式编排手法的优势

在实际的编排中,组合式编排手法也经常被电视新闻编辑用到。它既可以围绕同一主题组合,也可以围绕类似内容组合,组合后的一组新闻显然要比单条新闻有力度,也能给观众留下更深刻的印象。

组合式编排手法还可以就同一主题进行多方面的报道,例如以上有关“西南大旱”的一组新闻,新闻频道从民生的角度进行多方面的报道,而财经频道则从经济的角度进行深入报道,把有关新闻组合在一起,让观众的注意力集中在“西南大旱”上,从而起到了议程设置、引导舆论的作用。

本章小结

本章重点讲述了电视新闻节目编排的基本理念、电视新闻节目编排的技巧和方法。电视新闻节目的编排是一门艺术,合理的节目编排要调动一切可能的手段和技巧,对频道和栏目进行合理的播出设置。要建立受众意识、独家意识、“速反”意识、创新意识和直播意识。优秀的电视新闻节目编排不仅可以使传播效果达到最大化,还可以提升节目收视率,培养一批忠实的受众,从而形成本频道、本栏目的自身的品牌特点,达到频道专业化的目的。

思考与研讨题

1. 在电视新闻节目的编排过程中,编辑需要具备哪些意识?需要考虑哪些因素?

2. 频道编排涉及栏目的设置、编排,栏目编排的常用方法有哪些?一档栏目怎栏设置才能收到理想的收视效果?

3. 仔细体会包裹式编排和组合式编排的内涵,自己收集一些案例进行分析。

扩展阅读

1. 任远:《电视编辑理念与技巧》,中国广播电视出版社 2008 年版。

2. 王彩平、池建新、李洁:《频道先锋:电视频道运营攻略》,复旦大学出版社 2006 年版。

第八章　媒介融合背景下电视新闻的发展

本章重点

1. 媒介融合和跨屏传播
2. 媒介融合下的电视新闻
3. 媒介新生态下电视新闻生产传播流程

如今，人们可接收视频的终端越来越多，屏幕内容越来越丰富，屏幕间互动不断增强，媒体快速进入多屏时代。多屏时代的特点之一就是视频无处不在、无时不在地得到分享，这给传统电视新闻的生产、传播、产业链和格局带来了新挑战。

第一节　媒介融合背景下电视新闻发展的新命题

当下，中国电视业正处于反思、展望和承上启下的重要节点，面对日新月异的传播科技变革，中国电视业面临着巨大的挑战和机遇。受众口味的变化，欣赏水平的提高，以及市场竞争的白热化，使中国电视业的发展面临着前所未有的巨大压力，求新、求变成为传统电视生存之道的突破口。

近年来，中国的新媒体视频行业在广告收入、用户规模、内容合作方面都实现了爆发性增长。在行业格局方面，经过收购、重组、合并、淘汰等惨烈的竞争，市场集中度进一步提高，优酷、土豆、爱奇艺、搜狐视频、迅雷看看、腾讯视频等网站占据了行业的主流位置。版权市场形势发生重大逆转，版权价格战已经宣告阶段性结束，视频行业的竞争进入品质与内容之争，影视剧等长视频内容进一步丰富，台网联动更加密切，自制视频等部分优质内容已经能够输出到电视频道，同时积极探索付费视频模式。

一、传统电视行业面临的挑战

1.受众结构老龄化

传统的电视收视是角色固定的单向传受模式,互动性差,传播者掌控着播发主动权,接受者完全处于被动地位。由于没有对等交流的地位,活跃的年轻受众对电视日益缺乏兴趣,相继投向网络媒体的怀抱,这导致电视人群日趋老龄化。艾瑞咨询的数据显示,面对个人电脑、平板电脑、智能手机的冲击,在北京,电视的开机率仅为30%,越来越多的人离开了电视,电视已经成为客厅的一个摆设。40岁以上的消费者已经成为收看电视的主流人群,而新媒体视频的受众数量却在不断增加。

根据2013年国家新闻出版广电总局的统计,网络视频用户已经达到3.89亿,其中通过手机等移动端在线收看和下载视频的用户数量在过去的三年中迅速攀升,达到1.6亿。更重要的是,在线视频用户中,30岁以下的年轻人超过70%,这些在线视频用户收视习惯将成为未来视频收看的主流。

2.多屏时代对内容制作的挑战

第一,在海量信息的碎片中,观众对内容的聚焦越来越难。根据尼尔森"2013年网络视频分析",观众通过各种互联网服务观看在线视频的时长相比2012年有大幅度增长,表现出一种随时随地观看节目的收视需求,但是受众的观看方式已经离传统方式相去甚远,他们不再守着节目表收看节目,而是主动搜索节目,搜索的结果却是聚焦越来越难。飞速观看、时移浏览、随手点击、联想搜索、菜单推送已成为新的受众观看习惯。

第二,多元观众碰撞中,大众的价值取向越来越迷惑,在这个人人皆记者、人人皆评论员的互联网时代,分享和评价已成为网民生活的常态。在众声喧哗、价值多元不断冲击着人们的价值观时,不少人常常一边感叹各种网络新闻的不可思议,一边随手转发并加入自己的评论,让令人迷惑的事件更加众说纷纭、莫衷一是。

第三,泛娱乐化的环境,对主体性的消解越来越广泛。今天,再严肃的内容课本只要上了网,似乎都可以被娱乐、被调侃、被重写、被消费,就像尼尔·波兹曼在《娱乐至死》中所指出的,现实社会的一切公众话语日渐以娱乐的方式出现,并成为一种文化精神。

第四,在浅表化表达的泛滥中,富有深度和理性的精品内容越来越稀缺,在《浅薄:互联网如何毒化了我们的大脑》一书中,尼古拉斯·卡尔认为,所有的信息技术都会带来一种智能伦理,互联网鼓励人们蜻蜓点水般地从多种信息来源中广泛采集碎片化的信息，其伦理规范就是工业主义，这是一套速度至上、效率至上的伦理，也是一套产量最大化、消费最大化的伦理，我们变得对扫描和阅读越来越得心应手，却不断丧失专注能力、沉思能力、反省能力。在各种浅表化的内容，特别是 UGC 内容[①]越来越失去新鲜感之后，具有深度和理性的作品越来越成为稀缺资源，越来越成为受众的渴望，而受众对于深度内容的需求远远未得到满足。[②]

三、新媒体时代传统电视行业面对的三个命题

1.技术融合和话语转型

媒介融合绝非单纯的技术命题，也不能仅仅将其理解为内容的全媒体传播途径问题。美国学者亨利·詹金斯(Henry Jenkins)认为媒介融合并非“纯技术性”，不应仅被理解为使用一种媒介设备提供多种媒介功能的技术过程。相反，融合代表的是一种文化转型：消费者被鼓励去寻求新的信息并在弥散的媒介内容中制造出关联。技术融合改变了传统的传播路径和话语权分配方式，从而诱发了媒介文化的转型。由于技术的平民化，在以电视台、报社等传统内容生产者为主导的路径之外，出现了以“粉丝”文化为主要特征的、带有特定亚文化审美特征和目标的新的传播样式。这就要求新的媒介内容一方面要能成为“粉丝”的聚合点——实质是将有相似生活形态的消费者聚合在特定内容的附近，另一方面要给这些聚合在一起的“粉丝”以文化想象和参与的空间，从而形成各种文化景观，进一步加强他们对于特定媒介内容的身份认同感。

在传统媒介时代，内容生产的权利被媒介生产者独占，受众则被假定为被动的接收者，粉丝文化的出现改变了这个单向的、自上而下的过程。在新媒介环境中，亚文化传播在虚拟社区中交流信息、彰显自我，社会的每一个成员都有接近、使用大众媒体(特别是网络)的权利，信息准入的门槛大大降低，原本不具有话语权的人通过新媒介发挥主动性和创造力，大胆表达特殊爱好与兴趣，发表不同于大众常识的独特感受与价值观，从而形成了不同于主流价值观与审美取向的亚文化群体[③]。尽管一度遭到主流文化的排挤，但随着亚文化现象的普及，网络内容生产逐渐走向个性化、分众化，媒介内容生产技术走向平民化，受众从被动的身份转而获得了积极的主体地位，他们不但可以对传统媒体提供的内容进行再解读、解构和嘲讽，甚至可以直接利用自媒体进行内容生产，完成角色的逆转。

---

① UGC 内容，即用户生成内容，Users Generated Content 的缩写。

② 夏宁：《跨屏起舞：电视媒体的网络化生存》，《媒体时代》2013 年第 11 期，第 20 页。

③ 周敏、杨富春：《新媒介环境与网络青年亚文化现象》，《新闻爱好者》2011 年第 19 期，第 24 页。

2. 集体智慧:媒介内容的参与式生产

社交媒体时代,特定媒介内容的文化群体可以更加容易地在网络平台中聚集,形成虚拟的网络社群,媒介内容将有相似兴趣的人吸引到一起,同时还汇聚了受众积极的、创意性的解读和二次生产。形形色色的粉丝文化景观正是以这些具体的“内容”为核心来展开和呈现的,作为内容原创者和发布平台,视频网站更能赋予受众以技术、资金支持和话语权,进行在线内容生产动员。

针对早期关于媒介的“消极观看”(passive spectatorship),亨利·詹金斯提出了“参与式文化”的观点,并将其特点归纳如下:(1)对于艺术表达和民主参与有相当低的门槛;(2)对于创作和对创作的分享有强力的支持;(3)存在类似师友的关系,一些最有经验的人会把已知的知识和技能传授给新手;(4)成员们相信自己的贡献有所价值;(5)成员们能感受到和其他某些人一定程度的社会联系。①

如今,参与式生产已成为 Web2.0 媒介生态下新的媒介内容的生产方式。这个过程不仅是受众自身对于媒介的涉入,更重要的是受众在消费媒介时形成了社会互动,消费成为一个集体过程,这也是詹金斯所说的“集体智慧”的含义。在媒介融合的大环境下,社群对个体发展起到最积极的作用,从核心消费者到边缘粉丝,对于媒介内容的消费过程都并非孤立的,而是在信息和信息的分享、交流中建构了属于特定媒介内容的场域。

传统上,集体智慧被认为是消费者与商业文化抗争的武器,但事实上,在社交媒体时代,通过集体智慧对媒介文本进行的演绎反过来又可以大大地丰富原媒介内容的内涵和外延。文化权利在这两个同构的趋向中进行协商,取得认同②。新媒体语境下,媒体内容在商业上的成功需要一个充满活力且生机勃勃的网上粉丝社区的形成与增长,它积极地推销产品,同时也为原始节目文本进行内容扩展。

3. 分享与点击:社交媒体时代的“新收视率”

在 Web 2.0 网络世界中,传播的特权不再掌握在特定媒体手中,每个消费者都可以成为信息发布的源头,都可以成为文本制造者,由此也形成了一条无比庞杂的信息洪流,无论信息真假好坏,只有当尽可能多的消费者愿意分享、转发它时,它才能得到传播乃至成为舆论焦点,否则就会被彻底埋没,丧失生命力③。

如今,以推特、微博、微信为代表的社交网络用户开创了“第二屏幕”的收视体验革

---

① Henry Jenkins, *Confronting the Challenges of Participatory Culture: Media Education for the 21st Century*, 2006, Whitepper, www.macfonnal.org.

② 蔡骐、彭欢:《亨利·詹金斯:新媒介及粉丝研究》,《中国传媒报告》2011 年第 4 期,第 32 页。

③ 蔡骐、彭欢:《亨利·詹金斯:新媒介及粉丝研究》,《中国传媒报告》2011 年第 4 期,第 32 页。

命，社交媒体上的信息流已经成为电视节目收视情况的最直接反映和电视节目实时渗透率接数据的最重要的来源。而基于新媒体生态的节目评价体系还在探索阶段，美国就已经出现了 Bluefin Labs 这样的社交电视分析公司，他们通过对 30 多亿条网络评论的分析来了解公众对广告、电视节目和政治辩论的态度，从而帮助企业出售广告或制作电视节目。2012 年年底，尼尔森调查公司宣布与 Twitter 联合推出“Nielsen-Twitter 收视率”，作为未来衡量电视节目的社交网络影响范围的标准指数，并将在 2013 年秋季实现该指标的商业化①。

传统媒介的内容在新媒体的传播介质中同样可以成为消费者进行社交传播的“流通货币”。如果说传统收视率考量体系的最大特征是将收视率“货币化”，那么在未来，基于社交媒体内容和分享行为的收视率评估将不仅仅是传统收视率的补充，而且还将成为社交媒体时代视频评价节目的“新标准”与“新货币”。

第二节　电视新闻生产传播流程的整合与再造

对比世界五大传媒集团的新媒体战略可以发现：贝塔斯曼、维亚康姆和迪士尼将新媒体作为传统业务的分销渠道，坚持“内容为王”；CNN 所属的时代华纳和新闻集团则是收购创新的新媒体企业，坚持“渠道为王”。收购方式看似便捷，却面临更大的难题——传统媒体与新媒体的整合问题。②

1. 新闻来源

新技术变革的重要影响之一是降低了新闻制作的技术门槛，从而也无形中降低了新闻工作的专业性门槛。例如，随着照相器材和摄影器材的普及，甚至一部手机就可以拍出达到普通播出水准的视频，这时每一个新闻现场的公民都可能成为记者，这也使得“市民新闻”(citizen journalism)应运而生。

所谓市民新闻，或曰公众新闻、参与式新闻、街头新闻等，指非新闻专业人员使用民用设备采集与制作新闻内容的新方式。在民众新闻背后的理念，就是没有受过新闻职业教育的人可以使用现代科技手段和互联网带来的全球传送网络，独立或合作地制作、评论新闻或核查现有媒介报道的事实。对于专业的电视台来说，如何应对这种状况就成为一个新的课题。

2011 年 8 月 9 日，英国伦敦爆发了一场年轻人的骚乱，他们上街打砸烧，一时引

① 艾瑞网，《社交网络收视率成正规军》，http://web2.iresearch.cn/weibo/20121218/189371.shtml。

② 刘玲：《世界五大传媒集团新媒体战略比较分析》，《出版科学》2011 年 5 期，第 74 页。

起了全世界的关注，自然也成为英国电视新闻业的焦点，各家电视台都做了详细而深入的报道。英国广播公司记者马修·厄廷汉姆说，他的新闻来源竟然大部分是在家中通过社交媒体获得的。他说，作为记者，自己本来一直是新闻扩散的控制者，现在反而成了新闻消费链的终端。电视新闻中也采用了公众拍摄的视频和画面，例如有一段视频讲述一位少年如何被暴打后又被一群伪装成好心人的暴徒洗劫的事情，成了电视新闻中反复播放的内容[①]。

2. 新闻终端

1995年，英国政府颁布了《关于数字地面电视的政府建议》，这被看作电视数字化进程的正式开端。与之相应，英国广播公司也公布了数字电视的发展纲要，决定全面实现数字广播电视计划，针对媒介融合这一趋势，电视新闻做出的最重要的回应，就是打通各种媒介终端，形成一个全新的、广阔的新闻播出平台。2007年12月，英国广播公司正式推出了一个全新的播放器，命名为iPlayer。它不仅是一个视频播放器，同时还是打通各种播出终端的一种工具，是建立新闻播出平台的一种努力。它可以在互联网上使用，也可以使用iPad等平板电脑和部分手机观看，从而提供了一个在媒介融合环境中全新的收看电视的方式。

此外，英国广播公司还专门针对iPhone手机推出了一个App应用，它融合了视频、文字和图片，并结合手机的功能提供方便的新闻体验。BSkyB提供的App多达近十种，除了SkyNews之外，还有移动电视应用以及各种体育赛事专用的App。目前，在苹果的iTunes里面提供App以及Podcast下载已经成为英国电视业极为通行的做法。[②]

卡塔尔半岛电视台也早在2010年就推出了自己的客户端，用户可以通过IOS或安卓系统的应用随时收看半岛电视台阿拉伯语频道和英语频道的直播信号，也可以选择往期节目视频、文字图片新闻等板块。

2013年7月，央视新闻中心联合中国网络电视台正式推出了央视新闻客户端，作为中央电视台新闻中心的官方客户端，它坚持“独家、权威、深度、辨伪”的内容定位，突出视频特色，短短3个多月时间，下载用户便超过700万。而在此前的5月，中央电视台新闻频道开播10周年之际，“央视新闻”正式上线搜狐新闻客户端。这是央视新闻继微博、微信之后在移动新媒体浪潮中的又一次“大动作”。“央视新闻”首个使用搜狐新闻客户端“流媒体”模板的电视媒体账号上线运行，“流媒体”与“央视新闻”的24小时滚动新闻特点非常契合，可以实时更新内容，在第一时间发布最新新闻，并充分利

① 张磊：《英国广播公司的新媒体战略》，《青年记者》2011年11月第31期，第69页。
② 张磊：《英国广播公司的新媒体战略》，《青年记者》2011年11月第31期，第69页。

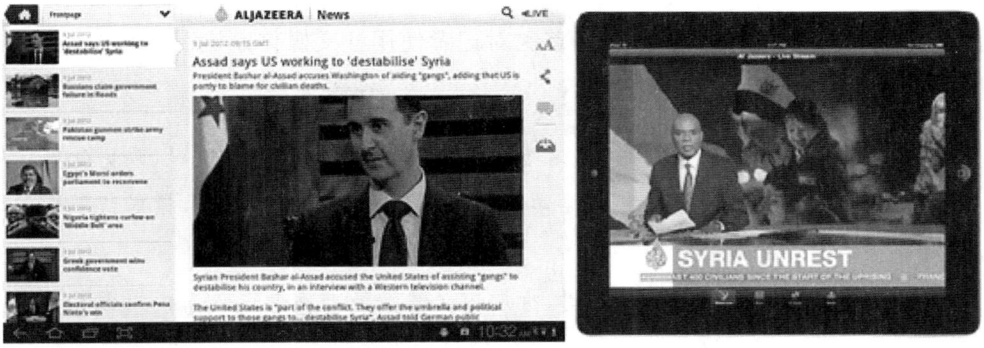

图 8—1　卡塔尔半岛电视台移动客户端界面

用“视频”、“图文”、“组图”、“直播”等多媒体形式对新闻进行最充分的展示，同时可在每条新闻后跟进评论及一键分享至微博、微信等一系列社交媒体。客户端用户不仅可以通过“央视新闻”了解最新资讯，更可以实时跟进节目，参与新闻讨论和互动。

图 8—2　央视新闻频道微博、微信和客户端界面

3. 社交媒体

在社交媒体时代，英国广播公司的社交媒体战略也成了传统媒体进行新媒体整合的榜样。英国广播公司新闻创造了一系列社交媒体的里程碑：2013 年年底，其推特账户@BBCWorld 关注者突破 500 万，Google＋粉丝超过 400 万，Facebook 即将突破 300 万大关，@BBCBreaking 粉丝也突破 800 万。

根据乔治·华盛顿大学针对全美新闻记者社交媒体使用习惯的调查，几乎所有记者和编辑都将 2.0 网站作为获取信息的重要来源：其中 64％经常使用博客，61％经常使用维基百科，60％经常使用 Facebook，60％经常使用 Twitter。

但与此同时，这类媒体上信息的可靠性，编辑记者应该在多大程度上依赖这样的信息，编辑记者自身社交媒体的使用规范等，也成为热议的问题。由于社交媒体的信息使用规范问题还是一个较新的问题，因此，各主流新闻机构都在积极进行探索，如路透社 2010 年颁布的《网络报道守则》首次对记者使用社交媒体制定了详细规范，这里摘取其中几条作为参考[①]：

> 对可能产生争议的信息，记者要保存有关网页，打印网页快照，以免受到“捏造信息”的指责。记者一定要学会“抓屏”。当网页被撤销后，抓屏留下资料是保护记者的最好证据。
>
> 使用从网络上获得的信息时，标题中必须清晰准确地说明。新闻正文要在靠前的位置交代这些信息是如何获得的。收集信息的有关事实必须在新闻显要位置予以突出，因为这也是读者关心的内容之一。
>
> 记者还应该记住的是，消息来源、同事同行、竞争对手，以及未来的雇主，也都在留意着你的帖子。一刻也不能丧失判断能力。在 Twitter、Facebook 等转发/共享一个链接轻而易举，但作为路透社记者，如果你转发/共享的内容最后被证明是不真实的，或者让人联想你偏向争议中的某一方，就会损害你个人和路透社的声誉。
>
> 记者必须谨慎使用那些由网民自发合作、匿名编撰而成的信息。维基百科(Wikipedia)是一部在线百科全书，也是记者探索新闻事件的好帮手。但记者不能把维基百科作为一个可以署名的消息源来使用。因为维基百科的信息不仅未被证实，并且每一秒都可能因编辑者的添加或删除而发生变化。记者可以从维基跳转到那些可以用作署名的官方网站寻找信息。

4. 节目设计

案例一：美国福克斯新闻电视台《新闻甲板》

2013 年 7 月，美国福克斯新闻台(FOX News)宣布推出一档全新的节目《新闻甲板》(News Deck)，以前所未有的节目形态、颇具未来感的节目设计，作为应对新媒体时代电视新闻收视方式变化的全新实验，节目一经推出，迅速广获好评。

图 8—3　美国福克斯新闻台《新闻甲板》节目视频截图

① 文建：《怎样规范使用博客、微博等社会化媒体》，《中国记者》2010 年第 6 期，第 94 页。

为了配合这档节目的设计，位于纽约的福克斯新闻直播间被全面改造，以多台 55 英寸屏幕作为信息操作台，加上一面 38 英尺长的屏幕墙，成为一个新闻信息处理整合发布中心。为了应对收视习惯的变化，主持人和信息处理专家将多平台新闻信息进行整合，将新闻处理后台过程前移，分别将不同选题的新闻信息分为“有新闻价值”(news worthy)、“正在调查中”(investigating)和“已证实”(confirmed)三类，将新闻消息的获得、证实、证伪过程以可视化的动态方式进行呈现，并利用社交媒体分析工具，与全媒体形式的信息进行无缝链接。

案例二：凤凰卫视《全媒体全时空》

2013 年 1 月 1 日，凤凰卫视推出全媒体新节目《全媒体全时空》。该节目全面整合了不同媒介的资源，对提高电视与广播的融合效率具有很强的借鉴意义。《全媒体全时空》在节目当中大量采用现场连线、互动参与、直播等手段，将报纸、广播、互联网、微博、微信等多个媒介的信息进行整合发布，其中特别值得关注的是电视与广播之间的资源整合。

让《全媒体全时空》实现互动的途径之一就是广播。通过在节目当中连线 U-Radio，《全媒体全时空》将广播节目的“听众连线互动”功能融入电视节目，为观众提供了一个随时可以参与评论的平台。观众打电话到凤凰 U-Radio 便可以就当日话题与主持人进行互动，谈论自己的观点看法。如凤凰台主持人杨舒所介绍：“不论你身在何方，打个电话到凤凰 U-Radio，你的讨论也会同步在电视上出现。”通过广播与电视的配合，每一名普通观众都可能成为《全媒体全时空》的评论员。

《全媒体全时空》容纳了电视、广播、报纸、微信等多种媒介形式，不同媒介的特质不同，决定了它们在节目中所承担的角色也不同。如何将不同元素有机地结合就是一个技术挑战。《全媒体全时空》责任明确：广播、微信、网络提供观众的声音，是“互动”与“意见”，因此它们承担起的是评论部分的内容板块；而电视新闻板块则发挥视听优势、权威性，侧重新闻报道本身。

5. 新媒体语境下电视新闻节目的多级传播效果[①]

新媒体平台介入之后，视听信息的整合和传播方式出现了非常重要的转型，由传统的按照时间所进行的线性编排方式向空间编排方式转变。传统上，频道是非常重要的资源，由于传统电视节目按照线性编排，一天的 24 小时内还有黄金时段、垃圾时段之分，因而频道资源紧俏。但在新媒体语境下，时间资源无限扩大，当超文本链接形成

---

① 周勇：《新媒体语境下电视节目的多级传播效果》，“2013 年电视高峰论坛”主题发言，中国传媒大学，2013 年 10 月。

空间结构整合的时候，整合不再是基于时间资源稀缺的编排，而是无限基础上的空间编排，这对信息整合、内容生产、内容提供方式提出了新的要求和挑战。

一个文本＋多个语境＝多种效果

基于不同的整合方式会产生无限效果的可能性。而传统线性方式是单向的，内容板块化，依照时序进行编排。如今，在新媒体多屏时代，电视的收视方式由共享变成了分享。由于多个传播主体介入，电视形成了多个传播路径，进而产生多种传播效果。这种多级文本的介入，使得电视的文本特色得到进一步增强，由于视觉影像信息更加丰富，人们对它的解读便会产生各种可能。传统渠道下，这种文本相对来说被封闭在主流意识里，但是现在由于网络的介入，一级传播之后，呈现出更多二级、三级乃至多级传播，一个文本有了多种接触和讨论的可能性，更有可能形成多种多样的解释。最大的变化是文本从本身语境解放出来，独立起来，通过碎片化的传播和新的语境进行结合和嫁接，提供新的诠释可能。

2012 年 8 月 26 日，陕西延安发生特大交通事故，新华社和中央电视台都对这起重大车祸进行了报道。在报道的内容中，新华社的一张图片引起了人们的注意：在车祸现场，一位当地政府官员在视察中面露微笑，这个场景被网友定格，并变成独立影像，网友和媒体开始对这位"微笑局长"是否存在举止不妥的问题进行跟进。继而，有网友通过搜索发现这位局长拥有大量国际知名奢侈品牌手表和奢侈品牌眼镜。从事故新闻报道演化成为"微笑门"、"名表门"，他本人也被网友戏称为"微笑局长"、"表哥"。2012 年 9 月 21 日，陕西省研究决定：撤销杨达才陕西省第 12 届纪委委员、省安监局党组书记、局长职务；2013 年 8 月 30 日，西安中级人民法院在 3 号法庭公开开庭审理被告人杨达才受贿、巨额财产来源不明一案。同年 9 月 5 日，杨达才被判处 14 年刑期。

图 8—4　央视《新闻 1＋1》的报道画面

本章小结

本章主要讲授在跨屏传播、多屏互动的技术生态下，电视新闻的生产和传播过程发生了哪些重大变化。传统电视行业正面临着受众结构老龄化、收视方式变化和话语转型等诸多重大挑战，新闻的生产传播流程需要重新整合与再造。新闻来源众包化、新闻终端多样化、社交媒体使用常态化，这三大因素正改变着传统电视新闻节目的设计和传播，也对电视新闻记者提出了新挑战和新要求。

思考与研讨题

1. 媒介融合的传播环境对电视新闻报道、传播提出了哪些新的课题？
2. 你认为电视新闻未来会发展成什么样的形态？
3. 你认为新媒体环境对电视新闻记者提出了哪些新挑战和新要求？

扩展阅读

1.〔丹〕延森：《媒介融合：网络传播、大众传播和人际传播的三重维度》，刘群译，复旦大学出版社 2012 年版。

2.〔美〕詹金斯：《融合文化：新媒体和旧媒体的冲突地带》，杜永明译，商务印书馆 2012 年版。

第九章 电视新闻的国际传播

本章重点

1. 电视新闻与国际传播
2. 国际传播能力与软实力
3. 中外主要电视媒体的国际传播现状与特点

第一节 全球传播背景下电视新闻的国际传播

一、电视新闻国际传播的兴起

20 世纪 80 年代,美国哈佛大学教授约瑟夫·奈提出“软实力”(soft power)的概念,表示一国通过吸引和说服别国服从其目标而使其得到自己想要的东西的能力。软实力又可以分为政治价值观、文化、外交政策等多方面因素,包含诸多不同层次,除了国家软实力,还有区域软实力、城市软实力、企业软实力、媒体软实力等多种表现形态。

近年来,我国政府对于国家软实力建设的重视程度不断加深,媒体的国际传播能力建设成为提升国家软实力的重要一环。特别是电视新闻频道的跨国传播能力建设成为近年来国内各大媒体、主管部门重点关注的领域,一些国内主流媒体的国际采编能力得到了长足的进步,海外记者站点数和驻外记者数量迅速增加。目前,中央电视台已经建成非洲和北美两个海外分台;CNC(中国新华新闻电视网,China Xinhua News Network Corperation,简称 CNC)新华网络电视台目前拥有 CNC 中文台、英语台两个直播频道,24 小时滚动播出 CNC 中文、英文两套电视节目,还从新华社的海量电视新闻中精选出一批重大的、热点的新闻,囊括 24 小时内最新发生的国内国际大事,供网民点播,为受众提供全方位、多角度、深层次的网络新闻视频服务。

二、国际主流电视新闻媒体的国际传播能力

1. CNN 国际台

国际上，电视新闻频道跨国传播的实践始于20世纪80年代。1980年，世界上第一家全天24小时不间断播报的新闻频道CNN（Cable News Network，美国有线电视新闻网，简称CNN）由特纳广播公司创立于美国东南部城市亚特兰大。5年之后，CNN国际频道（CNN International）开始面向欧洲24小时播出，这是CNN真正开始跨国传播和经营，也是世界上第一个具有跨国传播能力并开展跨国传播与经营的新闻电视频道。[①]

1987年，CNN设立北京记者站，随后又设立了马尼拉、汉城、曼谷、香港等记者站。1995年，CNN在香港设立亚洲地区制作中心，尝试在区域中心城市建立区域节目中心，以便更加贴近区域市场的需求。在CNN亚洲版当中，本地新闻数量与比例增加吸引了大量的本地观众。1997年，CNN在西班牙语节目的基础上开办24小时西班牙语频道，这也体现了CNN国际频道通过开拓本地市场而扩大国际市场影响的策略。现在的CNN国际频道租用了近20颗卫星上的转发器，使用9种语言播出，实际进入的国家数量为110多个，全球观众超过10亿人，影响力遍及全球。

CNN国际频道根据内容划分为5个版本：总部在伦敦的欧洲/中东/非洲版、总部在香港的亚太区版和南亚版、总部在亚特兰大的拉丁美洲版、总部在亚特兰大的北美版。不同版本在本地新闻方面注重凸显当地特色，制作能力也有所差别，如伦敦制作中心每周制作50小时新闻，而香港制作中心则只制作30小时。一旦发生重大事件或突发事件，CNN就会全力以赴，联合行动、并机播出。

CNN在诞生之初就因为独特的新闻报道理念和运作方式而广受美国新闻界甚至世界新闻界的关注。CNN成功的动力就是新闻，是以专业主义的态度报道新闻：第一，24小时不间断地报道新闻；第二，实施全球性战略，从世界上任何一个角落向全球报道新闻；第三，坚持新闻报道的现场化，在新闻事件发生时而不是发生之后报道新闻。

从新闻报道的影响力来看，在国际事件中，CNN国际频道的报道一直以来都是较受认可的，国际知名政治家们从来不敢忽视CNN的影响力和潜在力量。例如，1989年年底，苏联谴责美国入侵巴拿马，有关人员居然先给CNN驻莫斯科办事处打电话，向CNN记者宣读了谴责书，然后才通知美国驻苏使馆。1991年海湾战争期间，当时

---

① 熊德：《中国新闻电视媒体跨国传播能力研究》，武汉理工大学博士论文，2012年，中国知网数据库。

的美国总统布什曾说:“我从 CNN 了解的东西甚至比从中央情报局了解到的还要多。”许多国际政要都承认 CNN “国际新闻霸主”的地位,甚至认为“CNN 是不在场的第六个联合国安理会常任理事国”。而在国际事件中,凡新闻媒介能够对政府政策构成影响的案例,就会被称为“CNN 效应”。[①]

同时,也有不少的批评指出,CNN 的新闻选择标准太过美国化。CNN 国际台所选播的新闻以及为了收集新闻资源所做的部署,是以美国视野出发,对国际新闻重要性进行评价。20 世纪 90 年代辛普森杀妻案审判期间,CNN 国际台报道此议题的量过大,以比例原则来说,这被许多观众认为是对其他正在发生的全球大事的一种忽视。

背景延伸

在 1991 年 1 月爆发的海湾战争中,最引人注目的战地记者是 CNN 的克里斯蒂亚尼·阿曼普(Christiane Amanpour)。阿曼普在英国出生,母亲是英国人而父亲是伊朗人。20 世纪 70 年代她来到美国,于 1983 年毕业于罗德岛大学。1983 年她加入 CNN,1991 年因在前线采访第一次海湾战争而闻名,1992 年至 2010 年期间担任 CNN 首席国际新闻特派员。2007 年,她得到伊丽莎白二世女王颁发的司令勋章。2009 年,她开始主持以自己名字命名的节目《阿曼普》(Amanpour)。她的丈夫是美国国务院前发言人詹姆斯·鲁宾(James Rubin)。

图 9—1 CNN 国际频道首席记者阿曼普

2. BBC 世界新闻频道

BBC 世界新闻频道(BBC World News)是由英国广播公司投资并商业化运作的国际新闻和信息频道。BBC 世界新闻频道的前身为 BBC 世界电视服务公司(BBC World Service Television)。有别于接受英国政府拨款的英国广播公司世界广播电台(BBC World Service Radio),世界电视服务公司因英国政府拒绝放宽外国公司补助金的受助范围而改为由商业机构赞助。经过两个星期的试播,世界电视服务公司于 1991 年 3 月 11 日正式开播。

1994 年,英国政府确立了大力发展国际电视传播事业的政策,并制定了相应的政

① 熊德:《中国新闻电视媒体跨国传播能力研究》,武汉理工大学博士论文,2012 年,中国知网数据库。

策来支持 BBC 的跨国传播和国际竞争。在这项政策的激励和支持下，BBC 环球公司(BBC Worldwide)成立，负责 BBC 世界频道的业务及其他一些有关商业活动。1995 年，BBC 世界电视服务被分拆为两个频道——BBC 黄金频道(BBC Prime，付费频道)和 BBC 世界频道(BBC World，免费频道)。

2001 年，BBC 世界频道完成全球覆盖。2009 年，BBC 世界频道正式更名为 BBC 世界新闻频道，播出格式从 4∶3 转至 16∶9，成为 24 小时向全球除英国本土以外播出的卫星及广播频道。

目前，BBC 世界新闻频道覆盖全球 200 多个国家和地区、超过 2.95 亿个家庭，提供丰富、权威的新闻资讯、体育、气象、财经、时事和纪录片，是 BBC 致力于全球传播的核心。数百名记者工作在全球 50 多个分支机构，形成了 BBC 世界新闻频道遍布全球的报道网络。

3. 半岛电视台

半岛电视台(Aljazeera)是一家位于卡塔尔首都多哈，由卡塔尔政府支持的阿拉伯语电视媒体。由于地处阿拉伯世界，在新闻报道方面有着许多不同的视角，尤其在 9·11事件之后，它多次率先播放本·拉登和其他基地组织领导人的录像声明，从而引起了全世界的广泛关注。

半岛电视台是阿拉伯世界第一个 24 小时连续播出新闻的阿拉伯语电视台，由卡塔尔亲王谢赫·哈马德·塔尼投资上亿美元创立，并以高薪和享有完全自由的双重许诺从英国 BBC 广播公司阿拉伯语部挖走了一大批记者，加上从其他渠道招募的人才，半岛电视台集中了众多阿拉伯世界电视新闻界的精英。

图 9—2 半岛电视台英语频道

1996 年 2 月，半岛电视台正式成立，同年 11 月，新闻频道正式开播。与此同时，英国广播公司也于当年 4 月在沙特阿拉伯开播了阿语电视台。但两年运作之后被迫关闭，许多英国广播公司的职员因此加入了半岛电视台，为半岛电视台以后的发展提供了很大的帮助。

作为阿拉伯地区的第一家私营电视台，半岛电视台从开播之初就因着力于播出海湾各国争议性事件而吸引了大量收视人群。

1998 年 12 月，美英战机连续多日空袭伊拉克首都巴格达。空袭过后，萨达姆戏剧性地露面并且接受了半岛电视台的独家专访,从而帮助半岛电视台完成了在国际传播舞台上最富戏剧性的出场,从此半岛电视台声名鹊起、锋芒毕露。随后,半岛电视台第一个向世界播放了塔利班炸毁巴米扬大佛的录像。[①] 对这些重大事件的报道使半岛电视台逐渐走向辉煌。

2001 年“9·11”事件之后,基地组织领导人的录像声明多次在半岛电视台播出,使半岛电视台声名鹊起,在全世界范围内广为人知。2003 年,伊拉克战争爆发,半岛电视台被称作“中东的 CNN”。正是凭借独一无二的采访资源和传播能力,凭借对以上种种资源和契机的把握,半岛电视台异军突起,成为中东乃至世界电视新闻频道中的佼佼者。

2006 年 3 月,半岛电视台更名为半岛电视新闻网(Aljazeera Network),旗下包括半岛阿拉伯语新闻频道、半岛英语新闻频道、半岛电视纪录片频道、半岛电视体育频道、半岛电视现场转播频道、半岛行动电视网等。半岛电视台卫星频道自 1999 年开始每天 24 小时不间断地向世界各地传送节目,主要覆盖西亚、北非、北美等地区,受众人数达 4500 万。

现在,半岛电视台不仅为阿拉伯世界提供新闻,还通过卫星覆盖了全球的大多数国家和地区,在全世界范围内至少有 5000 万忠实观众,在包括中国在内的 30 个国家建立了自己的记者站。2013 年 1 月,半岛电视台收购了美国前副总统戈尔创办的 Current 有线电视台,半岛电视台美国频道(Aljazeera America)于 2013 年 8 月 20 日正式开播。

4. 法兰西 24

法兰西 24 是一家隶属于法国国际广播集团的国际新闻时事电视台,总部位于法国巴黎市郊。该电视台于 2006 年 12 月 6 日开播,播出的语言有英语、法语和阿拉伯语。该台的口号是:超越新闻(Beyond the News)。

法兰西 24 是在法国政府的直接推动下成立的,政府在跨国电视新闻频道建设方面发挥了主导意志和巨大的作用。早在 1987 年,时任法国总理雅克·希拉克就十分希望法国能够拥有一个跨国电视新闻频道,并因此凝聚法国的对外宣传能力。1988 年,法国政府创建了初具法语国际频道特色的 CFI (Channel France International,法国国际频道),宗旨是向海外尤其是非洲播送法语节目。2002 年,时任法国总统希拉克再次启动组建法语国际频道的计划。而继任法国总统萨科奇也公开表示:“我们希望能在代表阿拉伯世界观点的半岛电视台与代表英语世界观点的美国有线电视新闻

① 熊德:《中国新闻电视媒体跨国传播能力研究》,武汉理工大学博士论文,2012 年,中国知网数据库。

网之外，带来更多的法国观点。”“我们能在不同地区加上西班牙语、阿拉伯语、英语字幕让它更完整，就能呈现一个更为法式的视野。”

2006年4月22日，CFI频道更名为法兰西24(France24)频道。2006年12月，法国首个全天24小时播报国际新闻的电视台法兰西24正式开播，希望从法国的视角提供有别于英国BBC和美国CNN的新闻节目。

法兰西24开播之初用法语和英语播出，2007年4月起开播阿拉伯语节目，2008年开播西班牙语频道。新闻、通讯报道和固定栏目占到电视台播出时间的一半，每个半点和整点播报最新动态新闻。法兰西24通过卫星、ADSL在欧洲、中东、非洲、北美的90多个国家播出，同时，有近180个国家的网民可以在网上收看法兰西24的节目。

法兰西24的节目更着重于辩论性、对话性和文化差异。其英语频道希望成为德国之声电视台、半岛电视台新闻频道、今日俄罗斯电视台英语频道和Press TV的竞争对手，而阿拉伯语频道则希望成为半岛电视台阿拉伯语频道和今日俄罗斯阿拉伯语频道的竞争对手。

5.今日俄罗斯(Russia Today)

今日俄罗斯(Russia Today)是俄罗斯开办的第一家以英语为主的国际电视新闻台。2005年4月，俄罗斯政府新闻信息署筹集资金3000万美元建立今日俄罗斯电视台，由国有的俄罗斯新闻社所拥有。2005年12月10日，今日俄罗斯正式开播。开播以来，今日俄罗斯一直以“体现俄罗斯对世界的看法，反映俄罗斯的观点”为理念，力求向世界展现一个真正的俄罗斯，被众多媒体称为“俄罗斯版CNN”。

今日俄罗斯使用英语，通过3颗卫星向欧洲、亚洲、非洲、北美以及澳大利亚和新西兰传送新闻，每天24小时不间断播出，世界上100多个国家可收看到这个电视台的节目。2007年5月4日，今日俄罗斯阿拉伯语频道开播。2009年12月28日，今日俄罗斯又开设了西班牙语频道。特别值得一提的是，今日俄罗斯还开设了一个免费视频网站，使用英语、俄语、阿拉伯语、西班牙语四种语言，免费提供高质量的视频内容，普通观众可以通过网站了解电视台节目内容，浏览节目视频，外国媒体也可以通过网站免费下载新闻视频并使用。目前，已有包括美国广播公司(ABC)和福克斯电视网(FOX)在内的155个国家的2000多家媒体成为今日俄罗斯网站的客户。

今日俄罗斯在新闻议程设置、报道角度方面都显示出了自己的独特面。当CNN和BBC在集中报道朝鲜议题时，今日俄罗斯却把焦点放在了叙利亚反对派扣押联合国维和人员事件以及来自巴基斯坦的镜头上：愤怒的民众抗议美国无人驾驶飞机，接着报道了以色列士兵如何粗暴地对待儿童。

今日俄罗斯隶属于国家通讯社——俄罗斯新闻社，其财政经费由俄罗斯联邦政府拨付。据公开资料,2007 年的拨款为 24 亿卢布,2008 年则达到 36 亿卢布。今日俄罗斯收视率良好,在全世界拥有近 4 亿观众。在英国,今日俄罗斯的落地率已达 90%。据俄罗斯 LENTA 新闻网站报道,今日俄罗斯英语频道是华盛顿黄金时间段(20:00—23:00)收视率最高的外国频道,甚至超过了 BBC 和法兰西 24。

图 9—3 维基解密网站创始人朱利安·阿桑奇(Julian Assange)在今日俄罗斯主持电视节目

2013 年 12 月 9 日,俄罗斯总统普京签署总统令,撤销老牌的俄罗斯新闻社(简称俄新社)与俄罗斯之声广播电台,将以上两家新闻单位与今日俄罗斯电视台重组成立今日俄罗斯国际新闻通讯社。

背景延伸:今日俄罗斯的成功路①

(1)团队年龄平均 30 岁以下有活力

2005 年 12 月 10 日,今日俄罗斯电视台正式开播,这家由俄罗斯政府投资创办的英语电视台,旨在通过报道全球新闻来提升俄罗斯的国际形象。当时,年仅 25 岁的优秀记者玛格丽塔·西蒙尼扬被任命为今日俄罗斯的总编。从一开始,西蒙尼扬就表示,要将今日俄罗斯打造成具有国际竞争力的电视台,在她最初聘用的 300 名编辑记者中,有近四分之一来自国外。年轻,则是今日俄罗斯电视台的另一特点。电视台聘用的俄罗斯籍编辑记者平均年龄在 30 岁以下,节目风格大胆新锐、动感十足。

(2)"南奥塞梯战争"报道吸引世界目光

2008 年 8 月 8 日起,格鲁吉亚和俄罗斯为了争夺南奥塞梯的控制权而爆发了战争。俄罗斯的坦克开进南高加索,停在格鲁吉亚首都第比利斯的边缘。格鲁吉亚总统米哈伊尔·萨卡什维利现身多个西方电视频道,指责俄罗斯是"侵略者"。在西方媒体众口一词的批评声中,今日俄罗斯电视台成为唯一一个站在俄罗斯立场报道战争的英语电视台,并由此吸引了国际社会的目光。西蒙尼杨曾说:"能够从南奥塞梯一方展现故事的真实一面,在全球英文媒体当中,我们是唯一一家。"

(3)维基解密创始人主持脱口秀

2012 年 4 月 17 日,今日俄罗斯电视台又出新招:由维基解密创始人——朱利

① 央视网,世界周刊:《〈今日俄罗斯〉的成功路》,http://m.news.cntv.cn/2013/12/23/ARTI1387731215970484.shtml。

安·阿桑奇主持的脱口秀《明日世界》正式开播。当时还在英国住所内遭软禁的阿桑奇经由互联网与重量级“嘉宾”展开视频对话。首期节目的访谈对象就来头不小，是长期被美国和以色列视为敌人和恐怖分子的黎巴嫩真主党领导人纳斯鲁拉。访谈节目视频在 YouTube 网站获得了近 38 万次的点击。

(4)打破美国人对英语媒介的垄断

2012 年，根据美国皮尤研究中心的统计数据，今日俄罗斯已经成为 YouTube 网站最受欢迎的新闻频道；2013 年 6 月，在将拉里·金招至麾下一个月后，今日俄罗斯成为第一个在 YouTube 网站上拥有 10 亿观众的电视台。俄罗斯总统普京在访问今日俄罗斯电视台时说，今日俄罗斯电视台的任务很简单，那就是“打破美国人对英语媒介的垄断”。

(5)俄罗斯强有力的外交工具

不过，今日俄罗斯的成功也伴随着争议与批评。以色列外长利伯曼就曾在和俄罗斯总统普京的正式会面中，就今日俄罗斯电视台的中东报道表示抗议，认为其反犹色彩浓烈。但无论是批评者还是赞扬者，都不得不承认，如今的今日俄罗斯电视台已经成为继能源出口和武器贸易之后，俄罗斯拥有的又一个强有力的外交工具。今日俄罗斯取得的成功得益于其鲜明的媒体定位、独特的新闻视角和专业的制作团队，这一秘诀或许难以完全复制，但绝对可以成为各国媒体，尤其是一些国家级媒体的参考教材。如何在全球范围内争夺世界观众的“眼球”，对于各国媒体来说，这不仅是一场舆论宣传战，更是国家软实力的比拼。

6. NHK World

NHK World(日本放送协会世界台)是日本放送协会(NHK)针对海外播送的电台与电视广播服务。早在 1995 年，NHK 国际电视频道就开始面向欧洲、北美地区播出节目。1999 年 10 月起全天 24 小时不间断播出，但 NHK 国际电视频道开播之初将频道受众定位为居住在海外的日本人，因此以日语为主、英语为辅。这样的受众定位限制了 NHK 国际电视频道的发展，致使其未能在国际上形成强大的影响力。

2006 年 3 月，日本前首相小泉纯一郎曾向分管媒体领域的总务省提出“强化国际放送”的指示，时任外相的麻生太郎也主张“成立亚洲版的 CNN”。针对这个问题，日本信息通讯委员会在 2007 年重新修订的《广播法》中提出 NHK 国际电视频道要细分海外受众群，要做适合外国受众的电视节目。自 2009 年 2 月开始，NHK World 进行了全方位改版，将频道的目标受众重新定位为“外国受众”，开始真正彻底向国际新闻电视频道转型，从而成为一个以英语为主、面向外国受众的国际电视频道。

日本政府在财政上对 NHK World 给予了巨大的支持，仅 2010 年一年，日本政府就为 NHK World 拨款 68 亿日元，并提供专款在海外建立信号接收装置，帮助其提高海外收视率。开播之初，NHK World 在全球只有 8000 万用户，到 2009 年 10 月末，用户增加至 1.23 亿，频道覆盖面也不断扩大。2010 年 2 月，NHK World 开始利用卫星向非洲 40 多个国家发送信号。特别值得一提的是，凭借在 2011 年向全球直播日本大地震的出色表现，NHK World 的国际形象和影响力极速提升。

第二节　中国主要电视新闻媒体国际传播特点与策略

随着全球政治和经济的演变，传统西方主导的世界传播秩序正在开始发生深刻的变革。近年来，在全球金融危机和经济萧条的大环境下，经济危机的影响已经波及各个行业，而处在实体经济链条末端的传媒产业已经越来越明显地受到危机的影响。包括电视在内的传统媒体行业遭受的影响首当其冲，不少西方媒体裁撤了海外记者人数，以缩减开支。同时，一些揭露丑闻的报道也让曾经以专业主义传统为荣的媒体饱受争议与职责。此外，传媒技术的革命、一些发展中国家的经济崛起和地缘政治环境的变化，正对传统的传播秩序形成冲击，新的传播体系正在酝酿和形成中。不同国家、不同语言、不同社会经济文化背景的国家与民族，都需要用自己的语言进行多样化的传播。

一、中国电视媒体的国际传播现状

1. 中央电视台

近年来，央视一直在不断积极拓展海外影响力和传播力，打造了一系列以国际传播为主旨的频道，包括中文国际频道、英语国际频道、西班牙语国际频道、法语国际频道、阿拉伯语国际频道和俄语国际频道。

中央电视台的国际传播大致经历了四个阶段：(1)1959—1975 年，电视对外传播以寄送节目为主；(2)1976—1991 年，从节目到栏目，从寄送到利用通讯卫星对外传送；(3)1992—2004 年，开办国际电视，参与国际电视竞争；(4)2004 至今，推动“走出去”战略，开创电视对外传播的新局面。①

1992 年，中央电视台创办中文国际频道(CCTV－4)，以港澳台同胞、海外华人华侨为主要收视对象，全天 24 小时通过卫星向世界传送。2000 年，英语国际频道

① 叶国标、梁智勇：《中国电视媒体对外传播新格局与国际化策略浅析》，《新闻记者》2010 年第 9 期，第 42 页。

图9—4　央视驻朝鲜记者赵曙光

(CCTV—9)诞生,它以世界各国的英语受众以及常驻中国的外国友人为收视对象。两个频道的诞生,标志着中国开始进入世界电视市场参与竞争。特别是2003年的伊拉克战争,两个频道开创了中国电视史上对单一事件的最大规模报道,收视率大幅攀升,前者开始成为在国际上有影响力的中文媒体,后者的知名度也得到了提高。2004年,法语、西班牙语国际频道相继开办,进一步扩大了中央电视台的国际影响力。2007年底,4个国际频道在137个国家和地区落地,境外落户8380万户。其中英语频道占75%,约6285万户;中文国际频道占18%,约1508万户;法语频道占4%,约335万户;西班牙语频道占3%,约251万户。

2008年,中央电视台中文国际频道一分为三:亚洲台、美洲台、欧洲台。3个新频道使用近10颗卫星的十几个转发器传播信号,98%的地球表面可以收到。2009年,俄语、阿拉伯语、葡萄牙语频道开播。至此,CCTV形成了7种语言、10个国际频道的传播格局。

CCTV—4中文国际频道将自己的目标观众定位于全球华人,特别是居住在海外的华人、华侨以及港、澳、台同胞。2010年改版后,定位由原来以新闻为主的综合频道拓展为"新闻·文化"综合频道,内容涵盖新闻、电视剧、汉语学习、专题类节目、文艺节目以及电视纪录片。而中央电视台新闻频道2010年改版后确定了新闻频道模式:"全球视野,世界眼光,国际表达,本土价值",打出了"为你链接亚洲"的口号。这句口号可以从以下几个方面来理解:第一,要成为亚洲最有影响力的新闻频道;第二,要成为受广大发展中国家欢迎的新闻平台;第三,要真正成为与我国实力相称的世界一流媒体。[①] 中央电视台中文国际频道目前的目标受众是泛指意义上的"海外"华人,但港、澳、台和其他海外华人的收视需求有着很大的差异,需要做更加细分的节目规划和内容设计;而中央电视台新闻频道的受众结构则更加复杂,有获取中国资讯的需求,有了解中国文化的需求,甚至还有学习英语的需求。

在此基础上,中央电视台还建立了若干海外分台。中央电视台非洲分台(CCTV Africa)是中央电视台下属的第一个海外分台,位于肯尼亚首都内罗毕,于当地时间2012年1月11日晚上20:00(北京时间2012年1月12日深夜1:00)开播。中央电视

① 范昀:《从CCTV—NEWS改版谈对外传播思路》,《电视研究》2010年第9期,第14页。

台美洲分台(CCTV America,又称北美分台)是中央电视台继非洲分台之后启用的第二个海外分台,于当地时间2012年2月6日晚上20:00(北京时间2012年2月7日上午9:00)开播。美国观众可以通过康卡斯特(Comcast)有线电视、Dish TV以及华盛顿的MHz Channel 3收看中央电视台北美分台的节目。中央电视台北美分台每天播出4小时的节目,包括一档日播的商业类节目Biz Asia America,由位于华盛顿的CCTV北美分台中心制作,主持人为曾供职于彭博电视(Bloomberg Television)和CNBC的菲力普·尹(Phillip Yin)。此外,还有每周播出的访谈类节目The Heat,以及集中报道中美洲和南美洲新闻的周刊节目Americas Now。央视北美分台目前有15个采编机构和大约100名记者,一批在西方新闻界拥有丰富经验的记者已经加盟央视北美分台,其中包括曾在美国广播公司(ABC)和美国全国广播公司(NBC)做过记者的劳里(Jim Laurie),他曾获得艾美奖(Emmy)和皮博迪奖(Peabody Award),过去几年曾在香港大学教授新闻学,现为中央电视台执行顾问。

如今,中央电视台已实现对外传播的三大转变:即由单一频道向多频道的转变,由单一语种向多语种的转变,由单一媒体向多媒体的转变。[①]

2.凤凰卫视

凤凰卫视总部位于我国香港,在香港取得的是“非本地电视节目服务牌照”。该台并不以香港作为主要目标市场,虽然凤凰卫视于2011年3月28日设立香港台,但其主要目标对象仍然是全世界包括海外华人观众。集团旗下有凤凰卫视中文台、凤凰卫视资讯台、凤凰卫视欧洲台、凤凰卫视美洲台、凤凰卫视电影台和凤凰卫视香港台。目前凤凰卫视在以下城市设有海外记者站点:日本东京、澳大利亚悉尼、英国伦敦、法国巴黎、俄罗斯莫斯科、美国华盛顿、纽约、洛杉矶及加拿大温哥华等。

图9—5 凤凰卫视驻俄罗斯记者卢宇光

在全世界范围内,中文电视媒体按照区域位置被划分为中国内地的电视媒体和包括港澳台在内的海外电视媒体,这两类媒体的地域特征对其发挥影响力而言既有针对性又有局限性。

---

① 叶国标、梁智勇:《中国电视媒体对外传播新格局与国际化策略浅析》,《新闻记者》2010年第9期,第42页。

凤凰卫视从创立之初就希望定位于全球华人观众，传达"大中华"理念。海外华人虽然身在海外，但大部分都有着浓厚的中华情结，"大中华"理念能够让他们找到一种文化的归属感和认同感。凤凰卫视汇聚两岸三地以及海外的优秀华人媒体人，利用西方先进的技术制作和包装节目，提供全球资讯的华人视角并宣扬中华文化。它的收视网络覆盖整个大中华区域包括两岸三地和海外华人聚集的国家。虽然在这些区域凤凰卫视也面临落地限制，但其覆盖范围不断扩大，至2013年年底已经覆盖全球180个国家和地区。

案例：

"恐怖分子正向我们冲来。"在俄罗斯北奥塞梯别斯兰市解救人质现场，这一从最前线传来的唯一一个华人声音让很多人记住了凤凰卫视记者卢宇光。2004年9月1日，30多名武装分子袭击了位于俄罗斯北奥塞梯别斯兰市的一所学校，1000多师生被劫持为人质。9月3日，特种部队被迫采取行动解救人质，与劫匪展开激烈枪战，导致335人死亡，还有数百人失踪。在赶到现场的全世界数百名记者中，卢宇光是唯一的华人媒体记者，他在现场连续工作50多个小时，在发生枪战后武装分子向自己冲来的时候，仍然通过卫星电话向全世界华人发出了自己的声音。

俄罗斯别斯兰人质事件发生时，卢宇光的报道位置紧靠现场门口。恐怖分子开枪往外冲，卢宇光躲避时没有忘记职责，紧握卫星电话喊道："……孩子不断往外跑……特种部队运动上去了……现在恐怖分子已经向我们冲过来，打伤很多人。我们正在跑……"当亿万电视观众正揪着心的时候，卢宇光喊出了一句后来成为经典的话："恐怖分子冲过来了，向我们开枪……"

3. 中国新华新闻电视网

中国新华新闻电视网（China Xinhua News Network Corporation，简称CNC）由新华通讯社主办，于2009年12月31日举行开播仪式，2010年1月1日正式上星向亚太地区和欧洲部分地区播出。中国新华新闻电视网播报当天全球重大突发事件、重大新闻事件以及时政、财经、社会、人文类深度专题报道，同时关注中国热点话题。

中国新华新闻电视网总部设在北京新华社总社，由新华社音视频部受权经营。依托于新华社遍布世界各地的海外分社，中国新华新闻电视网拥有庞大的新闻采集网络。除总社编辑部的采访力量外，新华社目前拥有33个国内分社、160多个海外分社，基本上都具备独立的电视新闻采集能力。

4. 中国电视长城平台

长城平台是由中央电视台、地方电视台和相关境外电视台的频道集成的海外播出平台。经国家广播电影电视总局批准,中国国际电视总公司所属的中视国际传媒有限公司负责长城平台海外落地项目的运营。目前长城平台已经在美国、亚洲、欧洲、加拿大和拉丁美洲落地,并将向大洋洲和世界其他地区扩展。根据世界不同地区观众的需求,长城平台的频道组合分别由来自中央电视台、地方电视台、中国香港和美国的十多个汉语、英语、西班牙语和法语等综合和专业频道组成,节目内容集各家所长,服务方式因地而异,受到广大华人观众和主流媒体的热烈欢迎。长城平台的宗旨是为海外的华人华侨服务,并为英语、西班牙语和法语观众打开一扇了解中国的窗口。

5. 省级电视台

省级电视台除了依靠长城平台走向世界,还可以通过各种途径登陆海外、拓展国际影响。中东部地区省级台,以东方卫视和湖南电视台为代表。东方卫视从其前身上海卫视起就谋求向海外发展,并于 2002 年在日本落地;2003 年起通过与 TVB 战略合作在澳大利亚落地;同年 9 月在澳门落地;2007 年 4 月,东方卫视通过 TVB 付费电视网在香港落地。湖南卫视高举娱乐大旗,收视率已连续数年居全国省级台之首,已逐步从一家区域性电视媒体成长为在海内外具有广泛影响的强势媒体,其国际频道已实现了在港澳台地区、法国、澳大利亚、新西兰等地的落地。

边疆地区的地方台则充分利用地域优势,努力扩大在周边国家的节目落地。如广西卫视在越南、老挝、柬埔寨、菲律宾 4 个东盟国家落地;西藏卫视的藏语频道进入了尼泊尔最大的有线电视网;内蒙古卫视在蒙古、俄罗斯和新西兰的部分地区落地;新疆电视台的哈萨克语频道在蒙古落地。此外,2004 年 6 月开播的专业外宣电视台——中国黄河电视台,以推广汉语教学和传播中国文化为主要内容,通过长城电视在美国、加拿大和拉美三大平台落地,每天播出 6 小时节目,24 小时滚动播出。①

二、中国电视媒体国际传播策略

研究数据表明,中央电视台节目内容在海外的被关注度和转载量正在快速提升。但转载其节目内容的境外媒体多为来自港台地区的中文媒体。从总体上看,BBC、CNN 等国际媒体依然把持着国际新闻传播的主要话语权,其新闻的转载量居世界主要媒体前列。虽然中央电视台近年来一直努力向国际一流媒体的方向靠近,但与上述国际媒体相比依然存在着国际传播经验、跨文化传播理念、传播网络建设及语言隔阂等多重障碍。

因此,包括央视在内的中文媒体的国际传播实力目前尚无法和 BBC、CNN 以及

---

① 叶国标、梁智勇:《中国电视媒体对外传播新格局与国际化策略浅析》,《新闻记者》2010 年第 9 期,第 42 页。

彭博社(Bloomberg)进行全方位的竞争,应该主打差异化竞争策略、另辟蹊径。通过央视在亚洲、非洲的区域性国际传播战略,强化中国在相关重点国际战略区域的话语权,优化跨文化传播和国际传播的效果。从在西方媒体主导的传播格局中"被凝视"的角度转而自主发声,立足中国的立场进行报道,最终在国际传播格局中和西方主流媒体形成"对视"的关系。

1. 中国电视媒体国际传播优劣势分析

亚洲区域内传播格局的总体,基本可以概括为"东亚诸强纷争,西亚一枝独秀"。在东亚地区,日本 NHK 近年来在突发事件、灾害事件报道和纪录片制作方面佳作频出,已经在东亚区域树立了较好的品牌形象。韩国 KBS 电视台也在朝鲜半岛和朝核问题的报道中初步建立起了国际声誉。而在西亚,卡塔尔半岛电视台已经成为全世界公认的阿拉伯世界的话语平台。

在和日本 NHK、韩国 KBS 等亚洲媒体的比较中,央视不相上下、各有优势,在抢夺亚洲话语权的软实力战争中,基本处于同一水平线之上。因此,无论是从整体实力比对还是从文化地缘接近的角度来看,央视都占有不错的战略先机。

2012 年央视非洲分台的开播是一个重要的里程碑,将大大增加中国在非洲的传播实力,符合国家形象宣传和软实力传播,符合中国的国家战略,以回应西方媒体妖魔化中国在非洲意图"新殖民主义"的指责。这需要进一步对现有的法语、英语和阿拉伯语频道内容进行整合、创新,针对非洲受众特定的关切点进行栏目设计和内容制作。

亚洲和非洲处于重大国际热点新闻多发的战略机遇期,从西亚的政治变局、朝鲜前领导人金正日的去世、朝鲜半岛局势、中日关系,再到在南海、东海的种种摩擦,丰富的新闻来源给中国电视媒体提供了难得的战略机遇期,有利于中国电视媒体代表中国发出自己的声音,掌握新闻事件的话语权,积极为国家地缘战略服务。

案例:朝鲜议题与中国话语权

2011 年朝鲜前任领导人金正日突然逝世,为岁末年终的亚太地区带来了新的重要政治动向。朝鲜半岛局势进入高度不确定性的战略时期,成为全世界媒体高度关注的对象。而在朝鲜问题上,中国的态度对于今后朝鲜半岛的局势演化起着重要的作用。从国际传播的角度来看,中国中央电视台对于该议题有着独一无二的传播优势。央视驻平壤记者在金正日逝世的消息发布后,连续作业,接连发回了及时、多角度的报道。

事实上,早在朝核问题六方会谈期间,央视立体化的报道就获得了非常良好的反响,在"朝核问题北京六方会谈"新闻报道中大显身手,以同步直播为龙头,以滚动新闻为主体,以专题新闻为后盾,在时效性和全面性、深入性、权威性方面独领风骚,受到了广大电视观众的好评。在与来自日本、韩国、美国以及俄罗斯的新闻大战中取得了不错的成绩和传播效果。当时,央视新闻频道获准打破以前的惯例,报道方式与国际接轨,与其他国际著名媒体共同竞技,这是以前从未有过的,因而成为中央电视台外事新闻事件报道的重大突破。报道形式上,飞字幕、口播、电话连线、现场直播等灵活运用,消息、综述、新闻背景、同期采访、专家访谈等丰富多彩,使整个"六方会谈"报道有声有色,呈现出全方位、立体化的态势。

2. 国际化与本土化并行

中国电视新闻媒体一方面着力打造自身的国际化程度,另一方面也越来越注重组织机构、人员构成、传播内容的"接地气"和本土化。

图 9—6　国务院总理李克强在肯尼亚首都内罗毕看望并慰问中央电视台非洲分台员工

在海外雇员本土化方面,央视北美分台雇用了约 60 名外籍员工,包括主持人、传输工程师、高级制片人和普通责编,由北京总部派遣的中方人员只有 15 人。这是中央电视台一个相对独立的制作部门的国际雇员数量第一次远远超过中国雇员人数,从这一点说,这是一个里程碑式的跨越。现在,其一多半的编播人员都具备国际知名媒体或美国大媒体的工作经验,包括 ABC、NBC、CBS、CNN、BBC、彭博社、FOX、半岛电视台、今日俄罗斯等。这 60 名国际雇员除了来自美国本土的新闻工作者,还包括来自英国、爱尔兰、加拿大、以色列、南非的雇员,还有不同族裔,如华裔、土耳其裔、伊朗裔、印度裔、菲律宾裔、日本裔、越南裔、希腊裔、俄罗斯裔、西班牙裔、非洲裔的雇员。①

新华社创办的中国新华新闻电视台也在进行大胆的尝试,在其派驻海外的新闻信息采集机构中,当地雇员的数量正在大幅增加。屏幕上的国际化面孔越来越多,可以直观地增强中国新华新闻电视台的国际化形象。此外,借助这些当地雇员的"地利"与"人和",中国新华新闻电视台在当地新闻的采集能力也显著提高,甚至在部分领域取得了不俗的成绩。

---

① 郭醇:《央视北美分台的国际雇员》,《对外传播》2012 年第 10 期,第 17 页。

3.进一步增加新闻类节目比例

央视新闻频道在2010年改版后的一个显著变化是文化专题节目有所减少、谈话类节目增加，而中文国际频道依然走的是新闻与文化并行的道路。传统上，对于文化传播存在一个误区，即将电视中的文化传播等同于文化类电视节目的传播。事实上，文化传播是暗含在潜移默化之中的，特别是在国际传播当中，必须走出传统文化类节目才能传递文化的误区，要进一步增加新闻类节目的投入、数量和时长，并以新闻、纪录片、新闻杂志类节目等多种节目形态形成对外传播的立体阵列。

4.抓重大突发事件报道

亚非重大突发性新闻事件要力争做到自采、首发，增强区域话语权。对于区域性国际突发新闻，应进一步完善新闻突发事件快速反应机制，进一步建立完善24小时主编、策划、记者、编辑、评论员值班制度，及时协调前后期力量，切实提高新闻节目的组织、策划能力，强化对重大新闻和突发事件的即时组合报道能力，并与新闻中心应急机制对接。对于国内重、特大突发性新闻事件，应将国家形象的塑造变成新闻事件的驱动力，特别是在危机事件中的驱动力，做到及时、准确、公正、客观。

5.增加自稿量

要在提高自身报道能力和水平的基础上，逐步减少对国际媒体及外国通讯社消息来源的依赖度和引用量。而提高报道能力可以从多方面进行，可以在国内外广泛建立记者报道站点，或者增加本地特约报道员数量，还可以充分利用社交网络进行合作。央视新闻频道可以更好地利用自己国家媒体的权威性，利用自己在亚洲国家以及广大发展中国家的影响力，多做中国和亚洲的独家新闻，去西方媒体轻视或无法涉足的国家和地区做具有公信力的新闻报道，这才是央视新闻频道的核心竞争力所在。

6.增强新闻评论类节目

在扩增新闻信息流的同时，同步增强新闻的解读流。评论是最能体现一个媒体自身风格的表现，因此增强评论能力是体现中国观点、东方视角的最佳方式。而在评论中，话题的选择则很关键；同时，评论类节目不能回避冲突和矛盾，只有揭露矛盾、反映问题，节目才有可看性。央视新闻频道不应只是一些信息再现和信息流，还应有解读流，这样才能真正体现出中国声音、中国视角。

7.设置中国式议题

近年来，中央电视台在新闻立台的理念指导下开始了自己的新闻战略，并且取得了巨大的成绩。借鉴国际一流媒体的新闻战略，无疑对我国建设国际一流媒体的进程具有重要意义,可以帮助我们早日实现从"影响国际舆论"到"引导国际舆论"的重大转变。在亚洲和非洲区域报道上,要通过电视纪录片、新闻杂志类节目、访谈等多种方式主动设置议题,将中国观点和中国立场隐含在议程的选择和设计中,而非一味地追随欧美主流媒体。

8. 改变话语形态

对外宣传与国际传播的主要区别在于:对外宣传是主观的,是"我要告诉你我想告诉你的事",它的观众是有限的;而国际新闻传播则客观地反映世界的真实面貌,这是一种对大众的新闻服务,强调服务性和针对性。要使频道成为一个真正为中国、亚洲和第三世界国家提供新闻服务的平台①,除了要坚持"客观、公正、及时、平衡"的新闻价值观以外,还要遵守对外传播的"三贴近"原则,要改变传统的外宣口气。

本章小结

本章讲授了全球传播背景下电视新闻节目的国际传播。电视新闻频道的跨国传播能力被认为是国家软实力的重要部分。在诸多国际事件中,CNN 国际台、BBC 世界新闻频道、半岛电视台、法兰西 24、今日俄罗斯、NHK World 等新老国际新闻台都在区域或全球范围内发挥着重要的传播影响力。我国主要媒体近年来的国际传播能力建设虽然已有了长足的进步,但依然在突发新闻报道、国际化与本土化、国际话语权和议题设置方面有很大的提升空间。

思考与研讨题

1. 电视新闻的国际传播有哪些特点?
2. 国际知名的新闻机构在国际传播策略中有哪些共性?
3. 中国的国家媒体应如何做好国际传播,扩大媒体的国际影响力?

扩展阅读

高晓虹、吴锦才:《大国传播:跨国电视媒体研究》(第一辑),清华大学出版社 2013 年版。

① 范昀:《从 CCTV-NEWS 改版谈对外传播思路》,《电视研究》2010 年第 5 期,第 14 页。

主要参考文献

马骥伸:《新闻伦理》,三民书局 1997 年版。

叶子:《电视新闻节目研究》,北京师范大学出版社 1999 年版。

孙玉胜:《十年——从改变电视的语态开始》,生活·读书·新知三联书店 2003 年版。

包军昊、张晓明编著:《相聚〈新闻会客厅〉》,文化艺术出版社 2006 年版。

王志、耿志民、欧阳询编著:《面对〈面对面〉》,文化艺术出版社 2006 年版。

苗棣等:《美国经典电视栏目》,中国广播电视出版社 2006 年版。

梁建增:《〈焦点访谈〉红皮书》,文化艺术出版社 2002 年版。

《新闻调查》栏目组编著:《"调查"十年——一个电视栏目的生存记忆》,生活·读书·新知三联书店 2006 年版。

张洁、吴征:《调查〈新闻调查〉》,文化艺术出版社 2006 年版。

中央电视台新闻评论部:《新闻背后》,人民文学出版社 2005 年版。

钟大年、于文华主编:《凤凰考——建构一个新传媒》,北京师范大学出版社 2004 年版。

朱冰、毕蜂:《口述凤凰——凤凰卫视十周年特别纪念》,作家出版社 2006 年版。

吕宁思等:《大事背后——凤凰卫视资讯台揭秘》,中国和平出版社 2005 年版。

吕宁思:《凤凰卫视新闻总监手记》,昆仑出版社 2005 年版。

胡智锋主编:《电视节目策划学》,复旦大学出版社 2006 年版。

余仁山:《解密〈新闻调查〉:电视调查性报道的策划与运作》,福建人民出版社 2008 年版。

杨保军:《新闻价值论》,中国人民大学出版社 2003 年版。

童宁:《电视节目结构方法》,中国广播电视出版社 2004 年版。

王阳:《电视新闻节目中的创新思维》,中国广播电视出版社 2004 年版。

王振业、李舒:《广播电视新闻评论》(第 2 版),中国传媒大学出版社 2009 年版。

代树兰:《电视访谈话语研究》,中国社会科学出版社 2009 年版。

任远:《电视编辑理念与技巧》,中国广播电视出版社 2008 年版。

王彩平、池建新、李洁:《频道先锋:电视频道运营攻略》,复旦大学出版社 2006 年版。
徐沁:《媒介融合论:信息化时代的存续之道》,中国传媒大学出版社 2009 年版。
李怀亮:《新媒体——竞合与共赢》,中国传媒大学出版社 2009 年版。
吴乐珺、唐泽:《解构深度——中外电视调查性报道研究》,湖南人民出版社 2007 年版。
单波、王金礼:《西方新闻伦理观念论纲》,《中国传媒报告》2009 年第 2 期。
〔美〕迈克尔·埃默里等:《美国新闻史》,新华出版社 2001 年版。
〔美〕H. S. 康马杰:《美国精神》,光明日报出版社 1988 年版。
〔美〕尼葛洛庞帝:《数字化生存》,海南出版社 1997 年版。
〔加拿大〕麦克卢汉:《理解媒介——论人的延伸》,商务印书馆 2000 年版。
〔美〕罗伯特·麦基:《故事——材质、结构、风格和银幕剧作的原理》,中国电影出版社 2001 年版。
〔美〕威廉·E. 布隆代尔:《〈华尔街日报〉是如何讲故事的》,华夏出版社 2006 年版。
〔美〕罗伯特·海曼、埃夫·韦斯廷:《最佳方案——公平报道的经验》,汕头大学出版社 2003 年版。
〔美〕杰里·施瓦茨:《如何成为顶级记者——美联社新闻报道手册》,中央编译出版社 2003 年版。
〔美〕梅尔文·门彻:《新闻报道与写作》,华夏出版社 2003 年版。
Al Tompkins, *Write for the Ear, Shoot for the Eye, Aim for the Heart—A Guide for TV Producers and Reporters*, Bonus Book, 2004.
Mike Wallace, Gary Paul Gates, *Between You and Me*, Hyperion Books, 2005.
Fred Shook, *Television Field Production and Reporting*, Allyn & Bacon, 4th edition, 2006.

主要参考电视栏目

中央电视台《焦点访谈》
中央电视台《新闻调查》
中央电视台《新闻 30 分》
中央电视台《新闻会客厅》
中央电视台《新闻联播》
中央电视台《面对面》
中央电视台《新闻直播间》
中央电视台《新闻 1+1》
中央电视台《看见》
中央电视台《高端访问》
北京电视台《档案》
东方卫视《杨澜访谈录》
凤凰卫视《时事直通车》
凤凰卫视《有报天天读》
凤凰卫视《时事辩论会》

浙江电视台民生频道《范大姐帮忙》
美国哥伦比亚广播公司 CBS《60 分钟》
美国广播公司(ABC)《20/20》
美国有线电视新闻网(CNN)《拉里金访谈(Larry King Live)》
美国有线电视新闻网(CNN)《AC360》
美国有线电视新闻网(CNN)《iReport》
美国全国广播公司(NBC)《今日秀》(Today)
美国全国广播公司(NBC)《晚间新闻》(Nightly News)
美国广播公司(ABC)《世界新闻》(World News)
美国哥伦比亚广播公司(CBS)《晚间新闻》(Evening News)
美国辛迪加《奥普拉脱口秀》(Oprah Winfrey Show)
历届中国广播影视大奖获奖节目
历届中国新闻奖获奖节目

后 记

本书是在2012版《电视新闻学》基础上修订而成的,主要对部分理论阐述进行了简约修改,以使表述更简练。另外根据时间发展,替换并增添了相关的新鲜案例。

本书根据作者在中国传媒大学授课的部分教案以及参加各类电视新闻评奖的心得集合而成。书中所涉及的电视新闻节目内容体量大、要点比较宽泛,该如何结构与组织全书内容呢?如果过于宽泛,难免流于肤浅与缥缈。因此,本书在写作过程中,从电视媒介的特点及技术发展的趋向来结构全书内容,除了必须交代的新闻基本原理以外,尽量避免一般新闻的概述,这就使本书缩小到了相对具体与凝练的范围。同时,在写作过程中,作者尽量从问题出发,从提供解决办法的思路出发,避免泛泛地介绍特点、性质等,以期给读者一个切之可行的学习、思考、操作的路径。当然,本书在介绍一般技法的同时,同样注重理性的阐释。

书稿撰写的具体分工为:

曾祥敏提出全书的提纲,规定体例,撰写第1章、第2章、第3章、第4章、第5章,并对全书做统筹、修改、删减以及文字润色工作;周逵对第6章、第7章、第8章、第9章修改并撰写。

本书在构思的过程中,作者从中观层面对电视新闻的理论与实务操作方面做了详尽的阐释与梳理。在写作的过程中参考了大量中外电视新闻节目的最新案例,尤其是有意识地选取了中国新闻奖及中国广播电视新闻奖的获奖作品,并特别关注美国三大电视网及有线电视网的最新发展和作品,尽量做到中西结合、经典与创新结合。这就使本书在理论梳理与总结的基础上,能够结合丰富的案例分析,形成较有操作性与指导性的知识点。

在这里,作者特别感谢中国传媒大学高晓虹教授、胡智锋教授、叶凤英教授,他们对新闻以及中国传媒独到的创见深深影响了作者。感谢中央电视台吕牧先生,感谢中央电视台经济频道平凡先生,感谢中央电视台纪录片编导李侠先生,他们为本书提供了电视新闻报道一线的工作照片及栏目照片资料。特别感谢浙江广播电视集团钱江都市频道"范大姐"的帮忙,她为本书提供了栏目工作照片。

有人说:西方媒体把宣传做成新闻,中国的媒体把新闻做成宣传。这话是对长期以来中国媒体新闻操作的一个诟病,它的确应该引起我们媒体人尤其是电视媒体人的深思。尤其是在中国经济发展进入成熟期以后,如何增强软实力,如何与国际媒体对话,如何在世界舞台发出中国的声音,这无疑是我们中国媒体人在全球化背景下面临的新课题。如果仍然沿用过去的报道思维和理念,显然无法适应当今社会的发展。从这一点来说,中国电视新闻既不能妄自菲薄、任意照搬,也不能自高自大,而应有自觉与警醒。如何把公正、理性等新闻理念渗透进新闻作品中,如何提高新闻作品的生动性与贴近性,如何用平实而又生动的方式报道新闻,传播中国思想,体现中国视角、中国文化价值观,这些都是中国电视媒体人面临的挑战。

三流国家输出产品,二流国家输出标准,一流国家输出文化价值观。在中国开始迈入经济强国的同时,文化价值影响力便成为国家实力与形象提升的关键,中国电视新闻理应有这样一份担当与期许,立足中国立场,发出中国声音。

图书在版编目(CIP)数据

电视新闻学/曾祥敏,周逵著. -- 2 版. -- 北京:中国传媒大学出版社,2015. 12(2024.5 重印)
(广播电视新闻专业“十二五”规划教材)
ISBN 978-7-5657-1269-2

Ⅰ.①电…　Ⅱ.①曾…　②周…　Ⅲ.①电视新闻—新闻学　Ⅳ.①G220

中国版本图书馆 CIP 数据核字(2015)第 016367 号

电视新闻学(第二版)
DIANSHI XINWENXUE(DI-ER BAN)

著　　者 曾祥敏　周　逵
责任编辑 程　平
装帧设计指导 吴学夫　杨　蕾　郭开鹤　吴　颖
设计总监 杨　蕾
装帧设计 刘　鑫
责任印制 李志鹏

出版发行 中国传媒大学出版社
社　　址 北京市朝阳区定福庄东街 1 号　　**邮　　编** 100024
电　　话 86-10-65450528　65450532　　**传　　真** 65779405
网　　址 http://cucp.cuc.edu.cn
经　　销 全国新华书店

印　　刷 北京中科印刷有限公司
开　　本 787mm×1092mm　1/16
印　　张 16.75
字　　数 300千字
版　　次 2015 年 12 月第 2 版
印　　次 2024 年 5 月第 5 次印刷

书　　号 ISBN 978-7-5657-1269-2/G·1269　　**定　　价** 39.80 元

本社法律顾问:北京嘉润律师事务所　郭建平

致力专业核心教材建设　提升学科与学校影响力

中国传媒大学出版社陆续推出

我校 15 个专业“十二五”规划教材约 160 种

播音与主持艺术专业（10 种）
广播电视编导专业（电视编辑方向）（11 种）
广播电视编导专业（文艺编导方向）（10 种）
广播电视新闻专业（11 种）
广播电视工程专业（9 种）
广告学专业（12 种）
摄影专业（11 种）
录音艺术专业（12 种）
动画专业（10 种）
数字媒体艺术专业（12 种）
数字游戏设计专业（10 种）
网络与新媒体专业（12 种）
网络工程专业（11 种）
信息安全专业（10 种）
文化产业管理专业（10 种）

本书附带课件，请登录：http://sns.icourses.cn/jpk/getCourseDetail.action?courseId=3319
或中国传媒大学出版社网站：http:// cucp.cuc.edu.cn
责任编辑：程　平　　　　意见反馈及投稿邮箱：chengping01@vip.sina.com
联系电话：010-6578 3596